FOM-Edition

FOM Hochschule für Oekonomie & Management

Weitere Bände in dieser Reihe
http://www.springer.com/series/12753

Marcel Seidel

Herausgeber

Banking & Innovation 2017

Ideen und Erfolgskonzepte von Experten
für die Praxis

Herausgeber
Marcel Seidel
FOM Hochschule für Oekonomie &
Management
Stuttgart, Deutschland

Dieses Werk erscheint in der FOM-Edition, herausgegeben von der FOM Hochschule für
Oekonomie & Management.

FOM-Edition
ISBN 978-3-658-15784-5   ISBN 978-3-658-15785-2 (eBook)
DOI 10.1007/978-3-658-15785-2

Die Deutsche Nationalbibliothek verzeichnet diese Publikation in der Deutschen Nationalbibliografie; detaillier-
te bibliografische Daten sind im Internet über http://dnb.d-nb.de abrufbar.

Springer Gabler
© Springer Fachmedien Wiesbaden GmbH 2017

Lektorat: Angela Meffert

Gedruckt auf säurefreiem und chlorfrei gebleichtem Papier

Springer Gabler ist Teil von Springer Nature
Die eingetragene Gesellschaft ist Springer Fachmedien Wiesbaden GmbH
Die Anschrift der Gesellschaft ist: Abraham-Lincoln-Str. 46, 65189 Wiesbaden, Germany

Geleitwort

Innovationen sind für den Bankenbereich mindestens genauso wichtig wie für andere Wirtschaftsbereiche. Die Finanzmarktkrise hat gezeigt, dass aber nicht alle Innovationen gemessen an den Kriterien Nachhaltigkeit, Kundennutzen, Transparenz oder Sicherheit ausgereift waren.

Mit der Publikationsreihe haben wir ein Forum geschaffen, das Wissenschaft und Praxis beim Bemühen um branchenbezogene Innovationen unterstützt: *Banking & Innovation* richtet sich an Führungskräfte sowie Entscheiderinnen und Entscheider aus den Bereichen Banking und Finance, die kreativ, innovativ und vor allem langfristig denken und handeln. Dieses Buch ist von und für Vordenker der Branche geschrieben und führt Perspektiven aus Wissenschaft und Praxis handlungsorientiert zusammen.

Das Themenspektrum des nach der Erstausgabe 2015 bereits dritten Jahresbands Banking & Innovation ist wiederum breit gefächert. Ziel ist es aufzuzeigen, wie vielfältig das Spektrum an innovativen Themen in der Bankbranche ist und welches Chancenpotenzial sich damit verbindet. Den Rahmen für die Themen geben die klassischen Erfolgsfaktoren Strategie, Struktur, Kultur und Technik vor. Außerdem werden außergewöhnliche Themen behandelt und interdisziplinäre Ansätze vor- und angedacht. Die Analyse von Entwicklungspfaden anderer Branchen schafft neue Einsichten und bietet einen Innovationstransfer für den Bereich Banking.

Die FOM Hochschule für Oekonomie & Management stellt gerne den Rahmen für diese Publikationsreihe. In der Bankwirtschaft bilden sich zahlreiche Mitarbeiterinnen und Mitarbeiter berufsbegleitend an den bundesweiten Studienzentren der FOM weiter. Ihnen, aber auch der Bankwirtschaft insgesamt, sollen die Inhalte Anregung und Inspiration für neue Ideen sein. Wir freuen uns sehr, dass unsere Expertise auch in Form konkreter Beiträge unserer Hochschullehrenden Eingang in die Reihe gefunden hat. Wir wünschen dieser neuen Ausgabe von „Banking & Innovation" eine weiterhin gute Resonanz in Wissenschaft und Praxis.

Prof. Dr. Burghard Hermeier
Rektor der FOM Hochschule

Prof. Dr. Thomas Heupel
Prorektor Forschung der FOM Hochschule

Vorwort des Herausgebers

Wie die beiden vorangegangenen Ausgaben beschäftigt sich auch dieser Band mit Innovationen im Banking. Dabei ist der Begriff „Innovation" sehr weit gefasst. Im Rahmen dieses Buches wird eine Innovation im Banking als etwas verstanden, das im Bankensektor neu ist bzw. noch wenig Verbreitung gefunden hat.

Die vorliegende Ausgabe von Banking & Innovation hat folgende Schwerpunkte: Zum einen haben sich in Teil I des Buches mehrere Autoren mit dem Thema Digitalisierung und Neuausrichtung des Vertriebs beschäftigt, was nahezu in allen Banken ein wichtiges Gebiet darstellt. Allerdings ist der Fokus in der Praxis unterschiedlich: Manche Banken sehen hierin eine Chance, andere eine Bedrohung, und wieder andere benötigen erst noch einige Zeit, um sich zu orientieren. Die Beiträge in Teil I unterstützen diesen Orientierungsprozess.

Einen weiteren Schwerpunkt bildet das Thema „Share Economy" und der „Crowd-Gedanke". Beides sind zunehmend wichtige Entwicklungsfelder in Banken. Wie gelingt ein intelligenter Umgang mit Kunden und worin sehen Kunden einen Nutzen der Institution Bank? Einblick und auch Antworten finden sich in den Beiträgen in Teil III.

Außerdem wird in Teil IV ein innovativer Umgang mit Mitarbeitern genauer betrachtet. „Gesunde und authentische Führung" oder der Umgang mit einer steigenden Belastung der Mitarbeiter aufgrund einer permanenten Erreichbarkeit sind Themen, denen sich Banken nicht verschließen sollten. Damit sind nur einige der vielfältigen Beiträge dieser Ausgabe umrissen. Sie, liebe Leserinnen und Leser, können sich auf viele weitere spannende Themen freuen. Das Buch mit seinen Praxisbeispielen soll Ihnen neue Impulse geben, die Dinge anders zu machen als bisher, und es soll Sie ermutigen, neues Denken zu wagen. Beides braucht die Branche. Ohne mutige Entscheider ist kein Fortschritt möglich. Ich wünsche Ihnen spannende und inspirierende Einsichten.

Die FOM Hochschule für Oekonomie & Management stellt den Rahmen dieser Jahrbuchreihe und unterstützt nicht zuletzt aus einer wissenschaftlichen Perspektive ein neues und innovatives Denken im Banking. Herrn Professor Thomas Heupel gebührt ein herzlicher Dank für die Aufnahme des Werkes in die FOM-Edition, Herrn Dipl.-Jur. Kai Enno Stumpp danke ich für die Begleitung bei der Erstellung. Ich bedanke mich an dieser Stelle auch bei allen Autoren für die kooperative Unterstützung durch ihre Beiträge.

Prof. Dr. Marcel Seidel

Inhaltsverzeichnis

Teil I
Strategie/Vertrieb

In Innovation investieren

1

Hendrik Budliger und Jürg Hatz

Inhaltsverzeichnis

1.1   Marktumfeld

Das aktuelle Marktumfeld zeichnet sich durch historische Tiefststände der Zinsen (negative Zinsen in Europa) in fast allen wesentlichen Währungsräumen, rückläufige Rohstoffpreise, ein nach wie vor hohes Niveau der Aktienbörsen in den meisten wichtigen Märkten und geringe Wachstumsraten in den klassischen Märkten wie Zentraleuropa und den USA aus. Die rückläufigen Rohstoffpreise haben einen direkten Einfluss auf die Zahlungsfähigkeit verschiedener Entwicklungsländer, die wirtschaftlich weitgehend von der Verwertung ihrer Rohstoffabkommen abhängig sind. Diese Entwicklung sollte zu Besorgnis Anlass geben, denn bei einer langfristigen Betrachtung muss nach wie vor davon ausgegangen

H. Budliger (✉) · J. Hatz
azimuth.one GmbH
Lange Gasse 90, 4052 Basel, Schweiz
E-Mail: hendrik.budliger@azimuth.one

© Springer Fachmedien Wiesbaden GmbH 2017   3
M. Seidel (Hrsg.), *Banking & Innovation 2017*, FOM-Edition,
DOI 10.1007/978-3-658-15785-2_1

werden, dass die Rohstoffe ein knappes Gut sind, mit dem es geboten erscheint, sorgfältig umzugehen.

So weit sind sich wohl alle Beobachter der wirtschaftlichen Entwicklung einig. In den meisten Portfolios haben sich zwischenzeitlich signifikante Liquiditätspositionen angesammelt; ein Ausdruck der zunehmenden Unsicherheit unter den Anlegern. Hinsichtlich der Meinungen über die Ursachen und der Beurteilung der Situation herrscht jedoch eine erstaunliche Meinungsvielfalt. Wir versuchen hier, unseren Standpunkt zusammenzufassen.

Verantwortlich für das niedrige Zinsniveau ist das quantitative Easing, das die Zentralbanken aller wichtigen Wirtschaftsräume in den letzten Jahren betrieben haben. Angestrebt wurden eine Erhöhung der bescheidenen Wachstumsraten und eine Verbesserung der Beschäftigungslage. Und dies, obwohl die empirische Analyse belegt, dass die Ersparnisse weitgehend unelastisch auf die Zinsänderungen reagieren und die Investitionen allenfalls geringfügig auf Zinsänderungen reagieren (Taylor 2014). In der Realität sind in der Tat weder die Beschäftigungslage noch die Wachstumsquoten wesentlich beeinflusst worden; angestiegen ist jedoch das Niveau der Börsenkurse. Diese Entwicklung erstaunt eigentlich nicht besonders, wenn man bedenkt, dass in jedem Preismodell für die Bewertung von Aktiven der Faktor Zins eine der maßgebenden Größen ist. Erschwerend kommt hinzu, dass die Bewertung der Cashflow-Ströme durch die Zinsen keiner linearen, sondern einer überproportionalen Entwicklung unterliegt, das heißt, eine Zinssenkung um beispielsweise 0,5 Prozentpunkte hat bei einem Zinsniveau von 5 % einen anderen (geringfügigeren) Einfluss auf die Bewertung als bei einem Zinsniveau von 2,5 %. Diese Beziehung führt auch zu einer Erhöhung der Volatilität der Asset-Preise, sofern die Volatilität der Zinsen nicht wesentlich geringer wird.

Seit der Entwicklung der Neoquantitätstheorie haben sich die technischen und regulatorischen Voraussetzungen auf den Kapital- und Finanzmärkten in verschiedenerlei Hinsicht geändert:

- Einführung bargeldloser Zahlungsverkehr,
- computergestützter Hochfrequenzhandel,
- mathematische Kredit- und Marktrisikomodelle und Übernahme deren Ergebnisse für die Berechnung der Eigenmittelunterlegung,
- Einführung eines hocheffizienten Repomarktes zur Absicherung von Interbankgeschäften,
- Trennung von Geldpolitik und Finanzmarktaufsicht.

Im Einzelnen handelt es sich bei all den aufgezählten Errungenschaften um entscheidende Fortschritte zur Aufrechterhaltung der Sicherheit der Finanzplätze. Gleichzeitig haben sie aber auch dazu beigetragen, dass die Geldpolitik einen erheblichen Teil ihrer Wirksamkeit eingebüßt hat.

Die erwähnten veränderten technischen und regulatorischen Voraussetzungen führen zu einer Erhöhung der Volatilität der Asset-Preise und der Korrelation zwischen den Asset-Preisen, die Volatilität kann innerhalb von Sekundenbruchteilen von einem Markt auf den anderen übertragen werden. Programmierte Anlagestrategien können zu dominoartigen Effekten führen. Die Erhöhung der Volatilität und des systematischen Risikos einerseits und das extrem niedrige Zinsniveau andererseits führen dazu, dass die Anleger ihre Portfolios in Bezug auf das Sharpe- und das Treynor-Ratio zu optimieren versuchen, indem sie Anlagen übergewichten, bei denen sie ein geringes Gesamtrisiko und systematisches Risiko erwarten. Nicht selten wird dabei von der Hebelwirkung auf die Eigenkapitalrendite durch die Aufnahme von Krediten zu günstigen Konditionen profitiert. Der Effekt ist ein gehebeltes Beta. In der Praxis spiegelt sich dieser Trend in Investitionen in den Immobilienmarkt und in subventionierte alternative Energien wider. Der Effekt auf die inländische Beschäftigung von solchen Investitionen ist oftmals gering, da vielfach in bereits bestehende Immobilien investiert wird oder die arbeitsintensiven Komponenten aus dem Ausland bezogen werden. Bei diesen Investments wird auch dem Umstand zu wenig Rechnung getragen, dass die Risikomessung einer gewissen Verzerrung unterliegt, weil bei diesen Anlageklassen die beobachtbaren Transaktionen am Markt seltener sind und die Bewertung nicht selten aufgrund von Praktiker-Formeln erfolgt, welche die Marktrisiken nur ungenügend abbilden.

Die Kapitalmärkte werden auch durch die demografische Situation beeinflusst. Der demografische Wandel hat dazu geführt, dass in den letzten Jahrzehnten im Hinblick auf die Altersvorsorge erhebliche Sparkapitalien aufgebaut worden sind, die in den Kapitalmärkten angelegt werden mussten. Die Anlagen im Hinblick auf die Altersvorsorge haben die Nachfrage nach Kapitalanlagen erhöht und dem Wirtschaftskreislauf Liquidität entzogen. Das Phänomen des demografischen Wandels ist weiten Teilen der nördlichen Hemisphäre gemeinsam, der Effekt auf Kapital-, Arbeits- und Gütermärkte ist entsprechend bedeutsam. In den nächsten Jahren ist mit einer Umkehr zu rechnen, weil die Kapitalien zur Finanzierung des Lebensunterhalts aufgelöst werden müssen. Dies wird zu einem Druck auf die Börsenkurse und zu einer Erhöhung der Nachfrage in der Realwirtschaft führen. Das allgemeine Preisniveau dürfte als Folge ansteigen. Der sich abzeichnende Fachkräftemangel wird zu einer Lohnteuerung führen, wenn es Europa nicht gelingt, eine wirksame Migrationspolitik umzusetzen.

Der sich abzeichnende Druck auf die Kapitalmärkte wird durch Investitionen aus anderen Wirtschaftsräumen (Ferner und Mittlerer Osten) nach unten begrenzt. Investoren aus diesen Wirtschafträumen sind an einer Diversifikation ihrer Portfolios interessiert und werden daher bei nachlassenden Kursen Kaufgelegenheiten nutzen.

Schließlich sei auf den Einfluss exogener politischer Ereignisse hingewiesen. Die jüngsten Wahlen (Österreich) und Abstimmungen (Großbritannien) zeigen, dass ca. 50 % der Wählerschaft mit der aktuellen Situation unzufrieden sind und bereit sind, für Veränderungen zu stimmen, deren Ausgang nicht absehbar ist. Die Überalterung der Bevölkerung schlägt sich auch auf die Stimmberechtigten nieder. Es kann daher in Zukunft nicht ausgeschlossen werden, dass weitere Staaten aus der EU austreten werden. Auf der anderen Seite sind nicht alle Staaten in der Lage ohne Probleme die Vorgaben der EU zu erfüllen. Auch das kann zu Austritten oder Ausschlüssen führen. Das Gefälle in der EU zwischen den einzelnen Mitgliedschaftsländern ist einfach zu groß. Die Ungewissheit über die politische Zukunft der EU wird die Märkte somit auch weiterhin verunsichern und zu zusätzlicher Volatilität führen. Die politische Lage in der unmittelbaren Nachbarschaft der EU wird teilweise durch politische Unruhen geprägt und wird von terroristischen Anschlägen überschattet. Sollte eine Verschlimmerung der Situation eintreten, muss mit ernsthaften Einflüssen auf den Kapitalmarkt gerechnet werden.

1.2 Anlageklassen

1.2.1 Aktien

Die Aktienkurse werden hauptsächlich von den Wachstumsaussichten und den Zinsen bestimmt. Der Zins setzt sich aus dem risikofreien Zinssatz plus einer Risikoprämie zusammen. In den geografischen Räumen Zentraleuropa und Nordamerika waren die Wachstumsraten in den letzten Jahrzehnten bescheiden und der Anstieg der Aktienkurse somit im Allgemeinen in erster Linie eine Folge des rückläufigen Zinsniveaus. Die Wachstumsraten auf den Aktienmärkten im Fernen und Mittleren Osten sind in der jüngsten Vergangenheit ins Stocken geraten. Auf der einen Seite wächst die Wirtschaft in China deutlich langsamer als vor zwei Jahren, und der scharfe Einbruch der Ölpreise hat seine Spuren auf den Aktienmärkten im Mittleren Osten hinterlassen. Der japanische Aktienmarkt leidet an der seit Jahrzehnten andauernden Deflation der japanischen Volkswirtschaft.

Als Folge des Anstiegs der Volatilität der Aktienmärkte hat sich die Risikoprämie in den letzten Monaten wiederum erhöht, sie bleibt aber nach wie vor deutlich unter den beobachteten Spitzenwerten (Abb. 1.1).

Auf kürzere Sicht ist nicht mit einer grundlegenden Änderung der wirtschaftlichen Aussichten zu rechnen. Zu groß sind die aufgebauten Vorräte, Überkapazitäten und Arbeitslosenraten. Zwar wird der demografische Wandel einerseits zu einer Auflösung eines Teils der Alterssparkapitalien führen und andererseits eine Lohnteuerung wegen des Fachkräftemangels hervorrufen. Ein Teil der dadurch entstehenden zusätzlichen Nachfrage dürfte wegen des Abbaus von Vorräten nicht sofort beschäftigungs- und wachstumswirksam werden. Aufgrund von zu erwartenden strukturellen Ungleichgewichten erwarten wir, dass die Teuerung schneller als die Beschäftigungssituation reagieren wird und rechnen mit einer vorübergehenden Stagflation.

Beim Engagement in Aktien ist daher Vorsicht geboten. Aktienpositionen sind vorsichtig auszuwählen. Es sind Titel zu bevorzugen, welche am Anfang eines eventuellen Konjunkturaufschwungs gut abschneiden. Ferner sollten Titel, die aufgrund ihrer Marktstellung überdurchschnittlich gute Wachstumsaussichten haben, dem Portfolio beigemischt werden (Stock Picking).

Im Vergleich zu der Asset-Klasse Fixed Income ist darauf hinzuweisen, dass die Aktienanlagen im Gegensatz zu Schuldpapieren in der Regel einen Inflationsschutz bieten.

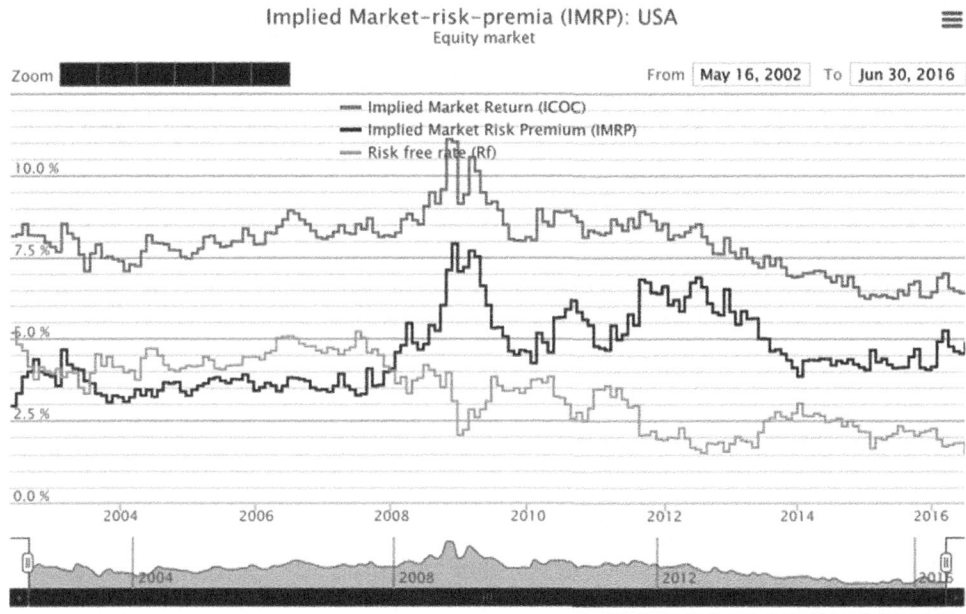

Abb. 1.1 Implied Market-risk premia. (Quelle: www.fenebris.com Frankfurt, M. Expert Circle 02 Business Valuation, www.market-risk-premia.com)

1.2.2   Fixed Income

Die Notenbanken können die kurzfristigen, aber nicht die langfristigen Zinsen nachhaltig beeinflussen. Aufgrund der expansiven Geldmengenpolitik sind in den zahlreichen Industrieländern die Renditen von zehnjährigen Staatsanleihen in den negativen Bereich gefallen. Maßgebend sind jedoch nicht die nominellen, sondern die realen Zinsen. Dieses Bild würde somit unterstellen, dass die Wirtschaftsteilnehmer von einer heftigen Deflation ausgehen. In Anbetracht der demografischen Entwicklung ist ein solches Szenario unrealistisch. Die leicht negative Entwicklung der Preisindizes ist sogar in der jüngsten Vergangenheit interpretationsbedürftig. Es ist nämlich zu berücksichtigen, dass gewisse Rohstoffe stark im Preis gefallen sind und andere Produkte/Dienstleistungen diesen Preisverfall zu einem großen Teil aufgehoben haben. Die objektive Messung der Teuerung ist nicht so einfach, wie gemeinhin angenommen wird.

Vor diesem Hintergrund ist damit zu rechnen, dass die Marktteilnehmer sich von den Staatspapieren trennen werden und ihre Anlagen in Corporate Bonds, High Yield Bonds und nicht kotierte Anlagen umschichten werden. Dies führt somit zu einem Rückgang der derzeitigen Bonitätsspreads. Allerdings wird diese Umschichtung keine dauerhafte Lösung des Problems sein, denn das sich dadurch ergebende neue Preisgefüge am Bondmarkt dürfte die Expected Losses kaum unverfälscht widerspiegeln und somit zu neuen Umschichtungen und Korrekturen führen. Die Rückfindung zum Marktgleichgewicht wird dadurch erschwert, dass die Konversion von mehreren Milliarden von Obligationen ansteht. Als gefährlich beurteilen wir die Entwicklung einer Flucht in unnotierte Schuldinstrumente. Die Tatsache, dass keine Volatilität gemessen werden kann, bedeutet schließlich nicht, dass keine Volatilität existiert. Es ist davon auszugehen, dass in dem sich abzeichnenden Wirtschaftsumfeld die Schuldnerqualität und damit der Bonitätsspread wieder an Bedeutung gewinnt und dass die angeführte Umschichtung nur von begrenzter Dauer sein wird.

In der heutigen Wirtschaftssituation erscheint eine Anlage in Schuldpapiere unvorteilhaft. Vorzuziehen sind inflationsgeschützte Produkte. Hier können zum Beispiel Wandelobligationen eine überprüfenswerte Option darstellen.

1.2.3 Commodities

Die Ursachen für den beobachteten Preisrückgang bei den Rohstoffen (Hard und Soft Commodities) sollte pro Commodity-Klasse separat untersucht werden.

Bei den Soft Commodities ist das Angebot kurzfristig schneller gewachsen als die Nachfrage. Verantwortlich dafür sind in erster Linie eine Verbesserung des Saatguts, der Düngemittel sowie der Bewässerungsanlagen und eine Vergrößerung der Anbauflächen. Da nicht in allen Fällen mit nachhaltigen Technologien gearbeitet wird, ist nicht sichergestellt, dass die Anbauflächen auch in Zukunft die gleichen Erträge erwirtschaften werden. Unsachgemäße Anbautechnologien können zur Verkarstung von Anbauflächen führen und die Fruchtbarkeit reduzieren oder im Extremfall die weitere landwirtschaftliche Nutzung unmöglich machen. Die Rolle der Nachfrageseite auf die Preisbestimmung dürfte in diesem Bereich eine untergeordnete Rolle spielen. Auch die Lagerhaltung spielt in diesem Bereich eine vergleichsweise untergeordnete Rolle.

Bei den Hard Commodities unterscheiden wir zwischen Öl und Gas einerseits sowie Industrie und Edelmetallen andererseits.

Die jüngste Erholung der Preise am Öl- und Gasmarkt ist voraussichtlich von vorübergehender Natur. Sie basiert auf einzelnen Ereignissen wie den Bränden in der Öl-Sand-Region in Kanada sowie den Produktionskürzungen in Venezuela und Nigeria aufgrund von politischen Unruhen. Eine Fundamentalanalyse ergibt jedoch ein anderes Bild.

Täglich produzieren die OPEC-Staaten rund 32,5 Mio. Barrel Öl. Die Nicht-OPEC-Staaten fördern täglich sogar 58,6 Mio. Barrel Öl. Der Iran plant, seinen Output bis 2020 auf sechs Millionen Barrel zu verdoppeln. Auch Libyen ist auf dem besten Weg, wieder in den Markt einzutreten.

Die Internationale Energieagentur sagt, selbst wenn es der OPEC gelingt, die Produktion einzufrieren, und wenn sich der jährliche Ausstoß der US-Fracking-Industrie leicht rückläufig entwickelt, einen Angebotsüberhang von 1,5 Mio. Barrel pro Tag für 2017 voraus. In einem Preiskampf liegt die Preisuntergrenze bei den Grenzkosten für eine produzierende Ölquelle. Sie beträgt in Texas 10 bis 20 US-Dollar. Im Persischen Golf kann sogar noch mit geringeren Werten gerechnet werden. Hinzu kommt der Anstieg der Produktivität beim Fracking (horizontale Bohrungen) durch eine Verbesserung der Technologie. Gleichzeitig nimmt aufgrund der Wirtschaftslage die Nachfrage nach Öl sogar noch ab.

Dabei ist der Einfluss der Lagerhaltung auf die Entwicklung des Ölpreises nicht zu unterschätzen. Wenn die Lagerkapazitäten ausgeschöpft sind, muss der Überschuss auf dem Markt angeboten werden. Aktuell ist die Lagerkapazität sowohl in Oklahoma (der Referenzpunkt für die Preisbestimmung West Texas Intermediate) als auch in der Region Amsterdam – Rotterdam – Antwerpen (Europas Logistikzentrum für Öl) nahezu vollständig erschöpft.

Zusammenfassend kann festgehalten werden, dass erneute Preisreduktionen zu erwarten sind,

- weil die Lagerkapazitäten ausgeschöpft sind und die Überschussproduktion somit am Markt abgegeben werden muss,
- weil die finanziell schwächeren Ölproduzenten gezwungen sind, so viel Öl und Gas zu produzieren, damit sie ihre Schulden bedienen können, und
- weil das Erdöl ausschließlich in US-Dollar gehandelt wird und der starke US-Dollar die Einfuhr von Öl für Entwicklungsländer verteuert und damit die Nachfrage nach Öl weiter reduziert.

Es kann nicht ausgeschlossen werden, dass sich der Ölpreis kurzfristig in Richtung der Preisuntergrenze bewegt. Mittelfristig ist mit einem Ölpreis zwischen 40 und 50 US-Dollar zu rechnen, also weit unter dem historischen Durchschnitt von 82 US-Dollar (Schilling 2016).

Der Preisrückgang bei den Industriemetallen ist demgegenüber in erster Linie auf den Rückgang der Nachfrage, insbesondere aus China, zurückzuführen. Auch hier spielt der Faktor Lager eine Rolle.

Die Edelmetalle profitieren von der allgemeinen wirtschaftlichen und politischen Unsicherheit einerseits und von dem geringen Zinsniveau. Beim Gold ist zu bedenken, dass die laufende Produktion und der laufende Verbrauch eine untergeordnete Rolle im Vergleich zu den gehaltenen Vorräten spielen. Die Analysten, die an einen sprunghaften Anstieg des Goldpreises glauben, unterstellen entweder eine markante Inflation aufgrund eines allgemeinen Vertrauensverlusts in die Währungen wegen der hohen Staatsverschuldung oder eine Zunahme der Nachfrage nach Gold im Zusammenhang mit einer (teilweisen) Rückkehr zum Goldstandard. Wir halten beide Szenarien nicht für völlig ausgeschlossen, aber für unwahrscheinlich. Im Gegensatz zum Gold spielen beim Silber die Vorräte eine vergleichsweise untergeordnete Rolle. Die industriellen Anwendungsmöglichkeiten von Silber sind vielfältig und haben durch den Einsatz von Silber in der Photovoltaikindustrie neuen Auftrieb erhalten.

1.2.4   Real Estate

Wohnliegenschaften

Aufgrund der geringen Zinsen erfreuen sich Anlagen in Mehrfamilienhäuser nach wie vor einer hohen Beliebtheit unter Investoren. Allerdings ist auf der Nachfrageseite ein spürbarer Rückgang zu verzeichnen. Hier schlägt sich die Abschwächung der Arbeitsmigration nieder. Es lässt sich eine Zunahme der Leerstände und Verlängerung der Insertionsdauer der Mietwohnungen beobachten. Die rückläufige Arbeitsmigration wird zwar durch eine steigende Anzahl von Flüchtlingen kompensiert. Dadurch ergibt sich aber eine Verschiebung der Nachfrage vom höheren Preissegment zu einem Tiefstpreissegment.

Büroflächen

Der Markt für Büroflächen ist durch ein Überangebot geprägt. Die Finanzdienstleistungsbranche kämpft mit dem Strukturwandel. Administrative Supportfunktionen werden zunehmend in Niedrig-Lohnländer (Offshoring) verlegt. Da mit einer weiteren Abschwächung des Wachstums in der Bürobranche zu rechnen ist, kann mittelfristig mit keinem Abbau der Leerstände in der Bürobranche gerechnet werden. Aufgrund des Ungleichgewichts zwischen Angebot und Nachfrage wird der Druck auf die Mietpreise aufrechterhalten, und der Wettbewerb wird sich intensivieren.

Verkaufsflächen

Der Detailhandel leidet unter der fortschreitenden Digitalisierung und den Auslandeinkäufen. Eine Ausnahme bildet der Lebensmittelhandel, der von dem nach wie vor intakten Bevölkerungswachstum profitiert. Insgesamt muss aber steigenden Leerständen und sinkenden Mietkonditionen gerechnet werden (Credit Suisse 2016).

1.2.5   Schlussfolgerung für Asset-Klassen

Ein Portfolio, das einen bestimmten Zielertrag erbringen soll, setzt sich im Zeitablauf seit 1995 aus Assets immer höherer Risikoklassen zusammen. Nicht nur der risikofreie Zinssatz, sondern auch die Risikoprämie ist im Zeitablauf gesunken. Das Sharp-Ratio, der Quotient zwischen dem erwirtschafteten Ertrag des Portfolios und der Standardabweichung der Rendite des Portfolios, sinkt im Zeitablauf deutlich. Dies stimmt nachdenklich vor dem Hintergrund, dass es private und institutionelle Anleger gibt, die zur Deckung ihrer Ziele auf ein stabiles Einkommen angewiesen sind. Hierzu gehören viele private Haushalte in der zweiten Lebensphase, in der man nicht mehr arbeitet und mehr Geld ausgibt als einnimmt, aber auch die Pensionskassen und die Lebensversicherungen.

Abb. 1.2 verdeutlicht die „Substitution" der Risikoklassen am US-amerikanischen Markt deutlich. 1995 konnte ein Zielertrag von 7,5 % noch mit einem Bondportfolio erwirtschaftet werden. 2005 mussten bereits 20 % Large Caps, 5 % Small Caps, 14 % Auslandsaktien, 5 % Real Estate und 4 % Private Equity beigefügt werden, um denselben

Abb. 1.2 Rolling the Dice.
(Quelle: Martin 2016)

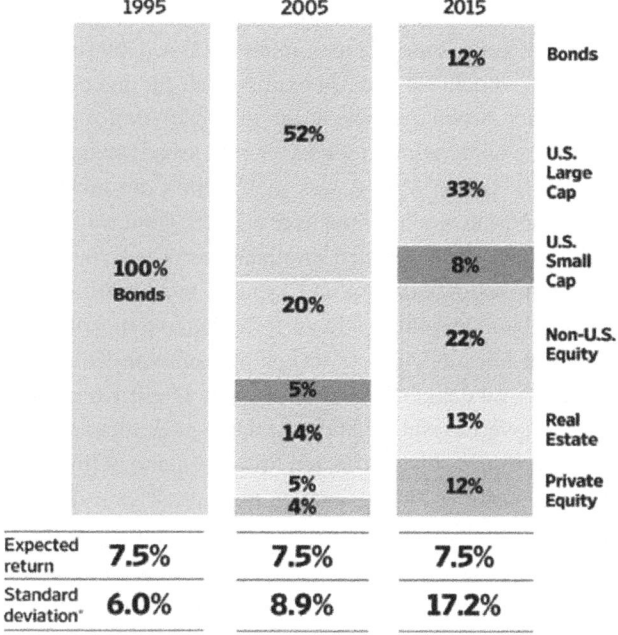

Rolling the Dice

Investors grappling with lower interest rates have to take bigger risks
if they want to equal returns of two decades ago.

Estimates of what investors needed to earn 7.5%

*Likely amount by which returns could vary
Source: Callan Associates   THE WALL STREET JOURNAL.

Ertrag zu erzielen. Die Diversifikation war 2005 noch wirksam und die Volatilität erhöhte
sich nur von 6 auf 8,9 %. 2015 beträgt der Bondanteil in einem Portfolio mit einer Zielren-
dite von 7 % gerade noch 12 %. Demgegenüber beträgt der Anteil der Large Caps 33 %,
der Small Caps 8 %, der Auslandsaktien 22 %, von Real Estate 13 % und von Private
Equity 12 %. Beunruhigend ist, dass das Gesamtrisiko von 8,9 auf 17,2 % zugenommen
hat oder anders ausgedrückt, dass das Risiko schlechter entschädigt wird.

1.3   Innovation

Einer der wichtigsten Treiber für Wachstum ist Innovation. Dabei geht es nicht nur darum,
dass etwas Neues geschaffen wird, sondern auch darum, dass ein höherer Kundennutzen
entsteht. Mit diesem Kundennutzen lassen sich Marktanteile gewinnen, und neue Märkte
können erobert werden. Durch den Konkurrenzdruck ist Innovation aber auch erforderlich, um die Marktposition zu verteidigen. Große Unternehmen tun sich allerdings schwer
mit der Innovation. Das liegt an verschiedenen Faktoren. Die Größe eines Unternehmens

selbst ist hinderlich für Innovation, denn je größer das Unternehmen ist, umso mehr steht auf dem Spiel und umso ängstlicher und defensiver wird eine Unternehmenskultur. Außerdem wird die Komplexität höher und die Entscheidungswege werden länger. Hinzu kommen Stellenbeschreibungen, die keine Freiräume für neue Ideen fördern. Und je länger es ein Unternehmen gibt, umso stärker setzt sich eine „Wir machen das hier so"-Kultur durch, die keine Innovationen mehr zulässt. Unternehmen waren kreativ, um Innovation zu fördern, indem sie wie 3M explizit Zeit für eigene Projekte verordneten. Bei 3M waren es 15 % der Arbeitszeit, die dafür zur Verfügung standen, bis das Projekt eingestellt wurde. Andere Unternehmen schickten ihre kreativsten Mitarbeiter in ein eigens geschaffenes Büro nach Silicon Valley, was nicht selten die nicht berücksichtigten Mitarbeiter umso mehr anspornte, noch innovativer zu sein. Eine weitere Strategie ist, einen eigenen Think Tank aufzubauen oder sich an einem externen zu beteiligen. Wobei der Grat zwischen Denken im Elfenbeinturm und Denken nach Auftrag sehr schmal ist und der Austausch mit der Unternehmung nicht zu formal erfolgen soll. Denn Innovation gedeiht am besten in kleinen informalen Netzwerken und offenen Kulturen, die Freiräume schaffen, um etwas Neues zu denken und zu probieren. Diese Kultur muss gefördert und gelebt werden, damit Innovation eine Chance hat. Dem gegenüber steht das Streben eines Unternehmens nach Effizienz, nach geordneten Prozessen und definierten Entscheidungswegen innerhalb einer Organisation. Unternehmen tun sich schwer damit, Raum und Strukturen für Innovation zu schaffen, und selbst in der Forschung hat das Thema um die Innovationskultur noch zu wenig Beachtung bekommen. Den Unternehmen geht es darum, den erreichten Standard nicht mit Experimenten in der Organisation zu gefährden, weshalb etablierten Unternehmen Innovation oft vorenthalten bleibt.

Somit ist es für größere Unternehmen einfacher, Innovation einzukaufen. Dies geschieht, indem sie externe Berater in ihre Organisation holen oder kleinere Unternehmen und deren Innovationen zu kaufen, um sie zu integrieren oder um deren Arbeit im geschützten Rahmen ihrer Organisation mit erprobten Prozessen, Spezialisten und den notwendigen Ressourcen in die Märkte zu bringen. Dieser Trend lässt sich in verschiedenen Branchen erkennen, wenn es darum geht, die eigene Position zu schützen oder zu stärken. Microsoft ist bereits in den 1990er-Jahren sehr offen mit dieser Strategie umgegangen, jetzt gibt es wöchentliche Announcements von Akquisitionen von Innovation im Bereich Software, Internet und Pharmazie. Doch wie kann nun ein privater Investor in Innovation investieren, und sollte er das tun, gemäß der bereits beschriebenen Marktumfeld- und Anlageklassen?

1.4 Private Equity/Venture Capital

Auch wenn Innovation nicht ausschließlich in jungen und kleinen Organisationen stattfindet, so ist dies doch eher die Regel, und auch die großen gelisteten Innovatoren sind noch eher junge Unternehmen, zu denen gemäß der jährlichen Studien von Forbes, BCG

Abb. 1.3 US Venture Market vs S&P 500. (Quelle: Booth 2013)

etc. Unternehmen wie Tesla, Apple und Amazon gehören (BCG 2015; Haan o.J.). Und offensichtlich war es bei der Erstellung der Listen auch wichtig, möglichst viel Konsens zu erzielen, und der Mut, mit überraschenden Nominierungen Diskussionen auszulösen, stand wohl weniger im Vordergrund.

Ein Investment in Private Equity und Venture Capital hat für den Investor mehrere Vorteile. Einerseits ist die Korrelation zu börsenkotierten Aktien gering, was zu einer besseren Diversifikation im Portfolio führt, und andererseits sind mit dem höheren Risiko auch höhere Renditen möglich. Dadurch bekommen Anlagen in Private Equity und Venture Capital einen immer höheren Stellenwert bei institutionellen und privaten Anlegern, und deren Anteil am Portfolio wächst stetig (McKinsey & Company 2012).

Abb. 1.3 verdeutlicht als Beispiel, wie sich die Wertsteigerung im US-amerikanischen Venture-Capital-Markt im Vergleich zu den S&P-500-Umsätzen entwickelt hat. Beachtenswert ist dabei vor allem die Zeit nach der Finanzkrise 2008. Auch wenn die Grafik nur bis 2012 reicht, so outperformen Investitionen in Venture Capital nicht jedes Jahr die großen Aktienindizes, aber doch über Zeiträume von zehn, 15 und 20 Jahren (National Venture Capital Association 2015).

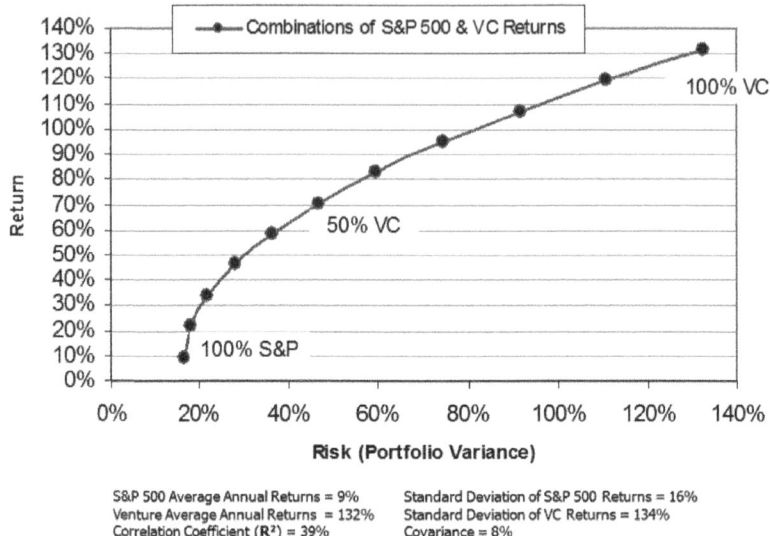

Abb. 1.4 Venture-Investment-Portfolio, Benefits Diversification. (Quelle: Venture Investment Portfolios 2016)

Abb. 1.4 zeigt eine Risiko-Ertrags-Matrix und vergleicht wiederum den S&P 500 mit einem Venture-Capital-Investment. Wie in Abschn. 1.2 bereits ausgeführt, sind die Bewertungen vor allem durch die fallenden Zinsen gestiegen und nicht durch eine verbesserte Ertragssituation oder wegen der Abdiskontierung von zukünftig steigenden Cashflows. Dem gegenüber stehen Investitionen in Venture Capital mit deutlich höheren Erträgen, die nicht oder kaum Zinsgetrieben sind, weil sich deren Bewertungen meist über Multiples des Umsatzes oder des Gewinns herleiten. Die Bewertung orientiert sich an der Möglichkeit, den Kundennutzen spürbar zu verbessern und diesen zu skalieren. Der Investor erhält also eine Rendite, die sich aus der Innovationsleistung ergibt und der Möglichkeit, diese in viele Märkte zu bringen.

Obwohl die Investitionen in Venture Capital stark wachsen, stehen den Start-ups zu wenige Gelder zur Verfügung, und viele Ideen können nicht oder nicht ausreichend umgesetzt werden, weil kein Kapitalgeber gefunden wird. 2015 wurden in Europa 5,3 Mrd. Euro für Venture Capital aufgenommen, was einem Wachstum von 8 % entspricht (Invest Europe 2016). Somit ist das Funding-Risiko eines der größten Risiken von Start-ups und einer der wichtigsten Gründe, weshalb ein Unternehmen den Durchbruch nicht schafft, obwohl die Idee vielleicht gut war und die Marktakzeptanz gut angezogen hat, aber der Atem und die Investorengelder nicht ausgereicht haben, um den Break-Even zu erreichen. Das Start-up muss also auf mehreren Märkten bestehen und gleichzeitig den Vertriebsmarkt aufbauen sowie um Investoren und Smartmoney buhlen. Das ist eine Doppelbelastung, während zudem die interne Organisation aufgebaut werden soll. Dies alles sind Aufgaben der Geschäftsleitung, die in Gefahr gerät, sich zu verzetteln, und die nicht immer die notwendige Erfahrung und das Netzwerk mitbringt, um hier schnell die richtigen Partner zu finden. Darüber hinaus leisten sie auch einen wichtigen Teil zur Volkswirtschaft und schaffen neue Stellen, wenn nicht sogar neue Märkte und neue Berufe.

Dabei sind Start-ups wichtig. Hier treffen sich Unternehmer mit dem Mut, neue Ideen umzusetzen und auf den Markt zu bringen, und setzen dabei ihr ganzes Erspartes und jenes ihrer Familie und Freunde ein, mit dem Risiko eines Totalverlusts. Hinzu kommt das Risiko des Scheiterns, das in Europa immer noch mit einem Stigma verbunden ist, das sich nicht einmal mit späteren Erfolgen aufwiegen lässt. Auch hier ist uns Silicon Valley voraus, wo der Mut zum Unternehmertum mehr zählt als Misserfolge. Unternehmer, Investoren, aber auch Regulatoren und die Gesellschaft sind angehalten, die Innovationskraft zu steigern, um Neues zu schaffen, höhere Renditen zu erzielen und Arbeitsplätze zu schaffen.

1.5   Wie investieren

Auch wenn Investitionen in Private Equity/Venture Capital volkswirtschaftlich wichtig sind und höhere Renditen möglich sind, so unterliegen sie auch einem höheren Risiko, und selbst ein Totalverlust des Investments ist möglich. Dies schreckt viele Investoren von dieser Anlageklasse ab. Fairerweise muss aber gesagt sein, dass auch bei börsenkotierten Anlagen und Funds empfindliche Verluste möglich sind und gerade in der Finanzindustrie große Korrekturen erfolgt sind und dies ohne einen volkswirtschaftlichen Nutzen oder ein überdurchschnittliches Upside-Potenzial. Venture-Capital- und Private-Equity-Investitionen sollen nicht nur ein bestehendes Portfolio bezüglich Ertrag und Korrelation als Beimischung abrunden, sondern es geht nicht selten darum, Portfolios auf Risiken und Verwaltungskosten abzuklopfen und alternative Vorschläge zu evaluieren. Und mit einer besseren Diversifikation mit marktneutralen Assets und Investitionen in Private Equity und Venture Capital auch in einem schwierigen Marktumfeld eine höhere Rendite bei gleichem Risiko zu erwirtschaften. Wir prüfen ständig Investitionsmöglichkeiten ohne systematisches Marktrisiko mit ansprechenden Renditen und hoher Liquidität, welche wir an unsere Kunden weitervermitteln.

Um erfolgreich in Private Equity und Venture Capital zu investieren, muss man die erfolgreichen von den weniger erfolgreichen Unternehmen unterscheiden können. Da man in den zukünftigen Erfolg eines Unternehmens investieren möchte, um möglichst von der J-Kurve zu profitieren, hilft dabei der Blick auf die Vergangenheit nur begrenzt. Erfolgreiche Unternehmen unterscheiden sich primär durch das Management, das sich der Aufgabe annimmt, das Unternehmen erfolgreich zu machen. Die wichtigsten Charakteristiken sind Integrität, Intelligenz und ein hohes Maß an Energie, nach denen man beim Management suchen sollte, bevor man investiert. Diese Eigenschaften beschreiben sowohl Warren Buffet als auch Elon Musk, wenn sie investieren oder Schlüsselpersonen einstellen. Das Management muss schlüssig erklären können, dass es der Aufgabe gewachsen ist, und es hat idealerweise bereits ähnliche Unternehmen erfolgreich aufgebaut.

Um an einen interessanten Dealflow zu kommen, gibt es Berater im regionalen Venture-Capital-Verzeichnis und regional organisierte Angel-Investoren, die sich regelmäßig über Investitionsmöglichkeiten austauschen und bei deren Treffen Gründer ihre Start-ups vorstellen. Einige Vermögensverwalter haben sich auch dieses Themas angenommen und ergänzen mit Clubdeals ihr eigenes Angebot, um sich von der Konkurrenz zu differenzieren. Dabei ist das Vertrauensverhältnis zwischen Investor und Berater ausschlaggebend für eine erfolgreiche Beziehung. Der Berater muss beratend wirken, im Sinne des Investors und gemäß seinen Lebensumständen und seiner Vermögens-, sowie Ertragssituation.

Gerade Unternehmer haben eine hohe Affinität zu dieser Asset-Klasse, weil sie wissen, was es braucht, um Unternehmen zu gründen und erfolgreich zu machen. Sie investieren lieber in andere Unternehmer und unterstützen sie mit ihrer Erfahrung und ihrem Netzwerk, als in eine börsenkotierte Firma, deren Marktentwicklung und Organisation für einen Investoren oft nicht nachvollziehbar sind.

Investitionen in Private Equity/Venture Capital sind nicht für jeden Investor geeignet. Der Investor, der dieser Anlageklasse entspricht und über die notwendige Suitability verfügt, muss sowohl Risikofähigkeit als auch Risikobereitschaft mitbringen. Das heißt, er muss sich des Risikos bewusst sein, muss es richtig einordnen können und darüber hinaus muss er es eingehen wollen und es sich leisten können. Aber gerade in dem beschriebenen Marktumfeld sind Private Equity und Venture Capital spannende Anlageklassen, die durch eigene Investments oder über Clubdeals sowie über Funds und andere diversifizierte Vehikel oder aber auch über Crowdfunding einer breiten Bevölkerungsschicht offenstehen, um von den Renditemöglichkeiten auch in einem schwierigen Marktumfeld profitieren zu können.

Literatur

BCG (2015). The most innovative companies. 2. Dezember 2015. https://www.bcgperspectives.com/content/interactive/innovation_growth_most_innovative_companies_interactive_guide. Zugegriffen: 26. August 2016.

Booth, B. (2013). Correlation's fresh look at venture capital returns. Forbes, 18. november 2013. http://www.forbes.com/sites/brucebooth/2013/11/18/correlations-fresh-look-at-venture-capital-returns/#2668eb021adc. Zugegriffen: 27. September 2016.

Credit Suisse (2016). Vertreibung aus dem Paradies. *Schweizer Immobilienmarkt 2016.* https://www.credit-suisse.com/media/production/pb/docs/privatkunden/hypotheken/cs-immobilienstudie-2016-de.pdf. Zugegriffen: 26. August 2016.

Haan, C. (o. J.). The World's Most Innovative Companies. *Forbes.* http://www.forbes.com/innovative-companies. Zugegriffen: 26. August 2016.

Invest Europe (2016). 2015 European private equity activity. http://www.investeurope.eu/media/476271/2015-european-private-equity-activity.pdf. Zugegriffen: 26. August 2016.

Martin, T. W. (2016). Pension funds pile on risk Just to get a reasonable return. The Wall Street Journal, 31. Mai 2016. http://www.wsj.com/articles/pension-funds-pile-on-the-risk-just-to-get-a-reasonable-return-1464713013. Zugegriffen: 27. September 2016.

McKinsey & Company (2012). The mainstreaming of alternative investments. http://webcache. googleusercontent.com/search?q=cache:3wSorwZSVm4J:www.mckinsey.com/industries/ private-equity-and-principal-investors/our-insights/how-alternative-investments-are-going-mainstream+&cd=2&hl=de&ct=clnk&gl=de. Zugegriffen: 26. August 2016.

National Venture Capital Association (2015). Venture capital outperformed major stock indices during third quarter of 2014. 3. Januar 2015. http://nvca.org/pressreleases/venture-capital-outperformed-major-stock-indices-third-quarter-2014. Zugegriffen: 26. August 2016.

Schilling, A. G. (2016). Oil is still heading to $10 a barrel. Bloomberg view, 3. Juli 2016. https:// www.bloomberg.com/view/articles/2016-06-28/why-oil-is-still-headed-as-low-as-10-a-barrel. Zugegriffen: 26. August 2016.

Taylor, L. (2014). Paul Krugman's „liquidity trap" and other misadventures with Keynes. *Review of Keynesian Economics*, 2(4), 483–489.

Venture Investment Portfolios (2016). Combining venture investments with the S&P 500. http:// ventureinvestmentportfolios.com/benefits-diversification/. Zugegriffen: 27. September 2016.

Chancen und Sackgassen des klassischen Retail Bankings

2

Leif Erik Wollenweber und Jim Ruble

Inhaltsverzeichnis

2.1 Im Retail Banking das Ruder ergreifen

Die Finanzindustrie befindet sich in einem tiefgreifenden Wandel (McKenna 2002; Statista 2016b). Ganz mit den Entwicklungen in Industrie und Handel vergleichbar, erlebt der Sektor durch die Digitalisierung die Disruption der Geschäftsmodelle klassischer Finanzinstitute. Hinzu kommen die seit 2007 revolvierende Finanzkrise, zunehmende Regulierung und ein ebenso volatiles wie unsicheres polit-ökonomisches Umfeld.

Ohnehin galt und gilt gerade Deutschland als overbanked, was in den letzten Jahren bereits zu einem Filialsterben geführt hat und nun, verschärft durch die rekordniedrigen Zinsen, die immer noch ausgedehnten Filialnetze vieler Banken und Sparkassen noch unrentabler macht. Es ist also höchste Zeit für Banken und Sparkassen, wieder ans Ruder zu kommen.

L. E. Wollenweber (✉)
HWMC-Management Consultants
Eigenheim 17, 41747 Viersen, Deutschland
E-Mail: erik.wollenweber@hwmc.de

J. Ruble
Rizzastr. 5, 56068 Koblenz, Deutschland

© Springer Fachmedien Wiesbaden GmbH 2017
M. Seidel (Hrsg.), *Banking & Innovation 2017*, FOM-Edition,
DOI 10.1007/978-3-658-15785-2_2

Vor diesem Hintergrund werden die aktuelle Situation der deutschen Bankenlandschaft und die vorherrschenden Strategien der traditionellen Geschäftsbanken im „klassischen" Retailgeschäft kritisch betrachtet, die durch digitale Angreifer besonders bedroht sind. Von einem Nacheifern à la paydirekt der Fintechs wird abgeraten. Ziel ist es, Wege aufzuzeigen, wie das Retail Banking durch die Kombination alter und neuer Stärken wettbewerbsfähiger werden kann.

2.2 Paydirekt – verschlafene Chancen und eine prototypische Sackgasse

Mit dem Start von paydirekt im November 2015 betrat die deutsche Bankenindustrie erstmals seit Beginn des Online-Bankings im Jahr 1998 echtes Neuland und versucht nun, PayPal Paroli zu bieten (Deutsche Postbank AG 2015).

Blicken wir zurück, so war die Einführung des Online-Bankings in den 1990er-Jahren einer der Meilensteine in der Entwicklung des Retailgeschäfts der deutschen Finanzindustrie. Es sicherte den Banken frühzeitig den Zugang zu Wohnzimmern der Privatanwender und war zu diesem Zeitpunkt von keiner ernsthaften Konkurrenz bedroht. Online-Bezahlsysteme wie eBays „Billpoint", die zur Abwicklung von Zahlungsströmen der Käufer und Verkäufer des eBay-Auktionsportals genutzt wurden, gelangten zwar im Jahre 1998 auf den US-amerikanischen Markt, jedoch nie in deutsche Haushalte. Im deutschen Bankenmarkt dauerte es weitere sechs Jahre bis eine ernsthafte Alternative zum Bezahlen mittels Online-Banking auf den Bildschirmen der Konsumenten erschien (Wolverton 2002). Erst im Jahr 2004 erschien mit dem Publishing einer deutschsprachigen Website des 1998 gegründeten Online-Payment-Anbieters „PayPal" ein ernsthafter Konkurrent um die Zahlungsströme der Privatkunden im deutschen Markt (Seibel 2015). Wichtig für die Entwicklung der Konkurrenzsituation war hier, dass PayPal von 2002 bis 2015 an die Auktionsplattform „eBay" gekoppelt war (eBay Inc. 2014).

Elf Jahre lang schaute die deutsche Bankenindustrie dann vom Spielfeldrand aus zu, wie sich ihre Kunden zunehmend für den E-Commerce interessierten und PayPal Jahr für Jahr Marktanteile im Online-Payment hinzugewann (Statista 2016a). Dieser Entwicklung soll nun mithilfe des Online-Payment-Dienstes „paydirekt" gegengewirkt werden.

Paydirekt-Geschäftsführer Wißmann vertritt dabei den Standpunkt, dass es elf Jahre nach Markteintritt PayPals noch nicht zu spät sei, ein eigenes Angebot in diesem Segment zu platzieren. Er führt dabei an, dass das Potenzial von paydirekt darin liege, jedes Girokonto mit einer Online-Banking-Funktion in Deutschland für den neuen Paydirektdienst freizuschalten. Man müsse nicht immer der Erste sein, um erfolgreich zu werden (Kannenberg 2015). Doch angesichts der speziellen Gesetze der Digitalisierung und ihrer Tendenz zur Bildung organischer Monopole klingt dies wie Pfeifen im Walde (Kaufmann 2015).

Vielmehr wirft das Beispiel paydirekt Fragen zur Innovationskraft des deutschen Bankenwesens auf, wenn dieser Dienst als neuartig bezeichnet wird, nachdem der Konkurrenz über ein Jahrzehnt lang das Feld überlassen wurde. Dies, ohne dass das eigene Angebot nennenswerte Kundenvorteile gegenüber der Konkurrenz aufweist.

Jedenfalls fehlen essenzielle Funktionen des Wettbewerbers PayPal. So ist es nicht möglich, einem Freund abends beim Biertrinken zehn Euro per paydirekt zu überweisen, weil man selbst kein Bargeld dabei hat. Einzig die – vielleicht – höhere Sicherheit der personenbezogenen Daten aufgrund der direkten Abwicklung über die Hausbank stellt ein Alleinstellungsmerkmal von paydirekt dar.

Fraglich ist, ob diese Datensicherheit die vielen Punkte ausgleicht, in denen paydirekt den direkten Vergleich mit PayPal verliert. Darüber hinaus ist offen, ob der Konsument überhaupt ein Interesse daran hat, dass seine Daten ausschließlich seiner Hausbank zur Verfügung stehen. Denn dies ist zwar eine wichtige Vertrauensfrage, doch auch hier kriselt es durch die seit dem Jahr 2008 anhaltende, mit diversen zusätzlichen Skandalen gespickte Finanzkrise.

Ganz grundsätzlich kann also die Frage gestellt werden, ob die Banken bereits die richtigen Schlüsse gezogen haben und andere Schwerpunkte als in der Vergangenheit setzen. Die Schlüsselrolle für die Neustrukturierung der Retail-Banken dürfte die Ausrichtung an den Bedürfnissen des Endkunden spielen. Auge-Dickhut et al. (2014) führen dies auf die Frage nach dem „WAS, dem Wertbeitrag eines Dienstleisters zurück". Sie schreiben: „Marktgerecht sind Leistungen, wenn Kundennutzen entsteht, indem Kundenbedürfnisse durch Produkte oder Dienstleistungen mit der erwarteten Qualität [...] so befriedigt werden, dass Kunden die Produkte und Dienstleistungen zu erwerben bereit sind" (Auge-Dickhut et al. 2014).

Paydirekt ist zwar technisch in der Lage, Nutzen zu schaffen. Allerdings nicht für die Endkunden, sondern für die Banken selbst, denn diese sind es, die die Dominanz von PayPal stört. Eine zusätzliche Rolle bei dieser Fehlsicht mag spielen, dass es sich bei den Entscheidern meist um Angehörige der „digitalen Immigranten" handelt, welche die neuen Medien nicht recht aus eigener Anschauung einzuschätzen wissen. Wie sonst ist es zu erklären, dass eine Industrie, die über einen direkten Zugang zu den Kapitalmärkten und den damit verbundenen Ressourcen verfügt, ihre Mitarbeiter mit dem Vertrieb eines geklonten Produktes beauftragt, dem im Vergleich zur etablierten Konkurrenz von PayPal der Kopf zum Denken sowie Beine zum Laufen fehlen?

Ohne ein ausreichendes Händlernetzwerk, in dem zum Bezahlen via paydirekt eingeladen wird, fehlt dem Endverbraucher der Nutzen. Dies zeigt sich deutlich in den Downloadzahlen im Google Playstore zur Android-App von paydirekt. Diese wurde dort noch nicht einmal 50.000-mal heruntergeladen – eine angesichts der Marktstellung des Konkurrenten und des Investitionsaufwands nicht marktrelevante Größe (Google Play Store 2016).

Nimmt man paydirekt als pars pro toto, ist das Geschäftsmodells der deutschen Bankenindustrie noch immer einseitig auf Effizienzstreben und das Sichern der bestehenden Strukturen ausgerichtet (Cong Bùi 2016). Nach wie vor werden Konsumenten vornehmlich als Objekt der Deckungsbeitragsrechnung betrachtet (Liebetrau und Seidel 2015). Das Innovationsstreben nach neuen digitalen Angeboten endet meist recht jäh am Zaun der – vermeintlich sakrosankten – Vorgaben der bankinternen Prozesse und IT-Strukturen (Auge-Dickhut et al. 2014).

2.3 Der Kunde als Ausgangs- und Zielpunkt der Digitalisierung

Die Zeiten, in denen Konsumenten ausschließlich von Vertriebsmitarbeitern über ihre Möglichkeiten und den Nutzen aus verfügbaren Produkten informiert wurden, sind vorbei. Heute kann auch der Konsument per Smartphone von unterwegs Wertpapiere global handeln. Sämtliche notwendigen Informationen sind im Internet verfügbar.

Was hat sich dadurch im Vertrieb geändert? Gleichgeblieben ist, dass Verkäufer heute wie gestern ihre Waren und Dienstleistungen anbieten und Konsumenten heute wie gestern Waren und Dienstleistungen kaufen, die ihnen Nutzen versprechen.

Was sich jedoch fundamental geändert hat, ist die Art und Weise, wie der Konsument sein Bedürfnis nach einem ausreichenden Informationsniveau befriedigt und welche Optionen sich für seine Transaktion bieten. Gerade die besonders gebildeten und oftmals zugleich finanzstarken Kunden haben sich dadurch emanzipiert und sind nicht auf einen Berater angewiesen. Dies ist die Ausgangssituation, an der moderne Finanzdienstleister ansetzen. Sie konzentrieren sich auf eine bestimmte Dienstleistung, die einen nennenswerten Nutzen bietet, und stellen ihren Kunden in den Mittelpunkt (PayPal 2016).

2.4 Neujustierung des klassischen Retail Bankings

Die Existenzberechtigung eines Unternehmens entsteht nicht von selbst, sondern durch seine Fähigkeit zur marktgerechten Befriedigung nachgefragter Bedürfnisse zu wettbewerbsfähigen Kosten und Preisen (Auge-Dickhut et al. 2014).

Offenbar öffnet sich hier aber ein Delta zwischen angebotener und nachgefragter Dienstleistung des Retail Bankings. Erhellend dazu sollte zunächst der Blick auf den Kunden, oder besser, die Kundengruppen sein.

Besondere Aufmerksamkeit soll hierbei zwei Alterssegmenten gewidmet werden. Die erste Gruppe umfasst hier die erwerbstätigen Konsumenten zwischen dem 25. und dem 64. Lebensjahr mit einem Anteil von rund 55 % der Gesamtbevölkerung. Sie setzt sich aus einem breiten Spektrum von „Digital Natives" und „Digital Immigrants" zusammen. Als besonderes Kennzeichen dieser Gruppe ist zu sehen, dass im Jahr 2015 ein Anteil von gut 85 % durch einen privaten Internetzugang Zugriff auf digitale Medien hatte (Statista 2015). Gut 47 % dieser Gruppe nutzten bereits im Jahr 2013 aktiv die Möglichkeiten des mobilen Internetzugangs, was einer Steigerung zum Vorjahr um 13,5 % entspricht. Diese Zielgruppe steht der Digitalisierung somit zunehmend offen gegenüber.

Die zweite Gruppe umfasst die Konsumenten ab 65 Jahren. Mit 17,05 Mio. Bürgern bildet sie gegenwärtig die zweitgrößte Gruppe an potenziellen Kunden im gesamten deutschen Markt. Auf sie zu verzichten, würde bedeuten, die Kundengruppe mit dem höchsten durchschnittlichen Pro-Kopf-Vermögen zu verlieren (Grabka und Westermeier 2014). Da diese Gruppe im analogen Zeitalter aufwuchs, findet sich hier nur in 40 % der Haushalte ein privater Internetzugang. Diese Kundengruppe ist es gewohnt, im persönlichen Gespräch mit dem Berater vor Ort ihre Fragen in finanziellen Angelegenheiten zu erörtern und zu regeln. Moderne Medien hingegen werden mit steigendem Alter weniger akzeptiert. Das Angebot eines persönlichen Beratungsgesprächs mit einem fachkundigen Berater ist daher in diesem Fall bis auf Weiteres unumgänglich, um nicht diese ökonomisch wichtige Zielgruppe angesichts der dynamischen Entwicklung des Bankgeschäfts zu vergessen.

Mithin zeigt sich hier ein stark geteiltes Kundensegment, welches auf differenzierte Weise anzusprechen ist. Auf Grundlage dieser Erkenntnisse wird deutlich, dass eine Omni-Channel-Strategie ratsam ist, welche die Nutzung digitaler Kanäle mit strategisch platzierten Lokalstandorten kombiniert (Rigby 2011).

Eine genaue Analyse der Banken- und Fintech-Industrie zeigt dabei zwei grundlegend verschiedene Ausgangspositionen der Marktteilnehmer. Die etablierten Banken in Deutschland greifen auf ein weit verzweigtes Netz aus Filialen mit lokalen Ansprechpartnern zurück, während die Fintech-Industrie nur in seltenen Fällen eine lokale Präsenz zeigt. Dies gibt der Bankenindustrie die Möglichkeit, das Bedürfnis der Kunden nach einer persönlichen Beratung zu einfachen und auch komplexen Finanzprodukten zu bedienen. Zugleich wird dem Konsumenten die Option geboten, über das Internet von unterwegs oder daheim seine Bankgeschäfte zu erledigen. Dieses Angebot beschränkt sich aktuell jedoch auf Dienstleistungen, die eine geringe Komplexität aufweisen. Ein vollständiges und umfassendes persönliches Finanzmanagement auf digitaler Ebene steckt zurzeit noch in den Kinderschuhen (Auge-Dickhut et al. 2014, S. 31). Ausnahmen zeigen jedoch, dass auch große, traditionell konservativ denkende Organisationen dazu in der Lage sind, Lösungen zu finden und anzubieten, die einen großen Fortschritt in Richtung der neu entwickelten Bedürfnisse ihrer Konsumenten darstellen.

Als Beispiel hierfür soll die apoBank Düsseldorf dienen. Sie stellt ihren Konsumenten das Angebot der Online-Beratung zur Verfügung. Dieses hat derzeit gegenüber ähnlichen Angeboten der Deutschen Bank, Commerzbank und des Sparkassenverbunds – und auch Fintechs – wichtige Vorteile.

Zu diesen zählt hierbei, dass eine produktübergreifende Beratung des Konsumenten möglich ist und dass es keine Beschränkung auf ein bestimmtes, zuvor vom Kunden ausgewähltes Produkt mehr gibt, wie es bei sonstigen Online-Beratungsangeboten gegenwärtig noch der Fall ist.

Ein weiteres Merkmal, welches das Angebot deutlich von denen konkurrierender Fintechs unterscheidet, ist die benutzerkontofreie Bedienung der Online-Beratung. Damit haben Kunden, die den Aufwand einer Erstellung eines zusätzlichen Nutzerprofils ablehnen, die Möglichkeit, eine neue Beratungstechnologie direkt von zu Hause oder eben von überall aus zu nutzen. Gleichzeitig eröffnet es Nichtkunden der Bank die Option, sich unverbindlich beraten zu lassen, bevor sie den teils langen Weg in eine Filiale zu einem ersten persönlichen Kennenlernen antreten müssten (Deutsche Apotheker und Ärztebank eG 2016a).

Eine solche Entwicklung zeigt im Ansatz, dass das grundlegende Potenzial für die Entwicklung neuer Ideen und Innovationen, die jedoch zugleich die Wurzeln des Geschäftsmodells nicht vergessen, durchaus vorhanden ist.

Mit der Veränderung der „Customer Touchpoints" muss dann auch die Präsenz in der Fläche neu gedacht werden. Der Blick auf die Bedürfnisse der beiden wichtigsten Kundengruppen und – nicht zuletzt – die Lehre aus anderen Bereichen des Retailgeschäfts zeigen, dass es nicht um ein „Entweder-oder" sondern ein wohldosiertes „Sowohl-als-auch", also passende digitale Angebote und Beratung vor Ort zugleich geht. Als kurzes Idealbeispiel mag Amazon dienen, das durch konsequente Kundenorientierung seine Marktdominanz erlangt hat – und inzwischen beginnt, eigene Stores aufzubauen, um noch näher an den Kunden heranzukommen und um mit möglichst geringem Aufwand omnipräsent zu sein.

Dazu passend gibt das „Zürcher Modell der kundenzentrierten Bankarchitektur" drei Leitplanken zur Entwicklung eines zukunftsfähigen Geschäftsmodells vor (Auge-Dickhut et al. 2014, S. 11):

1. **Konsequente Kundenorientierung:** Ausrichtung aller strategischen, strukturellen und kulturellen Dimensionen auf die Bedürfnisse des Kunden.
2. **Digitalisierungsfähige Geschäftsmodelle:** Ergänzung der Instrumentarien des klassischen Geschäftsmodells um erfolgsrelevante Faktoren im digitalen Zeitalter; Netzwerkfähigkeit und Virtualität von Banken ausbauen.
3. **Transformationskompetenz:** Systemische Sichtweise auf Strategie, Struktur und Kultur sind notwendige Bedingungen für erfolgsversprechende Weiterentwicklung.

Eine Lösung für das Retail Banking könnte dabei in einer tragfähigen, auf die Zukunft ausgerichteten Netzstruktur liegen, die unter Priorisierung der Kundenbedürfnisse ein neues, nachhaltig erfolgreiches und agiles Geschäftsmodell ermöglicht.

Die in Abb. 2.1 abgebildete Netzstruktur zeigt eine solche, auf den bisherigen Analysen und dem Zürcher Modell basierende Idealstruktur des Retail Bankings. Im Rahmen dieses Beitrags dient sie zunächst ausschließlich der Restrukturierung des Organisationsaufbaus auf Vertriebsebene, sie kann aber für interne Organisationsprozesse, wie die Zusammenarbeit von Entwicklung, Verwaltung, und Vertrieb, adaptiert werden (Mountzia 1997).

Das breit angelegte Filialnetz der Bankenindustrie bietet derzeit zwar auf der einen Seite noch die Option, den Kunden in der Fläche abzuholen, ist jedoch in Zeiten sinkender Margen – und rekordniedriger Zinsen – zu kostspielig (Bach et al. 2000, S. 125 ff.). Nicht zuletzt deshalb reagiert der (noch) Branchenprimus Deutsche Bank aktuell mit einem Filialrückbau und setzt künftig anstelle dessen verstärkt auf selbstständige Handelsvertreter.

Bei der beschriebenen Netzstruktur handelt es sich jedoch nicht um einen bloßen Rückzug, sondern um einen neuen Ansatz. Denn in diesem Modell entfällt die Ebene der Filialen vollständig; an deren Stellen treten selbstständige Agenturen. Vor dem Hintergrund immer kürzerer Innovationsintervalle erscheint es deshalb sinnvoll, eine Organisationsstruktur zu wählen, welche sich auf wenige, aber effektive und flexible Elemente begrenzt

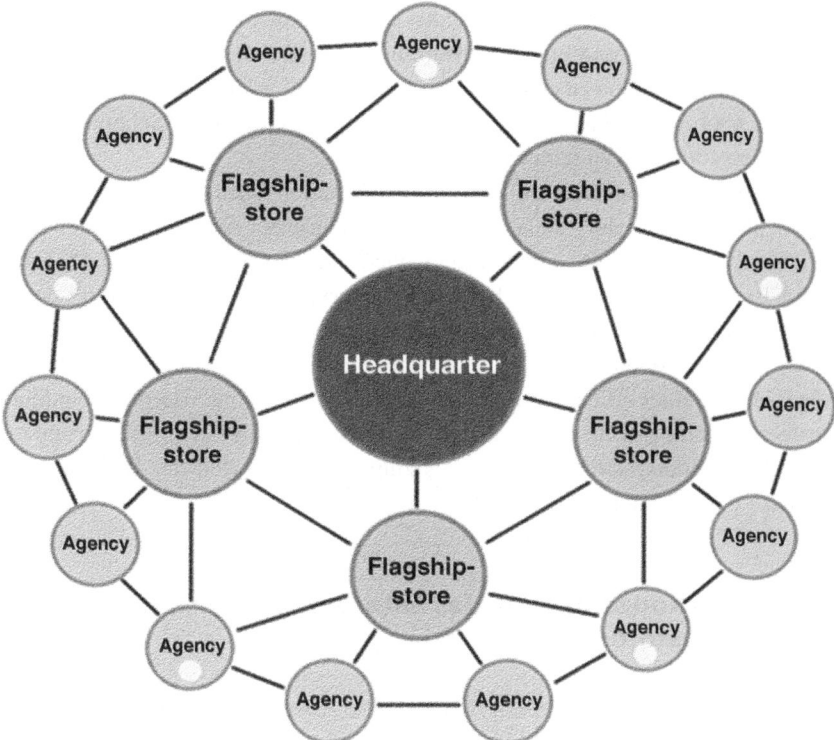

Abb. 2.1 Die Netzstruktur des neuen Retail Bankings. (Quelle: In Anlehnung an Mountzia 1997)

(Albers und Gassmann 2015). Temporär nachgefragte Dienstleistungen wie die Beratung vor Ort können durch bei Bedarf addierbare Module gewährleistet werden und binden so nur begrenzt Ressourcen.

2.5   Outsourcing des beratungsintensiven Retail Bankings in eine Spezialgesellschaft

Um trotz des Rückzugs aus der Fläche eine ausreichende Präsenz bei geringem Kostenaufwand aufweisen zu können, wird vorgeschlagen, eine Finanz-Service-Gesellschaft für Privatkunden aufzubauen. Ziel dieser Gesellschaft ist die flächendeckende Vermietung ehemaliger Filialstandorte an selbstständige, jedoch gebundene Vermittler nach § 84 Abs. 1 Satz 1 HGB und § 2 Abs. 10 Satz KWG. Deren Aufgabe besteht in der aktiven Ansprache bestehender Kundenverbünde zur Erschließung von bisher nicht realisierten Potenzialen und dem Ausbau des übernommenen Kundenstamms. Besonderes Augenmerk ist bei der Einbindung dieser Handelsvertreter auf die Standards des deutschen

Datenschutzes zu legen, wonach die Kunden auf die Selbstständigkeit ihrer Ansprechpartner hinzuweisen sind und eine Übermittlung ihrer Daten ausschließlich nach deren
schriftlichem Einverständnis zu erfolgen hat (BGH, Urteil vom 26.02.2009 – I ZR 28/06).
Ebenso ist auf § 84 Abs. 1 Satz 2 HGB zu achten, um die Gefahr der Scheinselbstständig-
keit von Handelsvertretern zu bannen.

Durch den gezielten Aufbau von Service Points in den vermieteten Filialen wird eine
kontinuierliche Präsenz in der Fläche gewährleistet. Diese Service Points dienen vorrangig
zur Abwicklung von alltäglichen Nachfragen wie Bargeldverfügungen und der Entgegen-
nahme von Beratungsanfragen. Der Einsatz von Servicekräften ist aufgrund der bereits
vorhandenen Infrastruktur im Schalterbereich umzusetzen. Die Personalkosten für diese
Servicekräfte, welche ebenso für die Terminvereinbarung der ansässigen Handelsvertreter
und Aufgaben des Backoffices eingesetzt werden können, sind von den Handelsvertretern zu tragen, was für die Gesellschaft den Vorteil der (Fix-)Kostenminimierung mit sich
bringt. Für die Handelsvertreter bedeutet es zugleich den Vorteil der Befreiung von der
persönlichen Rentenversicherungspflicht.

2.6 Regionale Konzentration des Mitarbeiterpotenzials in Flagshipstores

Regionale Flagshipstores gibt es bereits heute. Diese Ausgangslage soll genutzt und weiter
ausgebaut werden. Zudem besteht durch die Schließung der im Eigenbetrieb laufenden
Filialen die Möglichkeit, auf einen großen Pool qualifizierten Personals zurückzugreifen.
Aus dieser Menge heraus kann – zentral oder in den Flagshipstores – eine zusätzliche
Abteilung für Online-Beratung installiert werden, die zudem Beratung vor Ort auf Abruf
anbietet.

Das Ziel dieser Abteilung ist es, die Nachfrage nach Beratung in sowohl einfachen wie
auch komplexen Produkten zu befriedigen, was den Charme hat, dass sie von der Fintech-
Konkurrenz aktuell nicht angeboten werden kann.

Die Deutsche Apotheker- und Ärztebank Düsseldorf eG setzt dieses Konzept bereits
in ähnlicher Form um. Jedoch stehen die Online-Berater hier ausschließlich online zur
Verfügung und leiten den Konsumenten bei Bedarf an einen Kollegen der lokalen Filiale
weiter (Deutsche Apotheker- und Ärztebank eG 2016b). Dies erschwert den Aufbau einer
emotionalen Bindung zwischen Konsumenten und Bankvertreter. Durch die Möglichkeit
des persönlichen Besuchs des Online-Beraters in der lokalen Filiale oder im Heim des
Kunden kann diese Bindung deutlich intensiviert werden. Durch dieses Modell wird das
irrige Denken vermieden, der Konsument wolle entweder nur in der Filiale oder nur online
beraten werden (Auge-Dickhut et al. 2014, S. 14). Neben dem Konsumenten als Nutzer
dieses Angebots ist es auch den Handelsvertretern, welche die Rolle der Kundenberater
eingenommen haben, möglich, einen Spezialisten zu Fachthemen hinzuzuziehen, um eine
durchgehend qualitativ hochwertige Beratungsleistung zu gewährleisten.

Die Beratung eines Konsumenten zu Wertpapier-Themen löst dagegen unabhängig vom Ausgang der Beratung eine gesetzlich vorgeschriebene Dokumentationspflicht aus (§ 34 Abs. 1 WpHG i. V. mit § 14 Abs. 6 WpDVerOV). Die Erfüllung dieser Dokumentationspflicht beansprucht für jede durchgeführte Beratung etwa 40 min. Zeit, die der Bankvertreter nicht mehr für das Erzielen weiterer Provisionseinnahmen oder die Befriedigung von Konsumentenbedürfnissen verwenden kann. Anstelle der bisherigen individuellen Beratung für Kunden des Retail Bankings kann also das rein onlinebasierte und beratungsfreie Angebot von Wertpapierlösungen rücken. Die komplexe und teure Vermögensberatung bleibt dann dem Private Banking und dem Wealth-Management vorbehalten.

Der Ausbau der Präsenz in digitalen Medien und die Verstärkung der Kooperation mit externen Partnern wird in den nächsten Jahren ein elementarer Faktor für den Erfolg einer Bank sein. Aus diesem Grund kann das Zuträgergeschäft mit Anbietern wie Check24, ImmobilienScout und anderen Online-Plattformen erheblich ausgeweitet werden.

Die Bearbeitung des Zuträgergeschäfts der Online-Plattformen sollte analog der Flagshipsebene behandelt werden, sodass gegenüber dem Endkunden keine Aufspaltung der Vertriebskanäle mehr erkennbar wird. Auf allen Kanälen muss derselbe Servicelevel geboten werden. So wichtig die Differenzierung bankintern sein mag, so unerheblich ist sie für ihn. Für den Kunden kommt es auf die Beratungs- und Servicequalität an, wofür aus seiner Sicht kaum mehr ein Unterschied zwischen Online- und „Face-to-Face-Kontakt" besteht.

2.7 Fazit

Die Betrachtung des klassischen Geschäftsmodells der deutschen Banken bietet ein geteiltes Bild. Auf der einen Seite stehen durchaus innovative Beispiele, wie das verschlankte Filialnetz und die Online-Beratung für Kunden wie – nota bene – Nichtkunden der apoBank. Andererseits lässt der Fall paydirekt daran zweifeln, ob die Retailbanken für den digitalen Wettbewerb überhaupt „mental" gerüstet sind.

Der große Befreiungsschlag steht jedoch noch aus. Dabei bietet gerade der konservative deutsche Markt noch geradezu großzügige Konditionen für die Banken, bedenkt man, dass im „Schwellenland" China Millionen Menschen schon kein Bankkonto mehr brauchen, da sie ohnehin alle Zahlungsgeschäfte über Smartphone-Apps abwickeln. Sicher werden Menschen auch in Zukunft noch Geld anlegen, leihen, tauschen – aber dafür muss es keine Banken geben, wie sie heute existieren. Den Fintechs hinterher zu hecheln, ist freilich auch kaum sinnvoll. Vielmehr sollten Retailbanken ihre Stärken in der Beratung ausbauen und darauf basierend ihr Geschäftsmodell neu erfinden, frei nach Steve Jobs: „Your time is limited, so don't waste it living someone else's life" (Jobs 2005).

Literatur

Albers, S., & Gassmann, O. (Hrsg.). (2015). *Handbuch Technologie- und Innovationsmanagement. Strategie – Umsetzung – Controlling.* Wiesbaden: Springer Gabler.

Auge-Dickhut, S., Koye, B., & Liebetrau, A. (2014). *Client Value Generation. Das Zürcher Modell der kundenzentrierten Bankarchitektur.* Wiesbaden: Springer Gabler.

Bach, V., Gronover, S., & Schmid, R. E. (2000). Customer Relationship Management. Der Weg zur profitablen Kundenbeziehung. In H. Österle (Hrsg.), *Business Engineering* (S. 125–140). Berlin: Springer.

Cong Búi, F. (2016). Paydirekt sieht noch viele Aufgaben vor sich. Interview mit Niklas Bartelt. *Börsen Zeitung, 20,* 3.

Deutsche Apotheker- und Ärztebank eG (2016a). Video-Beratung. https://www.apobank.de/video-beratung.html. Zugegriffen: 27. Mai 2016.

Deutsche Apotheker- und Ärztebank eG (2016b). FAQs zu apoPur. https://www.apobank.de/selbstaendige/apopur_sel/apopur_faq.html. Zugegriffen: 24.Mai 2016.

Deutsche Postbank AG (2015). Meilensteine des Online-Bankings. https://www.postbank.de/postbank/pr_dossier_meilensteine_onlinebanking.html. Zugegriffen: 18. April 2016.

eBay Inc. (2014). eBay Inc. plant Trennung von eBay und PayPal in unabhängige Börsen notierte Unternehmen in 2015. Pressemitteilung, 30. September 2014.

Google Play Store (2016). Paydirekt. https://play.google.com/store/apps/details?id=com.gimb.paydirekt.app&hl=de. Zugegriffen: 11. Juni 2016.

Grabka, M., & Westermeier, C. (2014). Anhaltend hohe Vermögensungleichheit in Deutschland. *DIW Wochenbericht, 9,* 160.

Jobs, S. (2005). Stanford Commencement Adress, 12. Juni 2005.

Kannenberg, A. (2015). Deutsche PayPal-Alternative Paydirekt: „Man muss nicht immer der Erste sein". heise online, 29. Oktober 2015. http://www.heise.de/newsticker/meldung/Deutsche-Paypal-Alternative-Paydirekt-Man-muss-nicht-immer-der-Erste-sein-2860919.html. Zugegriffen: 18. Mai 2016.

Kaufmann, T. (2015). *Geschäftsmodelle in der Industrie 4.0 und dem Internet der Dinge. Der Weg vom Anspruch in die Wirklichkeit.* Wiesbaden: Springer Vieweg.

Liebetrau, A., & Seidel, M. (2015). Der Weg zu einem neuen Banking. In M. Seidel & A. Liebetrau (Hrsg.), *Banking & Innovation 2015* (S. 3–9). Wiesbaden: Springer Gabler.

McKenna, R. (2002). *Access-Marketing.* New Jersey, Wiley.

Mountzia, M.-A. (1997). Verteiltes und flexibles Management mit erweiterbaren und kooperierenden Agenten. In O. Spaniol (Hrsg.), *Promotion tut not: Innovationsmotor „Graduiertenkolleg ". Proceedings of the 27th GI-Jahrestagung* (S. 3–21). Aachen: Verlag der Augustinus Buchhandlung.

PayPal (2016). Über uns. https://www.paypal.com/de/webapps/mpp/about. Zugegriffen: 12. April 2016.

Rigby, D. K. (2011). The Future of Shopping. *Harvard Business Review,* December 2011.

Seibel, K. (2015). Der verzweifelte Kampf ums digitale Geld. *Die Welt,* 31. Mai 2015.

Statista (2015). Millennials in Deutschland nach verwendeten Endgeräten zur Internetnutzung im Vergleich mit der Bevölkerung im Jahr 2014. https://de.statista.com/statistik/daten/studie/290569/umfrage/umfrage-unter-millennials-zu-verwendeten-endgeraeten-zur-internetnutzung/. Zugegriffen: 10. Juni 2016.

Statista (2016a). Kernaussagen zu FinTechs. https://de.statista.com/outlook/295/137/fintech/deutschland. Zugegriffen: 18. April 2016.

Statista (2016b). Factoring-Plattformen. https://de.statista.com/outlook/336/137/factoring-plattformen/deutschland. Zugegriffen: 18. April 2016.

Wolverton, T. (2002). „Billpoint failure a lesson for eBay?" c | net, 18. August 2002. http://www.cnet.com/news/billpoint-failure-a-lesson-for-ebay. Zugegriffen: 18. April 2016.

Umdenken im Vertrieb – Die Digitalisierung des Privatkundengeschäftes

Janne Lena Gruber und Georg Bouché

Inhaltsverzeichnis

3.1   Einführung

> Banking is necessary, banks are not (Bill Gates 1994).

Bankgeschäfte sind wichtig, aber niemand wird künftig noch eine Bankfiliale benötigen. Diese Aussage von Bill Gates aus dem Jahr 1994 könnte auch aus dem 21. Jahrhundert stammen. Dr. Andreas Dombret (2015) beschreibt, wie Banken und andere Finanzdienstleister von einer neuen Welle der Digitalisierung erfasst werden. Merker und Liesenkötter (2015, S. 164) sprechen von der Digitalisierung, die wie ein Tsunami über die Bankenwelt hereinbricht. Zudem hat die Finanzdienstleistungsindustrie mit massiven regulatorischen Anforderungen zu kämpfen, und nach der weltweiten Finanz- und Wirtschaftskrise leidet auch das Vertrauen der Konsumenten stark.

J. L. Gruber (✉)
Alleenstr. 36, 71732 Tamm, Deutschland
E-Mail: janne.gruber@gmx.de

G. Bouché
Bouché & Jakob GbR
Argentinische Allee 29, 14163 Berlin, Deutschland

© Springer Fachmedien Wiesbaden GmbH 2017   31
M. Seidel (Hrsg.), *Banking & Innovation 2017*, FOM-Edition,
DOI 10.1007/978-3-658-15785-2_3

Die aktuelle Niedrigzinspolitik in der Eurozone führt zu spürbar sinkenden Erträgen, was ein erhöhtes Streben nach Profitabilität mit sich bringt. Niedrige Zinsen fördern eine übermäßige Risikoneigung und Kreditvergabe der Finanzmarktakteure, was laut Landmann et al. (2014, S. 615) zur Folge hat, dass Banken ihre Kreditstandards senken und Kredite auch an Kreditnehmer mit geringerer Bonität vergeben.

Eine weitere Gefahr für die konventionellen Banken ist die aufstrebende Konkurrenz beispielsweise durch Non-Banks und Near Banks, also banknahe Institute, die Marktanteile erobern wollen und zum Anstieg der Wettbewerbsintensität beitragen, wie auch Fintech-Unternehmen. Fintech steht für alle Technologien rund um Finanzdienstleistungen, für die sich auch die sogenannte AGFA-Gruppe – Apple, Google, Facebook, Amazon – brennend interessiert. Das bekannteste Unternehmen aus der Fintech[1]-Branche ist PayPal, das sich in kurzer Zeit zu einer der beliebtesten Zahlungsmethoden entwickelt hat, nach Angaben von Statista (2015) mit einem Marktanteil von rund 20 % im Jahr 2014 im Online-Handel in Deutschland.

Mit Schlagzeilen wie „Nach dem Filialsterben kommt die Handy-Bank" in der Wirtschaftswoche (Welp und Fehr 2015), „Schrumpfkurs bei der LBBW – Jede vierte Filiale soll schließen" im Handelsblatt (2015) und mit Aussagen der FAZ (vgl. Braunberger 2015) von „Niedrigzinsen, die Bankgewinne belasten" wird eindeutig klar, dass das Bankwesen dabei ist, sich stark zu verändern und die Vertriebskanalstrategien überdacht werden müssen, um zukunftsfähig zu sein.

Götzl (2016, S. 5) erklärt, dass weltweit bereits mehr als die Hälfte aller Interaktionen zwischen Banken und Kunden digital getätigt werden. Aber ist der digitale Vertrieb über die Online-Kanäle eine realistische Alternative zum Filialgeschäft? Die Kreissparkasse Ludwigsburg (KSKLB), um nur einen Vertreter zu nennen, hat seit Januar 2016 eine neue Abteilung mit dem Namen „Digitaler Vertrieb", um dem Trend, den die Presse beschreibt, gerecht zu werden.

Aber auch außerhalb von Deutschland, in Spanien zum Beispiel, haben es Banken wie Santander oder BBVA geschafft, einen großen Nutzen aus der digitalen Revolution zu ziehen, so Schwab (2015, S. 7). Die Banco Santander wurde im Jahr 2013 mit 71 Mrd. US-Dollar bewertet und erzielte damit den 16. Platz der Weltrangliste, deutlich vor der Deutschen Bank AG (vgl. Bouché 2015, S. 11).

Die niederländische ING-DiBa kommt nicht nur in Deutschland ohne Filialnetz aus. Sie konnte von 2002 bis 2013 ihre Kundenzahl um den Faktor acht auf mehr als acht Millionen steigern und einen Verlust von vier Millionen Euro in einen Gewinn von mehr als 690 Mio. Euro wandeln, so Schwab (2015, S. 7). Zudem ist sie 2014 zum achten Mal in Folge von dem Magazin „Euro" zur beliebtesten Bank gewählt worden (vgl. Boekhout 2015, S. 116) – und das ganz ohne Filialen.

Schneider (2014, S. 1) beschreibt im Jahr 2014 einen dringenden Veränderungsbedarf der deutschen Sparkassenorganisation, der seit Langem diskutiert wird, jedoch stockt die Umsetzung der geforderten Veränderungen bis heute im Retail Banking, was zu Deutsch

---

[1] Finanztechnologie.

mit „Privatkundengeschäft" treffend übersetzt ist. Das Retail Banking unterscheidet sich vom Firmenkundengeschäft und vom Geschäft mit vermögenden Privatkunden.

Universalbanken, die im Privatkundengeschäft tätig sind, bieten Bankdienstleistungen wie beispielsweise Kredit-, Wertpapier-, Zahlungsverkehr- und Einlagengeschäfte (vgl. Hellenkamp 2015, S. 5), zu denen die öffentlich-rechtlichen Institute wie die Sparkassen und Landesbanken, die genossenschaftlichen Banken wie die Volks- und Raiffeisenbanken sowie private Banken wie die Deutsche Bank AG oder die Commerzbank AG gehören. Im klassischen Retail Banking sind Kunden an Filialbanken gewöhnt, die über viele lokale Niederlassungen und somit über ein breites Filialnetz verfügen. Im Gegensatz dazu haben die sogenannten Direktbanken keine Möglichkeit, eine direkte und persönliche Beratung anzubieten, da sie über kein Filialnetz verfügen und nicht vor Ort präsent sind.

Nach Pratz und Eistert (2014, S. 27) ist es grundlegend, dass die Digitalisierung im Bankensektor die Nutzung aller technologischen Möglichkeiten für ein neues Kundenerlebnis und einen Effizienzvorsprung in der Technik darstellt. Fahrenschon (2015a), der Präsident des Deutschen Sparkassen- und Giroverbands (DSGV), versteht unter der Digitalisierung im Bankenbereich in erster Linie ein engeres Verhältnis zum Kunden. Erstmals in der Geschichte erlebt ein Kunde gegenüber seinem Kreditinstitut fast keine Begrenzungen mehr – weder räumlich noch zeitlich, da er zu jeder Tageszeit und von überall her seine Bankgeschäfte erledigen kann.

Zudem versteht man unter der Digitalisierung die Nutzung der digitalen Vertriebskanäle und das Anbieten von digitalen Dienstleistungen und Produkten. Die Haupttreiber sind soziale Medien, mobile Anwendungen über das Smartphone und das sogenannte Internet der Dinge.

3.2 Bedrohung durch neue Mitbewerber: Non-Banks und Near Banks

Neue Marktteilnehmer bringen neue Kapazitäten und den Wunsch nach Gewinn und Marktanteilen in die Branche ein. Die Rentabilität der etablierten Wettbewerber kann darunter leiden, da die Möglichkeit besteht, dass Preise gedrückt oder die Kosten erhöht werden (vgl. Porter 2013, S. 41).

Laut einer Studie der Unternehmensberatung Accenture ist es realistisch, dass im Jahr 2020 rund 35 % aller Erträge durch Bankdienstleistungen von branchenfremden Wettbewerbern, insbesondere durch Unternehmen der IT- und Internetbranche, erbracht werden (vgl. Lochmaier 2015, S. 13).

Durch Non-Banks und Near Banks treten neue Anbieter in den Markt, die für einen zunehmenden Wettbewerb sorgen. Laut Springer Gabler Verlag (2016a) versteht man unter Near Banks banknahe Institute, Quasibanken, die nicht zu den Kreditinstituten zählen, jedoch aufgrund ihres Leistungsangebots als Substitutionskonkurrenten von Banken gelten können. Beispielsweise können dies Versicherungen oder Kreditkarten-Organisationen sein. Non-Bank hingegen ist die Bezeichnung für bankfremde Anbieter im Markt für Finanzdienstleister, die aufgrund der angebotenen Produktpalette im Finanzdienstleistungssektor ebenfalls als Konkurrenz von Banken und sogenannten Near Banks auftreten (vgl. Springer Gabler Verlag 2016b). Missverständlich kann hier sein, dass das eigentliche Geschäftsziel nicht die Finanzdienstleistung ist; vielmehr geht es darum, das Sortiment abzurunden und die Finanzdienstleistung als Absatzförderungsinstrument einzusetzen. Klassische Beispiele für Non-Banks sind Waren- und Versandhäuser oder Automobilhersteller. Die Kunden haben so die Möglichkeit, zusätzlich zu ihrem neu erworbenen Kraftfahrzeug eine Autofinanzierung direkt am Point of Sale (PoS) über die Volkswagen-Bank, die Mercedes-Benz-Bank, die Audi-Bank oder die BMW-Bank zu nutzen.

Near Banks und Non-Banks stehen laut Hellenkamp (2015, S. 26) durch die angebotenen substituierbaren Leistungen im direkten Wettbewerb mit Kreditinstituten. Besonders bei Ratenkrediten schrumpft der Marktanteil der Filialbanken zugunsten der Online-Alternativen. Nach Statista (2016) haben beispielsweise die Sparkassen nur noch einen Marktanteil von 32,1 % obwohl jeder Zweite seine Hauptbankverbindung bei einer Sparkasse führt.

Auch Facebook hat beispielsweise seit kurzem eine europäische Bankenlizenz erhalten, über die Google und PayPal bereits seit 2007 verfügen. Um die Kunden dennoch von sich zu überzeugen, müssen Banken und Sparkassen einen echten Mehrwert für ihre Kunden bieten, beispielsweise durch eine bessere Beratung oder Kundenorientierung. Die etablierten Sparkassen und Filialbanken sollten die Bedrohung ernst nehmen. Es wäre fahrlässig, bei den Wettbewerbern, bezogen auf die Gruppe der Fintechs und Unternehmen wie PayPal, Apple, Google & Co., von kurzfristigen Hypes zu sprechen.

Mihm (2016, S. 57) beschreibt Fintech-Unternehmen als Anbieter von intelligenten Finanzlösungen für das Privatkundengeschäft. Der am weitesten entwickelte Fintech-Markt in Deutschland ist der für Konsumentenkredite (vgl. Mihm 2016, S. 56). Fintech-Unternehmen orientieren sich am Kundenbedarf und nutzen dafür alle technischen Möglichkeiten. Sie agieren als Vermittler zwischen potenziellen Kreditnehmern und Kreditgebern. Erstmals prognostiziert eine Studie der Investors Marketing AG einen konkreten Marktanteil für Fintechs in den Bereichen Konsumentenkredite, Wertpapieranlagen und Girokonten für das Jahr 2020. Demnach sollen die Fintechs beispielsweise bei den Konsumentenkrediten einen Marktanteil von 5,5 % haben (Mihm 2016, S. 54 ff.).

Der Markt ist gekennzeichnet von einer hohen Reife und verspricht gute Marktperspektiven. Nach dem Kreditmarkt ist der zweite Geschäftsbereich der Fintechs der private Anlagemarkt.

Eine noch größere Gefahr für etablierte Kreditinstitute stellen End-to-End-Banking-Fintechs dar, die sich bewusst als Alternative positionieren. Wechselt ein Kunde seine Girokontoverbindung beispielsweise zu dem Unternehmen N26, die seit Kurzem eine Vollbanklizenz erhalten hat, verliert das etablierte Finanzinstitut neben dem durchschnittlichen Ertrag in Höhe von 150 € pro Gehaltskonto gegebenenfalls auch die komplette Kundenverbindung und wird damit nicht mehr als Ansprechpartner für Finanzfragen gesehen. Begründet durch die sehr träge Wechselbereitschaft der Kunden besteht für die End-to-End-Banking-Anbieter bis 2020 ein Potenzial von 500.000 Gehaltskonten. Dies entspricht einem Marktanteil von 0,5 % nach Angaben von Mihm (2016, S. 56).

Gefährlich sind auch die Verhaltensänderungen der Kunden, die Playern wie PayPal, Apple und Google den Weg ebnen könnten. Es ist deshalb notwendig, dass Retailbanken über die eigenen Strategien nachdenken, um auch bei der heranwachsenden Generation, den „Digital Natives", als Finanzpartner attraktiv zu bleiben. Dass der Bedeutung der Banken im Alltag eine immer geringere Relevanz zugeschrieben wird, hat die Privatkundenstudie der Investors Marketing AG (2016) mit mehr als 1000 Teilnehmern ergeben. 21 % der Endkunden haben der Aussage voll und ganz zugestimmt, dass Banken im Alltag eine immer geringere Relevanz haben und sie nur sehr selten gebraucht werden. Im Vergleich dazu haben 26 % der Endkunden der Aussage voll und ganz zugestimmt, dass neue Anbieter wie zum Beispiel PayPal im alltäglichen Leben eine immer größere Rolle spielen.

Nach Mihm (2016, S. 57) ist ein aktionistisches Nacheifern der neuen Wettbewerber für Banken und Sparkassen nicht der richtige Weg. Vielmehr sollten die externen Impulse als Chance genutzt werden, um einen selbstgesteuerten Erneuerungsprozess anzugehen. Ein Schritt in die richtige Richtung ist die Einführung des Bezahlverfahrens paydirekt der Banken und Sparkassen. Es wird von der paydirekt GmbH betrieben und soll mit PayPal konkurrieren. Der Hauptprofiteur dieser Entwicklungen ist der Kunde, da er von den bequemen Lösungen profitiert.

Eine große Chance für Sparkassen und Filialbanken besteht auch darin, rechtzeitig und intelligent in Fintechs zu investieren und Kooperationen einzugehen. Hierbei sollte die Bank nach Meinung von Lochmeier (2015, S. 21) den Innovatoren genügend Freiräume zur Entfaltung geben und dennoch klare Ziele definieren. Noch ist der Marktanteil der Fintech-Unternehmen in Deutschland zwar gering; vergessen sollte man jedoch nie, dass der Gründer eines Garagen-Start-ups einmal gesagt hat, dass nicht die Großen die Kleinen schlagen würden, sondern die Schnellen die Langsamen. Er heißt Bill Gates.

3.3 Der Handel und die Filialbanken im Wandel

In beinahe allen Branchen sind es Kunden gewohnt, sich über Produkte zu informieren und diese dann übergangslos in einem anderen Kanal abzuschließen (vgl. Götzl 2016, S. 8). Banken und Sparkassen sind davon flächendeckend noch weit entfernt. Unter dem ROPO-Effekt (research online, purchase offline) versteht man, dass sich Kunden online über Produkte und Dienstleistungen informieren, diese dann aber offline erwerben. Davon ableiten lässt sich auch der sogenannte ROPA-Effekt (research online, purchase anywhere). Dieser besagt, dass es Kunden gleichgültig ist, über welchen Kanal Produkte oder Dienstleistungen erworben werden. Kunden kommen aber auch nach dem Reverse-ROPO-Effekt zu einem Beratungsgespräch in eine Filiale und nutzen für den Abschluss das Smartphone oder das Internet (vgl. Lieberknecht 2016, S. 29).

Damit haben derzeit besonders die Reisebüros zu kämpfen, aber auch in der Bankenwelt erwartet man eine deutliche Zunahme der Online-Abschlüsse (vgl. Fohrer 2016, S. 66). Die Kunden sind in der Regel bestens informiert und prüfen angebotene Produkte über Vergleichsportale. Abhängig von der Komplexität des Produktes wird der Kunde sich für einen Vertriebskanal entscheiden, daher müssen Internetauftritte attraktiv gestaltet sein und Kunden ansprechen. Hilfreich sind dabei interaktive Kontaktmöglichkeiten wie eine Callback-Funktion, ein Berater-Chat oder die Möglichkeit der Videoberatung (vgl. Zerfaß 2016, S. 204).

Die Frage stellt sich, inwieweit Online-Beratung das stationäre Bankgeschäft verdrängen könnte oder doch als Ergänzung gesehen werden darf. Im Jahr 2014 haben nach Angaben von Statista (2014) bereits 13 % der Deutschen und 30 % der Bevölkerung weltweit angegeben, mindestens einmal pro Woche das Mobile Banking zu nutzen.

Die Zeiten des Verkäufermarktes sind auch in der Finanzindustrie vorbei. Früher waren Kunden weniger gut informiert und kannten daher kaum Alternativen zu den angebotenen Dienstleistungen. Im digitalen Zeitalter können Kunden in wenigen Sekunden Erfahrungsberichte, Kostenvergleiche und Empfehlungen über das Internet und die sozialen Medien abrufen. Die Ansprüche an die Dienstleistungen und Produkte der Banken steigen, sodass neue Absatzwege wie die Videoberatung oder der Personal Financial Manager (PFM) in Form einer sogenannten Application (App) zur Verfügung stehen (vgl. Merker und Liesenkötter 2015, S. 164). Sie alle funktionieren weitestgehend nach dem gleichen Prinzip: Die Kunden erhalten eine genaue Übersicht über das aktuelle Vermögen, können Kontoauszüge online abrufen und mit einem Finanzplanungstool arbeiten, in dem sich genau ablesen lässt, wofür sie wie viel Geld ausgeben. Teilweise erfolgt die Kategorisierung automatisiert, manchmal ist aber auch eine selbstständige Zuordnung erforderlich.

Durch das Customer-Relationship-Management (CRM) wird ein möglichst umfassendes Wissen über die Kunden aufgebaut, um die Geschäftsbeziehung zwischen dem Unternehmen und dem Kunden zu optimieren (vgl. Gronwald 2015, S. 46 ff.). Unternehmen tätigen Investitionen, um das Verhalten, den Lebensstil und die Bedürfnisse der Kunden besser verstehen zu können. Laut Liebetrau und Seidel (2015, S. 4) hat sich in den letzten Jahren das Customer-Relationship-Management (CRM) von einer reinen Sammelstelle von Kundendaten hin zu einer Unterstützung im kompletten Kundenbeziehungsprozess entwickelt.

Durch den Trend von der Fremd- zur Selbstbestimmung möchte man individuelle Entscheidungen hinsichtlich der Mediennutzung und der Lebensführung treffen (vgl. Auge-Dickhut et al. 2014, S. 4). Besonders die Angehörigen der jungen Generation Y streben nach Selbstverwirklichung, nicht nur privat, sondern auch im beruflichen Kontext (vgl. Wagner et al. 2012, S. 34). Das orts- und zeitunabhängige Arbeiten hat die starren Beschäftigungsarten aufgeweicht. Zudem wird der Work-Life-Balance eine immer größer werdende Wichtigkeit zugeschrieben.

Längst haben Kunden die digitalen Vertriebswege für sich erkannt und wollen diese auch nutzen. Spätestens die Ergebnisse der IM-Privatkundenstudie (vgl. Investors Marketing AG 2014) sollten jeden Vorstand, der sich bisher noch vor der Digitalisierung verstecken wollte, wachrütteln: Jeder dritte Privatkunde in Deutschland kann sich vorstellen, sein Girokonto künftig bei PayPal anstatt bei einer Sparkasse oder Bank zu führen. Das ist beunruhigend, da das Girokonto der zentrale Ertragsbringer im Privatkundengeschäft ist (vgl. Mihm und Wollmann 2015, S. 24). Doch das Bezahlen mit dem Apple-Dienst Wallets, PayPal oder Amazon Payments sowie das Senden und Empfangen von Geld mithilfe von Apps und die Bargeldversorgung über Tankstellen und Supermärkte sind durch bankfremde Anbieter problemlos möglich. Bei Banken hat die Filiale als Vertriebsweg über alle Altersgruppen hinweg in den letzten zehn Jahren an Bedeutung verloren. Eine deutliche Zunahme über alle Altersgruppen hinweg ist beim Online Banking ersichtlich.

Die Nutzung des Mobile Bankings mit dem Smartphone ist noch vergleichsweise gering, obwohl mehr als 90 % der Unter-29-Jährigen ein Smartphone oder Tablet benutzen (vgl. Mihm und Wollmann 2015, S. 29). Auch bei der Altersgruppe bis 49 Jahre nutzen drei Viertel der Kunden ein mobiles Endgerät, bei den 50- bis 59-Jährigen sind es zwei Drittel und bei den Über-60-Jährigen knapp die Hälfte. Lochmaier (2015, S. 14 ff.) erwartet, dass trotz der noch geringen Nutzung ein starker Trend zugunsten des Mobile Bankings stattfinden wird.

Es wird mit einer Verschiebung der Produktabschlüsse von der stationären in die digitale Welt gerechnet. Die Bankkunden von heute nutzen immer mehr das Internet, um Produktabschlüsse zu tätigen. Es gibt in allen Produktbereichen Kunden, die einen Produktabschluss über telefonische Beratung, Online Banking, Mobile Banking oder Selbstbedienungsautomaten tätigen möchten. Besonders bei einfachen Produkten wie dem Kontokorrentkredit, Sparkonten oder Privatkrediten wird mit einer deutlichen Zunahme der Produktabschlüsse innerhalb der digitalen Kanäle gerechnet. Aber auch bei erklärungsbedürftigeren Produkten wie beispielsweise Wertpapieranlagen wird immer mehr Absatz über die digitalen Kanäle generiert.

Die Bankenwelt hat noch stark veraltete Strukturen und Denkmuster. Der Druck zur Veränderung innerhalb der Branche hat sich in den letzten Jahren nur langsam erhöht. Daher bezeichnen Meier und Junker (2015, S. 12) es als die zentrale Aufgabe des Change-Managements, sich auf neue Regeln in der Zusammenarbeit zu einigen, was wiederum für die alteingesessene Bankenkultur nicht einfach ist.

Die Digitalisierung in der Bankenbranche und damit auch die veränderten Kundenbedürfnisse werden sich auch auf die Mitarbeiter von Sparkassen und Filialbanken auswirken. Kunden wünschen sich ein umfangreiches Angebot an Online-Anwendungen (vgl. Mihm 2014, S. 39). Zudem wird durch die Reduktion des Filialnetzes die Verbreitung digital abschließbarer Produkte verstärkt. Dies verändert grundlegend die Arbeitsplätze der Mitarbeiter und setzt nach Angaben von Engel und Glaeser (2016, S. 70) künftig eine Medienkompetenz voraus. Die Mitarbeiter müssen sich daher mit den digitalen Vertriebswegen auseinandersetzen, um diese dem Kunden zu erklären, ihn aber vor allem auch dahingehend beraten zu können. Tute (2015, S. 17) erläutert, dass Mitarbeiter gefordert werden, sich umfangreiches Wissen anzueignen, was der Studie von Redant (2016) entspricht, die besagt, dass jeder zweite Vertriebsmitarbeiter sein fehlendes Wissen bezüglich der Digitalisierung beklagt. Durch das fehlende Know-how fühlen sich Mitarbeiter unzureichend vorbereitet. Laut Engel und Glaeser (2016, S. 70) kann dies von Demotivation bis hin zum offenem Widerstand führen. Um diese Spannungsfelder zu lösen, sollten die Mitarbeiter durch innovative Change-Management-Methoden begleitet werden.

Oftmals sehen die Mitarbeiter auf den Geschäftsstellen die digitalen Vertriebskanäle auch als Konkurrenz, aus Angst, man könnte die eigenen Vertriebsziele nicht erreichen und ihre Tätigkeit als Berater könnte daher überflüssig werden. Die digitalen Vertriebswege und die persönliche Beratung auf der Filiale sollten miteinander in Einklang stehen, einander ergänzen und nicht hemmen. Die Institute müssen auch dahingehend ihre Mitarbeiter informieren und schulen (vgl. Tute 2015, S. 17).

Das primäre Ziel sollte es sein, den Mitarbeitern die Bedeutung der digitalen Veränderungen für das Unternehmen darzulegen, damit sie diesen gegenüber positiv eingestellt sind und die Bereitschaft besitzen, die neuen Technologien und Prozesse anzunehmen und anzuwenden. Sekundär ist es essenziell, die Motivation und Bereitschaft langfristig aufrechtzuerhalten. Damit die Herausforderungen erfolgreich gemeistert werden, bedarf es im Rahmen des Change-Managements der Anwendung von klassischen und innovativen Schulungs- beziehungsweise Trainingstechniken (vgl. Engel und Glaeser 2016, S. 70). Die Vorteile von Präsenzschulungen, wie persönliche Trainings oder ein Coaching mit beispielsweise E-Learning oder Webinaren kombiniert, liegen auf der Hand.

3.4   Der stationäre Vertrieb bei Sparkassen und Filialbanken

Aufgrund der hohen Geschäftsstellendichte leiden Sparkassen und Filialbanken unter einem enormen Kostendruck (vgl. Lieberknecht 2016, S. 35). Auch die demografischen Veränderungen der Kundenseite und die zunehmende Bedeutung medialer Vertriebs- und Kommunikationswege stellen das bisherige Filialnetz infrage. Das Kundenverhalten hat sich nicht nur durch die neue mediale Umgebung, sondern auch aufgrund der hohen Mobilität der Kunden und der sich immer häufiger verändernden Kundenströme und Ortszentren verändert.

Dennoch werden Geschäftsstellen auch im digitalen Zeitalter weiterhin einen hohen Stellenwert für Sparkassen und Filialbanken besitzen, denn nach Meinung von Fahrenschon (2015b, S. 133) stützt die Präsenz in der realen Welt die Glaubwürdigkeit in der digitalen Welt. Gleichzeitig sieht er die digitalen Vertriebswege als gleichberechtigten Zugangsweg der Kunden zu ihrem Berater. Anders sieht es Roland Boekhout, der Vorstandsvorsitzende der ING-DiBa AG. Er ist der Meinung, dass Kundennähe auch dann entstehen kann, wenn der Kunde sich am anderen Ende der Welt befindet. Das liegt nahe bei einer Bank ohne Filialen und ohne Öffnungszeiten. Die Kunden haben jederzeit und an jedem Ort die Möglichkeit, Bankgeschäfte zu erledigen – das macht die „gefühlte Kundennähe" auch ohne Filialnetz aus (vgl. Boekhaut 2015, S. 118 ff.).

Kunden lernen zunehmend von anderen Branchen und erwarten von ihrem Institut, dass es Lösungen anbietet, mit denen sie zeit- und ortsunabhängig sofort Dokumente einfach und sicher signieren können (vgl. Lenz 2015, S. 22).

Um sich die Vorteile des ROPO-Effekts zu verschaffen, benötigen Sparkassen und Filialbanken ein fortschrittliches Social-Media-Profil. Dieses ist wie ein digitales Schaufenster, ein Aushängeschild – mit dem Nutzen, die Bank in der Kundenwahrnehmung transparenter zu machen (vgl. Limbeck 2016, S. 438). Kunden sind oft mehrmals täglich in sozialen Netzwerken unterwegs und informieren sich bei Kaufentscheidungen vorab online. Sie schätzen die Vernetzung und vertrauen auf Empfehlungen anderer, insbesondere auf die Einschätzungen von Freunden und Bekannten. Auch wenn der Einsatz von sozialen Medien für Unternehmen Risiken mit sich bringt, sollten sie sich kritischen Kundenstimmen stellen und diese zeitnah beantworten. Das Faszinierende an den sozialen Netzwerken ist, dass alle Bereiche einen Nutzen daraus ziehen können. Angefangen vom Vertrieb, der durch Social Media neue Absatzwege nutzen kann, über die Steigerung der Arbeitgeberattraktivität im Personalbereich bis hin zum Marketing. Laut Handelsblatt (vgl. Bay 2014) wünschen sich 28 % aller Bankkunden eine stärkere Präsenz ihres Instituts in den sozialen Netzwerken, und für 16 % ist ein ungenügendes Angebot in den sozialen Netzwerken sogar ein Grund, um die Geschäftstätigkeit mit einer Bank zu beenden. Ein Direktverkauf von Bankprodukten über Social-Media-Plattformen erfolgt derzeit in Deutschland vor allem wegen unklarer rechtlicher Rahmenbedingungen noch nicht (vgl. Neuhaus 2015, S. 283). Zukünftig soll allerdings die Schaffung von Direktverkaufsmöglichkeiten entwickelt werden.

Daher sind alle Sparkassen und Filialbanken bereits heute auf Facebook, Twitter und XING vertreten. Nach Fahrenschon (2015b, S. 137), Präsident des DSGV, ist kein Finanzdienstleister in Deutschland aktiver auf den Social-Media-Plattformen unterwegs als die Sparkassen-Finanzgruppe.

Um in den sozialen Netzwerken erfolgreich zu sein, ist es wichtig, eine klare Social-Media-Strategie zu verfolgen. Zu Beginn ist ein Monitoring erforderlich, um einen Überblick zu gewinnen und zu analysieren, welchen Stellenwert das Unternehmen in den sozialen Netzwerken hat (vgl. Hilker 2010). Das Monitoring zeigt, in welchen sozialen Netzwerken die gewünschte Zielgruppe aktiv ist. Sparkassen und Filialbanken sollten eine generelle Präsenz auf den Plattformen zeigen. Zudem ist es notwendig, dass die Verantwortlichkeiten und Aufgaben verteilt werden und zur Sicherheit auch ein Krisenkonzept erstellt wird.

Durch die Multikanalstrategie sollte die Bank nicht ihr komplettes Gesicht verändern, mahnt Stalla (2015, S. 212). Die Stärken der Banken und Sparkassen müssen lediglich in weitere Kanäle transportiert werden. Hierfür wird der stationäre Vertrieb um mediale Vertriebskanäle ergänzt.

Sinnvoll ist es, Produktmanager zu bestimmen, die verantwortlich für die Bereiche Datenmanagement, Video- und Telefonberatung, Social Media, Online-Vertrieb, Zahlungsverkehr, Payment und das Kartengeschäft sind. Online-Betreuer sollen Kunden über alle digitalen Vertriebswege beraten.

3.5 Empirische Untersuchung

Neben über 300 Kunden von Sparkassen und Filialbanken wurden zehn Experten aus dem Bankensektor zur Thematik Digitalisierung des Privatkundengeschäftes bei Banken und Sparkassen befragt. Einer der befragten Experten versteht unter der Digitalisierung im

Bankenbereich einen Transformationsprozess von der Offline-Welt in die Online-Welt, ein weiterer fügt hinzu, dass sich aufgrund der Digitalisierung und der technologischen Vernetzung der Angebotsmarkt der Finanzdienstleistungsbranche zum Nachfragemarkt entwickelt. Für 91 % der Kunden von Sparkassen und Filialbanken ist der Aspekt, unabhängig von Zeit und Ort Bankgeschäfte erledigen zu können, die Antwortmöglichkeit, die der Definition der Digitalisierung am nächsten kommt.

Bezüglich der Kundenorientierung heben sich aus den Aussagen der Experten drei Bereiche hervor: eine kurze Reaktionszeit, ein gutes Preis-Leistungs-Verhältnis und der Wunsch nach Begeisterung.

„Der Kunde möchte mal kurz was wissen oder erledigt haben. Schnelligkeit und eine kurze Reaktionszeit, das ist ganz wichtig", sagt ein Diplom-Ökonom, der in einer Sparkasse arbeitet. Eine Rund-um-die-Uhr-Verfügbarkeit beinhaltet, Kunden zu jeder Zeit eine Lösung für ihr Problem zu bieten. Für die Kunden ist mit 84 % eine schnelle Bearbeitungs- und Reaktionszeit der am meisten gewählte Anspruch. Zudem gaben rund 54 % an, dass ihnen eine Filiale vor Ort mit arbeitnehmerfreundlichen Beratungszeiten wichtig ist.

Egal wo und wann der Kunde das Bedürfnis hat, Bankgeschäfte zu erledigen, möchte er die Möglichkeit dazu haben (vgl. Boekhout 2015, S. 118 ff.). Ein gutes Preis-Leistungs-Verhältnis ist für 73 % der über 300 befragten Kunden wichtig. Auch die Experten sehen die Unzufriedenheit mit zu hohen Konditionen als Grund, warum Kunden ihre Sparkasse oder Filialbank verlassen. Lediglich 39 % der befragten Kunden gaben an, dass es keinen Grund gibt, mit ihrer Sparkasse oder Filialbank unzufrieden zu sein. „Banken sollen innovativ sein, andererseits darf man allerdings auch nicht zu teuer sein und muss dennoch nah am Kunden bleiben. Und das ist so ein bisschen der Spagat", erklärt ein weiterer Diplom-Ökonom, der auch für eine Sparkasse tätig ist. Um diese Aufgabe zu meistern, sollten das vorhandene Filialnetz und der daraus resultierende Mehrwert besser vermarktet werden. Problematisch ist für einen der befragten Experten, dass die Kunden das Filialnetz als selbstverständlich ansehen, es aber auch von Direktbanken gewohnt sind, Leistungen kostengünstig zu erhalten. Kunden vergleichen die Konditionen intensiv. Um wettbewerbsfähig zu sein, ist nach Zerfaß (2016, S. 204) eine Preisdifferenzierung nach Vertriebskanälen sinnvoll. Nutzt der Kunde die Beratung auf einer Filiale, ist für diese Leistung eine höhere Kondition gerechtfertigt. Nutzt der Kunde den Online-Vertrieb, wird er durch günstigere Tarife belohnt.

„Kunden wünschen sich nichts Spektakuläres", teilt ein Mitarbeiter im Management einer Sparkasse mit. Oft sind es die kleinen Dinge, die bei den Kunden Begeisterung hervorrufen. Wichtig ist der Mehrwert. Beispielsweise erwarten die Kunden, dass der Berater auf Chancen und Risiken hinweist, sei es auf einen nicht ausreichenden Freistellungsauftrag, eine gute Ein- oder Ausstiegsmöglichkeit beim Aktienkauf, die Möglichkeit, Gebühren zu sparen oder die Sparrate in eine Riesterrente anpassen, um die volle Förderung nutzen zu können.

Die Finanzbranche hat eine hohe Wettbewerbsintensität. Um die Kunden bei Sparkassen und Filialbanken halten zu können, bedarf es einer hohen Beratungsqualität. Im digitalen Zeitalter können die Kunden in wenigen Sekunden Erfahrungsberichte, Kostenvergleiche und Empfehlungen von ihren Freunden über die sozialen Medien abrufen.

Bei der Kundenumfrage hat sich herausgestellt, dass sich 93 % der Kunden vor einem Produktabschluss über die vorhandenen Möglichkeiten informieren. Umso wichtiger ist es daher, dass die Online-Berater ausreichende Kompetenz aufweisen.

Mit 29,3 % sind die Vergleichsportale die am häufigsten genutzten Informationsquellen für die Kunden. Auf Platz zwei liegen Freunde, Familie oder Bekannte mit 23,6 %. Diese sind dicht gefolgt von Anfragen bei verschiedenen Banken vor Ort mit 21,8 %. Eine eher untergeordnete Rolle für die Informationsbeschaffung spielen die sozialen Netzwerke mit nur einem Prozent.

„Die Kunden wünschen einen vertrauensvollen und kompetenten Ansprechpartner", so ein Mitarbeiter im Management einer Sparkasse, was die empirische Untersuchung mit 58 % unterstreicht; die befragten Kunden empfinden es als wichtig, einen persönlichen Ansprechpartner zu haben. Zweitrangig ist jedoch, ob es immer die gleiche Person ist oder ob es verschiedene Berater sind. Mehr als die Hälfte aller Kunden bevorzugt sogar verschiedene Ansprechpartner mit den jeweiligen Kompetenzen. Für sie ist es wichtiger, dass das Anliegen schnell erledigt wird, als immer mit der gleichen Person in Kontakt zu sein. Dies ist nach Meinung eines Experten möglich, solange die Bank mit einem kompatiblen CRM-System arbeitet.

Ein wichtiger Bestandteil der empirischen Studie ist die Bedeutung der Filiale für die Experten und die Kunden. Zudem soll herausgefunden werden, welche Produkte und Dienstleistungen des Privatkundengeschäftes digitalisiert werden können und wo die Grenzen dabei liegen.

Die Filiale vor Ort wird von 69,8 % der befragten Kunden noch genutzt. Jedoch ist sie nicht mehr auf dem ersten Platz, da sie vom Online Banking überholt wurde, wie die Abb. 3.1 zeigt.

Über 80 % aller Befragten haben angegeben, dass sie Online Banking nutzen, um mit ihrer Bank in Kontakt zu treten.

Auch der Kontakt per Telefon mit 43,6 % und per E-Mail mit 35,7 % ist bedeutend. Überraschend ist die hohe Nutzung des Mobile Bankings mit 29,5 %. Die Homepage wird von 21,3 % der Kunden für Kontaktformulare und Online-Käufe genutzt. Bisher eine eher untergeordnete Rolle mit insgesamt weniger als drei Prozent haben die sozialen Netzwerke, die Videoberatung und der Berater-Chat. Dies liegt vermutlich auch am mangelhaften Angebot seitens der Sparkassen und Filialbanken.

Neun der zehn Experten sind der Meinung, dass eine Reduktion des breiten Filialnetzes bei Sparkassen und Filialbanken längst überfällig ist.

Sparkassen und Filialbanken haben einen zu hohen Kostendruck, um die aktuelle Geschäftsstellendichte beibehalten zu können, davon ist Lieberknecht (2016, S. 35) überzeugt. Einer der Experten ist der Meinung, dass ein Filialnetz bisher sinnvoll war, jedoch jetzt nicht mehr zeitgemäß ist. Ein weiterer Experte sieht klare Vorteile für die Kunden, da die verbleibenden Filialen besser genutzt werden können und die Kosteneinsparung zur Stärkung der digitalen Vertriebswege genutzt werden kann. Ebenfalls wurde angemerkt, dass die Sparkassen und Filialbanken eine gute Strategie benötigen, um auch das reduzierte Filialnetz weiterhin als großen Mehrwert gegenüber Direktbanken verkaufen zu können.

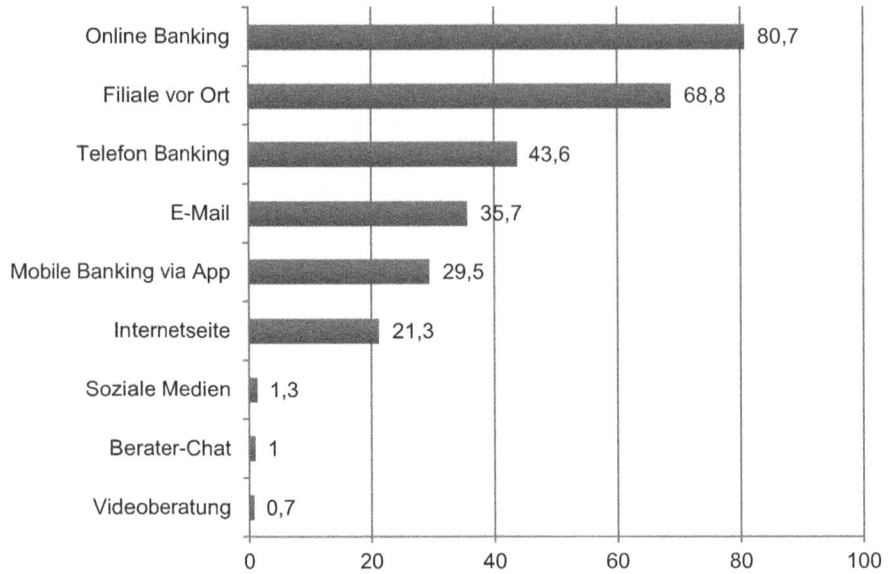

Abb. 3.1 Kundenumfrage – Nutzung der Vertriebswege

Schließungen von Filialen werden als notwendiges Übel gesehen. Jedoch ist dies nicht die Lösung der problematischen Situation. Es besteht die Gefahr eines Abwärts- trends. „Kostenreduzierungen bieten einen kurzfristigen Erfolg, aber langfristig ändert sich nichts", gibt ein Diplom-Ökonom an, der seit vielen Jahren für eine Sparkasse tätig ist. Nach Meinung seines Kollegen ist kein Kunde mehr bereit, das bisherige Filialnetz zu bezahlen.

„Wir schließen keine Filialen, die sehr hoch frequentiert sind. Wir schließen die Filia- len, bei denen die Kunden entschieden haben, dass wir sie nicht mehr brauchen", erklärt ein Diplom-Betriebswirt aus der Bankenbranche. Dennoch ist es wichtig, dass dies den Kunden gegenüber gut kommuniziert wird, da ihnen gefühlt etwas weggenommen wird.

Auch die Kunden der Sparkassen und Filialbanken sind sich überwiegend einig, dass das bisherige Filialnetz nicht aufrechterhalten werden kann. 46 % der befragten Kunden sind der Meinung, dass die Filialen künftig nicht mehr so häufig benötigt werden, und 43 % halten es für betriebswirtschaftlich notwendig, Filialen zu schließen. Jeder fünf- te Kunde findet die Reduktion des Filialnetzes unmöglich. 60 % sind bereit, sieben bis 15 min zur nächsten Filiale zu fahren.

Nach der Meinung der Experten aus der Branche müssen den Kunden alle Serviceleis- tungen online angeboten werden. „Die Filiale wird nur noch Beratungscenter sein", meint ein Sparkassendirektor aus Süddeutschland. Lediglich 13,9 % der befragten Kunden nut- zen bei Serviceleistungen Filialen vor Ort.

Einfache Produktabschlüsse wie eine Sparanlage oder die Eröffnung eines Girokon- tos möchte rund ein Drittel aller Kunden bequem von zu Hause erledigen können. Die

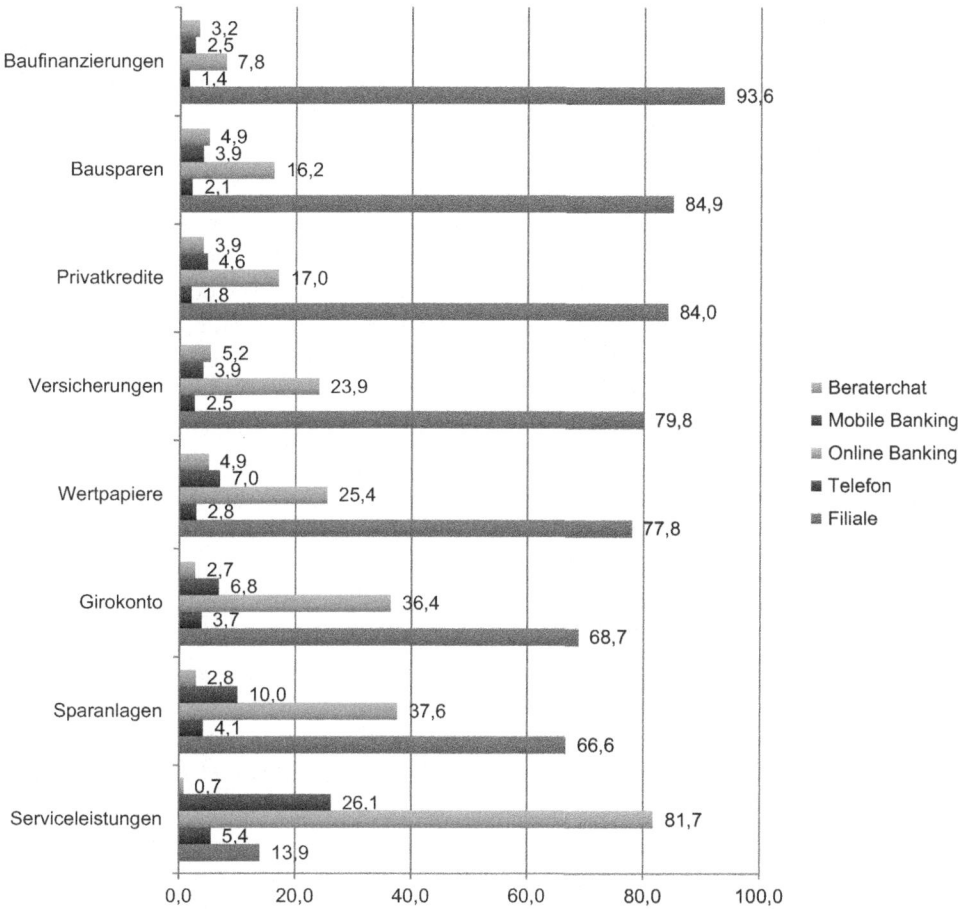

Abb. 3.2 Kundenumfrage – Vertriebswege

Abb. 3.2 zeigt: Je komplexer das Produkt, desto höher ist auch der Wunsch nach einer Beratung in der Filiale. Es gilt jedoch festzuhalten, dass es Kunden gibt, die auch bei erklärungsbedürftigen Produkten wie beispielsweise einer Wertpapieranlage, Bausparverträgen, Privatkrediten oder einer Baufinanzierung einen Online-Abschluss wünschen. Immerhin 14,8 % der befragten Kunden können sich vorstellen, eine Baufinanzierung über die digitalen Kanäle abzuschließen. Sechs der zehn Experten sind der Meinung, dass das gesamte Produktportfolio auch online zur Verfügung gestellt werden muss. „Alles auswählen, ab in den Warenkorb, Produkt abschließen, fertig", so die Aussage eines Mitarbeiters im Management bei einer Sparkasse.

Im nächsten Schritt wurden die Kunden befragt, ob eine Videoberatung mit einem qualifizierten Berater eine Alternative zum persönlichen Beratungsgespräch wäre. Die Ergebnisse sprechen deutlich für die Einführung der Videoberatung bei Sparkassen und Filialbanken, denn 39 % sehen darin eine Alternative. Auch die Experten sind der Meinung, dass die Videoberatung eine Alternative zum stationären Geschäft sein kann hinsichtlich der Bequemlichkeit und der Möglichkeit der Beratung auch außerhalb der Öffnungszeiten.

Kunden denken nicht in Vertriebskanälen, eine gute Verzahnung ist daher unabdingbar. Es muss gewährleistet sein, dass der Kunde auf jedem von ihm gewählten Vertriebskanal das findet, was er sucht. Sollte dies nicht möglich sein, muss eine gute Überleitung in einen anderen Kanal erfolgen. Der Kunde muss mitgenommen werden. Wählt der Kunde beispielsweise für einen Privatkredit den Online-Abschluss, sollte er auch online eine Zu- beziehungsweise Absage erhalten. Selbstverständlich ist ein Wechsel des Vertriebskanals möglich, dann ist es jedoch wichtig, dass der Kunde den Grund dafür kennt. Beispiels- weise kann eine Online-Info an den Kunden versendet werden, in der ihm mitgeteilt wird, dass sich ein Berater melden wird.

Sicherlich hat die Digitalisierung des Privatkundengeschäftes auch Grenzen, denn ins- besondere bei erklärungsbedürftigen Finanzlösungen verlangen auch sonst online-affine Kunden nach einer persönlichen Beratung, meint Stalla (2015, S. 213). Dies trifft, wie die Kundenumfrage gezeigt hat, nicht auf alle Kunden, aber auf viele zu.

Die Experten wurden nach ihrer Einstellung bezüglich Fintech-Unternehmen befragt, die eine ernstzunehmende Konkurrenz darstellen. Allerdings sollten die Banken und Spar- kassen den neuen Wettbewerbern nicht aktionistisch nacheifern, sondern die externen Impulse als Chance sehen, um einen selbstgesteuerten Erneuerungsprozess anzugehen (vgl. Mihm 2016, S. 57). Erstaunlicherweise beschrieben alle zehn Experten die Fintech- Unternehmen als einen positiven Trend. Besonders der hohe Grad an Innovation, verbun- den mit der Spezialisierung auf ein konkretes Geschäftsfeld und einer Denkweise aus der Perspektive der Kunden lassen die Fintech-Start-ups erfolgreich erscheinen. „Sie bringen es besser an den Kunden, in Form von ‚Wir sind einfacher' und ‚Wir machen es beque- mer'", sagt ein Insider. Die etablierten Sparkassen und Filialbanken sind stark reguliert und haben es dadurch schwerer als Fintech-Unternehmen. Eine einfache Adaption der Sparkassen und Filialbanken an Fintech-Unternehmen ist daher oft nicht möglich.

Eher geteilter Meinung sind sich die Experten beim Thema paydirekt, dem Bezahlver- fahren der Banken und Sparkassen, das mit PayPal konkurrieren soll. „Ein Sparkassenbe- zahlverfahren kann niemals so einfach und attraktiv sein, weil wir viele regulatorischen Anforderungen haben", so ein Experte aus der Bankenbranche. Paydirekt hat nur dann eine Chance, wenn es gut vermarktet wird und man die Kunden auf die Nachteile von PayPal aufmerksam macht. Ein Zusatz wie „Made in Germany" oder die Datenschutz- Thematik kann bei der Argumentation helfen.

3.6 Ausrichtung in der Zukunft

Die allgegenwärtige Digitalisierung hat längst Auswirkungen auf das Leben und die Ver- haltensweisen unserer Gesellschaft. Die Banken und andere Finanzdienstleister werden von der Digitalisierung erfasst.

Da immer mehr Geschäftsvorfälle online und von unterwegs aus abgewickelt werden, die Kunden die digitalen Vertriebswege fordern und die Sparkassen und Filialbanken unter einem enormen Kostendruck stehen, wird in den nächsten Jahren das vorhandene Filialnetz reduziert.

Um die Kundenbetreuer fit für den Online-Vertrieb zu machen, bedarf es intensiver Schulungsprogramme. Oftmals sehen die Mitarbeiter in den Filialen die digitalen Vertriebswege als Gefahr, da sie Angst haben, sie könnten die eigenen Vertriebsziele nicht erreichen oder – noch schlimmer – ihr Arbeitsplatz könnte gefährdet sein. Wichtig sind eine gute Vernetzung zwischen den Vertriebskanälen und ein offener Austausch unter den Mitarbeitern. Um Veränderungsprozesse erfolgreich zu gestalten, muss ein aktives Change-Management betrieben werden.

Die Frage, ob die Digitalisierung des Privatkundengeschäfts eine realistische Alternative zur Filiale ist, kann mit einem klaren Ja beantwortet werden. Die Filialen werden immer eine große Bedeutung für die Sparkassen und Filialbanken haben, jedoch mit einer Verschiebung zum Beratungscenter und weniger als Institution für Serviceleistungen. Die Digitalisierung des Privatkundengeschäftes wird von zunehmender Bedeutung sein, jedoch wird die Filiale damit noch nicht ersetzt werden können. Die digitalen Vertriebswege sind daher vor allem als wichtige Ergänzung anstatt als Alternative einzustufen.

Als besonders wichtig stellte sich bei der empirischen Untersuchung die schnelle Bearbeitungs- und Reaktionszeit heraus. Der Mehrwert einer bedarfsgerechten Beratungsleistung sollte laut Gottschalk (2016) der digitale Vertrieb in Form von Videoberatung oder telefonischer Beratung ebenfalls erbringen, damit eine Abgrenzung zur Direktbank erfolgt.

Das Kundenverhalten und die Ansprüche der Kunden haben sich aufgrund soziokultureller Trends verändert. Für viele Privatkunden ist es durchaus vorstellbar, künftig das Girokonto beispielsweise bei PayPal anstatt bei einer Sparkasse oder Filialbank zu führen.

Literatur

Auge-Dickhut, S., Koye, B., & Liebetrau, A. (2014). *Client Value Generation. Das Zürcher Modell der kundenzentrierten Bankarchitektur*. Wiesbaden: Springer Gabler.

Bay, L. (2014). Deutsche Banken vernachlässigen Social Media. Handelsblatt, 6. Februar 2014. http://www.handelsblatt.com/unternehmen/banken-versicherungen/studie-deutsche-banken-vernachlaessigen-social-media/9441392.html. Zugegriffen: 8. Januar 2017.

Boekhout, R. (2015). Smart Banking. Als Bank erfolgreich im digitalen Neuland navigieren. In T. Becker & C. Knop (Hrsg.), *Digitales Neuland. Warum Deutschlands Manager jetzt Revolutionäre werden* (S. 113–125). Wiesbaden: Springer Gabler.

Bouché, G. (2015). Banco Santander. Der Aufstieg einer regionalen Bank zum Global Player. In M. Seidel & A. Liebetrau (Hrsg.), *Banking & Innovation 2015. Ideen und Erfolgsrezepte von Experten für die Praxis* (S. 10–16). Wiesbaden: Springer Gabler.

Braunberger, G. (2015). Niedrigzins belastet Bankgewinne. *FAZ*, 4. Oktober 2015. http://www.faz.net/aktuell/finanzen/geldanlage-trotz-niedrigzinsen/untersuchung-zeigt-erhebliche-belastungen-der-gewinne-durch-niedrigzins-13838274.html. Zugegriffen: 21. Dezember 2015.

Dombret, A. (2015). Aussitzen ausgeschlossen. Was bedeutet Digitalisierung für den Bankensektor in Deutschland. Deutsche Bundesbank. https://www.bundesbank.de/Redaktion/DE/Reden/2015/2015_07_08_dombret.html. Zugegriffen: 21. Dezember 2015.

Engel, J., & Glaeser, C. (2016). Der digital transformierte Mitarbeiter. *Die Bank, 3*, 70–73.

Fahrenschon, G. (2015a). Impulsvortrag von Georg Fahrenschon anlässlich der Handelsblatt-Jahrestagung „Banken im Umbruch". 2. September 2015. http://www.dsgv.de/de/presse/reden/150902_handelsblatt_jahrestagung_rede_GF.html. Zugegriffen: 2. April 2016.

Fahrenschon, G. (2015b). Sparkassen. Menschliche Nähe im Zeitalter der Digitalisierung. In T. Becker & C. Knop (Hrsg.), *Digitales Neuland. Warum Deutschlands Manager jetzt Revolutionäre werden* (S. 127–138). Wiesbaden: Springer Gabler.

Fohrer, H. (2016). Aktuelle Herausforderungen im bankbetrieblichen Umfeld aus genossenschaftlicher Bankensicht. In D. Hellenkamp & K. Fürderer (Hrsg.), *Handbuch Bankvertrieb. Theorie und Praxis im Zukunftsdialog* (S. 58–73). Wiesbaden: Springer Gabler.

Gottschalk, H. (2016). Vertriebsmanagement – Aus Sicht des Kunden denken. In D. Hellenkamp & K. Fürderer (Hrsg.), *Handbuch Bankvertrieb. Theorie und Praxis im Zukunftsdialog* (S. 99–109). Wiesbaden: Springer Gabler.

Götzl, S. (2016). Das Geschäftsmodell der Volksbanken und Raiffeisenbanken im digitalen Zeitalter. In D. Hellenkamp & K. Fürderer (Hrsg.), *Handbuch Bankvertrieb. Theorie und Praxis im Zukunftsdialog* (S. 4–22). Wiesbaden: Springer Gabler.

Gronwald, K. (2015). *Integrierte Business-Informationssysteme. ERP, SCM, CRM, BI, Big Data Analytics – Prozesssimulation, Rollenspiel, Serious Gaming*. Heidelberg: Springer Vieweg.

Handelsblatt (2015). *Schrumpfkurs bei LBBW – Jede vierte Filiale soll schließen*. 10. Dezember 2015. http://www.handelsblatt.com/unternehmen/banken-versicherungen/schrumpfkurs-bei-lbbw-jede-vierte-filiale-soll-schliessen/12705624.html. Zugegriffen: 2. Dezember 2015.

Hellenkamp, D. (2015). *Bankwirtschaft*. Wiesbaden: Springer Gabler.

Hilker, C. (2010). *Social Media für Unternehmer. Wie man Xing, Twitter, YouTube und Co. erfolgreich im Business einsetzt*. Wien: Linde.

Investors Marketing AG (2014). *Multikanalmanagement 2.0 – Kundenverhalten, Zielbilder, Lösungsansätze und neue Wettbewerber. IM-Privatkundenstudie 2014*. Frankfurt a. M.: Investors Marketing AG.

Investors Marketing AG (2016). *Marktpotenziale für FinTechs in 2020 – Bedrohung des Privatkundengeschäfts für Kredite, Geldanlage und Zahlungsverkehr? IM-FinTech-Studie 2016*. Frankfurt a. M.: Investors Marketing AG.

Landmann, O., Boysen-Hogrefe, J., Jannsen, N., Fichtner, F., Schrooten, M., & Hüther, M. (2014). Niedrige Zinsen – gesamtwirtschaftliche Ursachen und Folgen. *Wirtschaftsdienst, 94*, 611–630.

Lenz, J. (2015). Elektronische Unterschrift auf Tablets und Smartphones. *Geldinstitute, 1*, 22–23.

Lieberknecht, J. (2016). Digitalisierung und Regulierung. Katalysatoren eines sich wandelnden Bankgeschäftes. In D. Hellenkamp & K. Fürderer (Hrsg.), *Handbuch Bankvertrieb. Theorie und Praxis im Zukunftsdialog* (S. 25–37). Wiesbaden: Springer Gabler.

Liebetrau, A., & Seidel, M. (2015). Der Weg zu einem neuen Banking. In M. Seidel & A. Liebetrau (Hrsg.), *Banking & Innovation 2015. Ideen und Erfolgskonzepte von Experten für die Praxis* (S. 3–9). Wiesbaden: Springer Gabler.

Limbeck, M. (2016). Kommunikation als Erfolgsfaktor im Bankvertrieb. In D. Hellenkamp & K. Fürderer (Hrsg.), *Handbuch Bankvertrieb. Theorie und Praxis im Zukunftsdialog* (S. 433–438). Wiesbaden: Springer Gabler.

Lochmaier, L. (2015). Banken erweitern Ökosystem. In W. Niehoff & S. Hirschmann (Hrsg.), *Aspekte eines Paradigmenwechsels. Banken im Spannungsfeld zwischen Markt und Regulatorik* (S. 13–22). Köln: Bank-Verlag.

Meier, C., & Junker, M. (2015). *Das Organisationshandbuch. Entschlacken, aufbauen, prozessorientiert umbauen.* Heidelberg: Finanz-Colloquium Heidelberg.

Merker, L., & Liesenkötter, B. (2015). Industrialisierung 4.0 in Banken. *Zeitschrift Führung und Organisation, 84,* 164–169.

Mihm, O. (2014). Multikanalmanagement 2.0 – der Berater als Lotse. *bank und markt, 9,* 38–41.

Mihm, O. (2016). Digitalisierung: FinTechs – nur wenige werden überleben. *Die Bank, 2,* 54–57.

Mihm, O., & Wollmann, T. (2015). Digitaler Wandel bedroht das klassische Geschäftsmodell. In W. Niehoff & S. Hirschmann (Hrsg.), *Aspekte eines Paradigmenwechsels. Banken im Spannungsfeld zwischen Markt und Regulatorik* (S. 23–33). Köln: Bank-Verlag.

Neuhaus, D. (2015). Mobile und Social Media – Digitalisierung im Multikanalvertrieb. In H. Brock & I. Bieberstein (Hrsg.), *Multi- und Omnichannel-Management in Banken und Sparkassen. Wege in eine erfolgreiche Zukunft* (S. 269–284). Wiesbaden: Springer Gabler.

Porter, M. (2013). *Wettbewerbsstrategie: Methode zur Analyse von Branchen und Konkurrenten* (12. Aufl.). (S. 41). Frankfurt: Campus.

Pratz, A., & Eistert, T. (2014). Zukunft für die Filialbank. *Die Bank, 2,* 22–27.

Redant (2016). Stories from the shop floor. Retail workers' attitudes to in-store customer experience and the use of technology. https://www.redant.com/_pdf/white-papers/RA-Shop-Floor-Stories.pdf. Zugegriffen: 3. März 2016.

Schneider, T. (2014). *Analyse europäischer Finanzverbünde und Perspektiven der deutschen Sparkassen-Finanzgruppe – Zentralisation: Notwendigkeit oder Fiktion? Dissertation.* Sternenfels: Wissenschaft & Praxis.

Schwab, F. (2015). Geleitwort. In H. Brock & I. Bieberstein (Hrsg.), *Multi- und Omnichannel-Management in Banken und Sparkassen. Wege in eine erfolgreiche Zukunft* (S. 7–8). Wiesbaden: Springer Gabler.

Springer Gabler Verlag (Hrsg.). (2016a). *Stichwort: Near Banks.* http://wirtschaftslexikon.gabler.de/Archiv/9767/35/Archiv/9767/near-banks-v9.html. Zugegriffen: 5. April 2016.

Springer Gabler Verlag (Hrsg.). (2016b). *Stichwort: Non Banks.* http://wirtschaftslexikon.gabler.de/Archiv/12190/non-banks-v8.html. Zugegriffen: 5. April 2016.

Stalla, C. (2015). Multikanalstrategie – Optimierung des Multikanalvertriebs in mittelständischen Finanzinstituten. In H. Brock & I. Bieberstein (Hrsg.), *Multi- und Omnichannel-Management in Banken und Sparkassen. Wege in eine erfolgreiche Zukunft* (S. 209–223). Wiesbaden: Gabler.

Statista (2014). Vertriebskanäle von Banken nach Häufigkeit der Nutzung durch Kunden. http://de.statista.com/statistik/daten/studie/388054/umfrage/vertriebskanaele-von-banken-nach-nutzung-durch-kunden/. Zugegriffen: 12. Februar 2016.

Statista (2015). Marktanteile von ausgewählten Zahlungsverfahren beim Online-Handel in Deutschland im Jahr 2014. http://de.statista.com/statistik/daten/studie/224827/umfrage/marktanteile-von-zahlungsverfahren-beim-online-handel/. Zugegriffen: 12. Dezember 2015.

Statista (2016). Marktanteile im Kreditgeschäft mit Privatpersonen in Deutschland im Jahr 2015 nach Bankengruppen. http://de.statista.com/statistik/daten/studie/192825/umfrage/kredite-an-inlaendische-privatpersonen-nach-bankengruppen/. Zugegriffen: 17. Juli 2016.

Tute, S. (2015). Von der Filial- zur Multikanalbank: Strategien und Konzepte. *Bank Praktiker*, *2*, 15–18.

Wagner, R., Wittmann, M., & Ries, S. (2012). Motiviert und glücklich. Vorsicht Stereotypen – was die Generation Y motiviert. *Wirtschaftspsychologie aktuell*, *3*, 32–38.

Welp, C., & Fehr, M. (2015). Banken schließen Zweigstellen. Nach dem Filialsterben kommt die Handy-Bank. *Wirtschaftswoche,* 7. September 2015. http://www.wiwo.de/unternehmen/banken/banken-schliessen-zweigstellen-nach-dem-filialsterben-kommt-die-handy-bank/12267760.html. Zugegriffen: 7. Dezember 2015.

Zerfaß, K. (2016). Möglichkeiten der Ausgestaltung eines bankbetrieblichen Produktportfolios aus Sicht einer Universalbank. In D. Hellenkamp & K. Fürderer (Hrsg.), *Handbuch Bankvertrieb. Theorie und Praxis im Zukunftsdialog* (S. 190–207). Wiesbaden: Springer Gabler.

Digitale Vermögensanlage: Auf dem Weg zu individuellen und intelligenten Lösungen

4

Rüdiger von Nitzsch und Dirk Braun

Inhaltsverzeichnis

4.1 Ein Blick auf den aktuellen Markt der digitalen Vermögensanlage

Im Zuge des boomenden Fintech-Marktes sehen sich die klassischen Banken zunehmend auch im Bereich der Anlageberatung von kostengünstigen, rein digitalen Angeboten herausgefordert. In den USA verwalten die beiden größten, rein digital aufgestellten Anbieter (Betterment, Wealthfront) zusammen schon ein Volumen von ca. 6 Mrd. US-Dollar, auch wenn dies im Verhältnis zu dem über 60 Billionen US-Dollar großen Finanzvermögen US-amerikanischer Haushalte (vgl. Allianz 2015) noch ein vernachlässigbarer Anteil ist. Während sich zum Beispiel in Großbritannien, nicht zuletzt durch die 2013 eingeführten

R. von Nitzsch (✉)
RWTH Aachen University
Templergraben 64, 52056 Aachen, Deutschland
E-Mail: nitzsch@efi.rwth-aachen.de

D. Braun
FOM Hochschule Aachen
Dennewartstr. 25-27, 52068 Aachen, Deutschland

© Springer Fachmedien Wiesbaden GmbH 2017
M. Seidel (Hrsg.), *Banking & Innovation 2017*, FOM-Edition,
DOI 10.1007/978-3-658-15785-2_4

erheblichen Erschwerungen für das Vereinnahmen von Provisionen in der Anlageberatung, einige Geschäftsmodelle gut zu etablieren scheinen, werden im deutschen Markt bislang nur vergleichsweise überschaubare Volumina digital verwaltet. Zwar gibt es mittlerweile eine Reihe von bankenunabhängigen Anbietern, von denen aber die meisten lediglich eine Erlaubnis als Finanzanlagenvermittler nach Gewerbeordnung[1] besitzen und aufgrund der damit verbundenen Restriktionen nur einen eingeschränkten Leistungsumfang mit überschaubarem Nutzen für den Kunden generieren können. Gerade in jüngster Zeit treten aber vermehrt Neugründungen auf den Markt, die mit einer entsprechenden Erlaubnis der Bundesanstalt für Finanzdienstleistungsaufsicht (BaFin) den vollen Leistungsumfang einer Vermögensverwaltung ohne weitere Beschränkungen anbieten können.

Neben den Entwicklungen bei den bankenunabhängigen Fintechs im Bereich der digitalen Vermögensanlage ist momentan zu beobachten, dass sich auch die klassischen Anbieter, sei es aus dem Bankenbereich oder aus der Vermögensverwaltung, ebenfalls zunehmend in der Entwicklung von ansprechenden Angeboten in der digitalen Vermögensanlageberatung engagieren. In den USA sind hier beispielsweise Vanguard oder Charles Schwab zu nennen, die dies recht ambitioniert angehen und auch in der Lage sind, im Rahmen einer Kannibalisierung des eigenen, angestammten Geschäftsmodells hohe Volumina von Kundengeldern unmittelbar in diesen Zweig zu transformieren. Auch der größte Vermögensverwalter der Welt BlackRock verdeutlicht mit dem jüngsten Erwerb von FutureAdvisor die hohe Bedeutung von digitalen, direkt an den Endkunden gerichteten Angeboten. Dies gilt in besonderem Maße, wenn – wie bei BlackRock – auch im eigenen Hause eine hohe quantitative Analysekompetenz vorhanden ist, die in angepasster und vereinfachter Weise kostengünstig für einen breiten Markt ausgerollt werden kann. Auch in Deutschland sind einige klassische Anbieter bestrebt, sich in der Schnittstelle zum Kunden auch digital gut aufzustellen. Hierbei werden mehrere Wege eingeschlagen. Manche kaufen sich Lösungen von Fintechs ein, die lediglich in einem B2B-Geschäftsmodell als Zulieferer der Banken aufgestellt sind (zum Beispiel Deutsche Bank und fincite). Manche übernehmen ein als B2C-Modell und somit grundsätzlich als Konkurrenz auftretendes Fintech (z. B. Hauck & Aufhäuser Privatbankiers und easyfolio), und manche bauen sich den digitalen Arm selber auf (z. B. Union Investment mit VisualVest.de).

Nur wenige zweifeln daran, dass die mit digitalen Vermögensanlageangeboten verwalteten Volumina in den nächsten Jahren noch um Dimensionen steigen werden (vgl. King 2013). Dies liegt nicht nur daran, dass sich eine klassische Face-to-face-Beratung für die meisten Anbieter nur noch bei sehr vermögenden Kunden rechnet und digitale Angebote ökonomisch sinnvoll auch für das Retailsegment ausrollbar sind. Vielmehr zeigen sich die größten Chancen darin, dass der Kundennutzen erheblich verbessert werden kann. Wir begründen dies mit den durch digitale Prozesse entstehenden Möglichkeiten, individualisierte Lösungen für Kunden zu liefern, wie es in vielen anderen Branchen im

---

[1] Siehe hierzu die Bereichsausnahme des § 34f GewO, dessen Wegfall allerdings zukünftig politisch durchaus möglich erscheint.

Rahmen einer Mass-Customization-Strategie heutzutage schon üblich ist bzw. durch den gesellschaftlichen Megatrend der Individualisierung (vgl. zukunftsInstitut 2015) auch vom Kunden zunehmend eingefordert wird. Genannt sei an dieser Stelle beispielsweise der Car-Konfigurator eines Autoherstellers, der es dem Kunden sehr leicht macht, sein individuelles Auto zusammenzustellen. Oder das Angebot mymuesli, das dies auch schon für Müsli gestattet. Neben der Automobil- und Lebensmittelbranche gibt es entsprechende Angebote auch in der Textil-, Schmuck-, Möbel- und Fertighausbranche, um nur einige zu nennen. Im Bereich der Vermögensanlage fehlen aber bislang weitgehend solche Angebote.

Mit dem vorliegenden Beitrag wollen wir deshalb Wege einer möglichen Individualisierung in der digitalen Vermögensanlage aufzeichnen. Zu diesem Zweck skizzieren wir in Abschn. 4.2 zunächst den in vier Generationen aufgeteilten Entwicklungspfad, auf dem sich die Beratungsangebote der digitalen Vermögensanlage unserer Meinung nach bewegen. Die bisherigen Angebote sind überwiegend der ersten und zweiten Generation zuzuordnen, wobei sich diese Generationen eher durch Standardisierung als durch Individualisierung auszeichnen und der Unterschied zwischen der ersten und zweiten Generation eher im Leistungsumfang zu sehen ist. Von einer echten Individualisierung kann man erst in der gerade entstehenden dritten Generation sprechen, wobei es hier unterschiedliche Formen der Individualisierung gibt, worauf das Abschn. 4.3 intensiver eingeht. Im Sinne eines Mass-Customization-Ansatzes stehen hierbei insbesondere passgenaue Ausgestaltungen des eigentlichen Produktes der Vermögensanlageberatung, das heißt des Portfolios des Kunden, im Mittelpunkt. Im Abschn. 4.4 schauen wir dann in die Zukunft und diskutieren Beispiele von digitalen Angeboten einer möglichen vierten Generation, die es mit sehr intelligenten Ansätzen (gegebenenfalls sogar unter Einsatz künstlicher Intelligenz) möglicherweise sogar schaffen, die Beratungsqualität eines ausgezeichneten menschlichen Beraters, der sehr gut auf den einzelnen Kunden eingehen kann, noch zu übertreffen. Im Abschn. 4.5 ziehen wir ein Fazit.

4.2 Ein Entwicklungspfad der digitalen Vermögensanlage

Die Abb. 4.1 stellt den Entwicklungspfad von Angeboten der digitalen Vermögensanlage in vier Generationen dar, wie wir ihn in Deutschland sehen. Hierbei stützen wir uns auf zwei Dimensionen, die zunächst kurz skizziert werden.

In der ersten Dimension „Leistungsumfang" wird eine Bandbreite zwischen der einmaligen Ableitung einer Portfoliozusammensetzung für den Anwender ohne weitere Betreuung oder Informationsbereitstellung des Kunden und einer vollständigen Betreuung der Vermögensanlage, also letztlich einer Vermögensverwaltung, mit umfassendem, regelmäßigem Reporting aufgezeigt. Allein schon aus regulatorischer Sicht ist diese Dimension von großer Bedeutung. So verlangt eine Vermögensverwaltung – unabhängig davon, ob digital oder offline – in jedem Fall eine entsprechende Erlaubnis der Bundesanstalt für Fi-

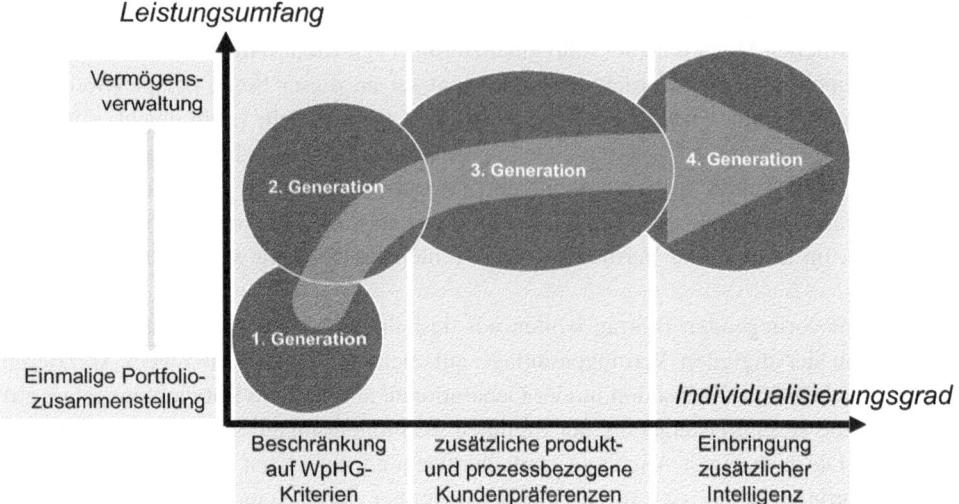

Abb. 4.1 Entwicklungspfad der digitalen Vermögensanlage in vier Generationen

nanzdienstleistungsaufsicht[2], was für den Anbieter mit monetärem und organisationalem Aufwand einhergeht. Beschränkt sich das Angebot hingegen auf eine einmalige Portfoliozusammenstellung unter Beschränkung des Anlageuniversums auf Fonds[3], so genügt momentan noch eine Zulassung als unabhängiger Finanzanlagenvermittler gemäß § 34f Gewerbeordnung mit deutlich geringeren Anforderungen.[4]

In der zweiten Dimension werden die Angebote nach ihrem Individualisierungsgrad unterschieden. In der einfachsten Ausgestaltung einer Individualisierung, das heißt in den Angeboten der ersten Generation, bezieht sich das digitale Angebot im Wesentlichen nur auf die zentralen Merkmale Risikobereitschaft, finanzielle Rahmenbedingungen sowie Anlagehorizont. Erste Angebote dieser ersten Generation entstanden schon zu Beginn dieses Jahrtausends. Einige Direktbanken (wie ING-DiBa, Direktanlagebank und Consors) sowie einzelne Sparkassen stellten auf ihren Homepages durchaus wertvolle Selbstberatungstools zur Verfügung, mit denen der Anwender Empfehlungen für eine optimale Portfoliostruktur ableiten konnte. Verschärfte regulatorische Anforderungen und ein erhöhter Verbraucherschutz im Zuge des 2007 umgesetzten europäischen MiFiD-I-Regelwerks veranlassten die Bankinstitute jedoch, diese Angebote wieder einzustampfen.

---

[2] Oder gleichwertig einer Lizenz der entsprechenden Finanz-Aufsichtsbehörde eines anderen europäischen Landes, zum Beispiel Luxemburg.
[3] Oder theoretisch auch auf Produkte nach dem Vermögensanlagegesetz (zum Beispiel Genussscheine), wobei die digitalen Angebote sich meist nur auf Fonds bzw. ETFs beziehen.
[4] Ein Wegfall dieser aufsichtsrechtlichen Bereichsausnahme in der Zukunft ist aber durchaus vorstellbar, so wurde darüber Ende 2015 im Zuge der Verabschiedung des Finanzmarktnovellierungsgesetzes schon kontrovers diskutiert.

Nach diesem regulatorisch bedingten Einbruch entwickelten sich neue Angebote aus dem Nicht-Bankenbereich, und zwar regulatorisch auf der Basis des § 34f GewO mit einem entsprechend geringen Leistungsumfang. Beispiele solcher Angebote, die wir ebenfalls zur ersten Generation zählen, sind *vaamo, cashboard, fintego, quirion* und *ginmon*. Diese Tools leiten für den Kunden ein diversifiziertes Fondsportfolio ab, wobei in den Ansätzen auf kostengünstige Fonds (zumeist ETFs) zurückgegriffen wird. Zusätzlich bieten einige dieser Angebote ein regelmäßiges Rebalancing an, das heißt eine Rückführung des Portfolios in die gewünschte Aufteilung der Fonds bzw. Assetklassen. Hierbei müssen sie jedoch in der genauen Ausgestaltung des Rebalancings sehr vorsichtig agieren, damit sie nicht die Grenze zur aufsichtsrechtlichen Lizenzpflicht überschreiten.

Der Kundennutzen, der von Angeboten der ersten Generation digitaler Vermögensanlage im Vergleich zur Offline-Welt generiert wird, besteht also im Kern darin, dass sich Anleger ein Portfolio zusammenstellen lassen können, welches insgesamt eine günstigere Kostenstruktur aufweist als die Fondsportfolien, die Kunden regelmäßig in einer klassischen Bankberatung empfohlen werden. Diese Kostenunterschiede resultieren letztlich aus der Tatsache, dass sich die klassische Bankberatung über Vertriebsprovisionen finanzieren muss und entsprechende Vertriebsprovisionen nur bei aktiven Fonds mit höheren Verwaltungsaufwendungen oder Ausgabeaufschlägen signifikant anfallen.

Angebote der zweiten Generation unterscheiden sich im Wesentlichen im höheren Leistungsumfang, aber auch geringfügig im Grad der Individualisierung von der ersten Generation. So sehen wir in dieser zweiten Generation diejenigen Angebote, die eine aufsichtsrechtliche Lizenz zur Vermögensverwaltung besitzen und deshalb auch einen deutlich höheren Leistungsumfang im Rahmen einer kontinuierlichen Betreuung anbieten dürfen. Diese Angebote sind allein deshalb schon individualisierter, weil das WpHG[5] vorschreibt, dass zusätzlich zu den genannten erfragten Kundenparametern der ersten Generation auch noch Kenntnisse und Erfahrungen erfragt werden müssen, um eine Geeignetheit der Empfehlung begründen zu können.

Angebote aus der zweiten Generation gibt es erst seit Kurzem. So startete Ende 2015 mit *scalable capital* der erste digitale, bankaufsichtsrechtlich lizenzierte Vermögensverwalter in Deutschland. In diesem Angebot erfolgt die Vermögensverwaltung nach einem rein quantitativen Ansatz, dessen Idee es ist, die Allokationen der verschiedenen Assetklassen und damit der dort hinterlegten ETFs nach den momentanen Volatilitäten zu steuern. So werden dort beispielsweise höhere Aktienquoten erst in ruhigen Marktphasen aufgebaut, und in Zeiten größerer Kursschwankungen wird schnell auf sichere Assetklassen umgeschichtet. Kunden werden je nach angegebener Risikobereitschaft in eine Gruppe eingeordnet, deren Portfolio dann standardisiert automatisch gemanagt wird. Ein zweites Angebot *whitebox* folgte nur kurze Zeit später, welches mit einem anderen, aber auch quantitativen und wissenschaftlich fundierten Konzept die Vermögensanlage steuert und ebenfalls in gleicher Weise auf ETFs setzt. Beide Angebote bieten zwar durch

---

[5] Wertpapierhandelsgesetz bisher unter § 31 Abs. 4, in der Neufassung dann § 55 Abs. 10.

das integrierte und aufsichtsrechtlich abgesegnete Betreuungskonzept einen deutlich höheren Leistungsumfang als alle Angebote der ersten Generation, im Kern beziehen sich diese Angebote allerdings immer noch lediglich auf die vom Kunden erfragten „WpHG-Kriterien" und bieten ihm somit auch nur eine standardisierte Vermögensverwaltung mit ebenfalls standardisiertem Reporting bei einem immer noch geringen Grad an Individualität.

Der mit dieser zweiten Generation erzeugte Kundennutzen liegt im Kern darin, dass es nun erstmals auch „normal vermögenden" Anlegern ermöglicht wird, Nutznießer einer Vermögensverwaltung zu sein. In der Offline-Welt stand dieser Weg regelmäßig nur Anlegern mit einem größeren sechsstelligen Vermögen zur Verfügung. Betrachtet man zudem die Konditionen für die heute angebotenen digitalen Vermögensverwaltungen, so liegt man mit Gebühren von mehr oder weniger deutlich unter 1 % p. a. meist klar unter den Angeboten einer Offline-Vermögensverwaltung. Allerdings ist zu berücksichtigen, dass eine standardisierte Vermögensverwaltung im Grunde auch schon in der Offline-Welt durch entsprechende Fondsprodukte umgesetzt werden konnte. So macht es zwar juristisch einen großen Unterschied, ob der Kunde sein eigenes Wertpapierdepot von einem Vermögensverwalter im Rahmen seines Verwaltungsvertrags (standardisiert) managen lässt oder ob der Anleger nur Anteile an einem Fonds erwirbt, in dem das Fondsvermögen nach denselben Standards gemanagt wird. Im Endeffekt gibt es jedoch im Hinblick auf die Wertentwicklung keinen Unterschied, auch wenn der Anleger vermutlich im ersten Fall psychologisch eine höhere Individualität verspüren mag. Insofern bleibt der generierte Kundennutzen im Vergleich zu den (unechten) fondsgebundenen standardisierten Vermögensverwaltungen beschränkt.

Ein merkbarer Anstieg des Kundennutzens durch verstärkte Individualisierung ergibt sich somit erst durch die Berücksichtigung von Kundenmerkmalen, die zwar nach WpHG nicht erforderlich sind, aber zur passgenaueren Ausgestaltung des Portfolios bzw. weiterer Funktionalitäten im Rahmen einer digitalen Vermögensanlage verwendet werden können. Was dies für Merkmale sein können und welche ersten Ansätze von Angeboten in dieser dritten Generation am Markt schon zu beobachten sind, beschreibt der folgende Abschn. 4.3.

4.3   Individualisierungswege in der dritten Generation

In der Abb. 4.2 werden drei Gruppen von möglichen Individualisierungen im Rahmen einer digitalen Vermögensanlage unterschieden. Zwei dieser Gruppen haben insofern eine große Bedeutung, als sie eine unmittelbare Auswirkung auf das eigentliche Produkt, das heißt das Portfolio, haben. Auf diese beiden Gruppen wird daher zunächst eingegangen.

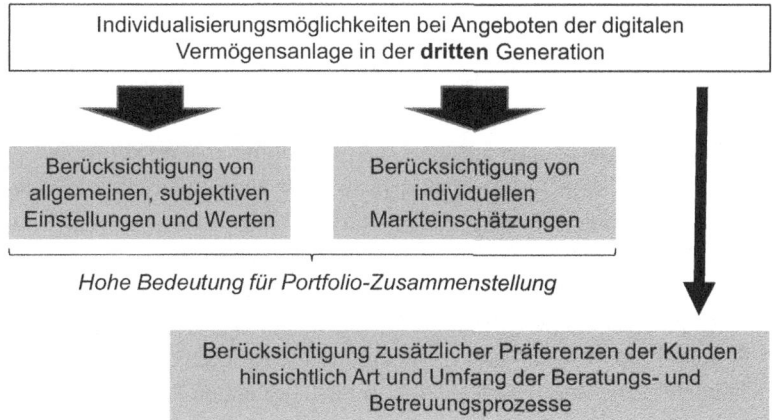

Abb. 4.2 Individualisierung innerhalb der dritten Generation digitaler Vermögensanlage

4.3.1 Berücksichtigung von allgemeinen, subjektiven Einstellungen und Werten

In den Angeboten der ersten beiden Generationen digitaler Vermögensanlage werden grundsätzlich Fondsportfolios abgeleitet, die möglichst breit das gesamte globale Anlagespektrum in Aktien und Bonds abdecken. Für den Fall, dass der Investor negative Einstellungen gegenüber bestimmten Branchen oder Unternehmen hat (beispielsweise Waffenindustrie, Klimakiller, Gentechnologie oder Ähnliches), ist er somit ungewollt – zumindest indirekt – an diesen Geschäftsmodellen beteiligt. Dies dürfte nicht in seinem Interesse sein, selbst wenn dieser Zusammenhang nicht jedem Anwender direkt bewusst ist. Wenn ein Anleger also die Möglichkeit erhält, bestimmte Investitionssegmente in seiner Geldanlage individuell auszuschließen, fördert dies sicherlich den Kundennutzen und öffnet den Weg zu einer stärkeren Identifizierung mit dem Angebot. Eine Umsetzung von entsprechenden Ausschlusskriterien bei dem gleichzeitigen Versuch, möglichst breit gestreut zu investieren, stellt allerdings eine Herausforderung dar, die auch klassische Vermögensverwaltungen momentan meist noch nicht zufriedenstellend lösen können. Mit ausgeklügelten Datenbanken, wie sie zum Beispiel im Hinblick auf Klimaschutzbemühungen von Unternehmen vom Carbon Disclosure Project (CDP) erstellt werden, wachsen jedoch auch die Möglichkeiten, hier mit quantitativen Ansätzen in der digitalen Vermögensverwaltung Lösungen zu finden und Kundennutzen zu generieren.

Etwas einfacher als die Umsetzung einer negativen Auslese ist die Priorisierung bestimmter gewünschter Investments bei einer Affinität des Kunden für das jeweilige Thema. Man denke beispielsweise an einen Kunden, der ein Befürworter von Elektroautos ist und deshalb gerne in Unternehmen aus der Branche E-Mobilität investieren möchte. Oder man betrachte einen Anleger, der sich als Fitness-Fanatiker insbesondere für jene Industrie interessiert, die in der Entwicklung und Vermarktung von Wearables tätig ist. Soweit es

möglich ist, solchen Kunden eine Vermögensverwaltung anzubieten, die durch frei wähl-
bare thematische Ausrichtungen jene individuelle Note erhält, die bei einer standardisierten Vermögensverwaltung außen vor bleibt, kann auch hier ein beachtlicher Kundennutzen
durch Individualisierung generiert werden. Eine ausgeklügelte Umsetzung eines solchen
„thematischen Investierens" bietet in den USA der Onlinebroker Motif Investing. Dieser Anbieter ermöglicht es seinen Kunden, in ca. 150 vordefinierten, unterschiedlichen
Themen zu investieren, indem er für jedes Thema ein Aktienportfolio von 30 unterschiedlich gewichteten Unternehmen zusammenstellt und mit Gesamtkosten von knapp 10 US-
Dollar für einen Blocktrade ein extrem günstiges Handeln mit dem gesamten Korb ermöglicht. Darüber hinaus haben die Community-Mitglieder bei Motif die Möglichkeit, diese
Themen beliebig zu modifizieren und die resultierenden Aktienkörbe zu denselben Konditionen zu handeln. Eine Beratung oder Betreuung der Kunden findet bei Motif Investing
allerdings nicht statt.

Seit Mitte des Jahres 2016 ist im deutschsprachigen Raum mit investify ein neuer
Anbieter auf dem Markt, der thematisches Investieren mit einer digitalen Vermögensverwaltung kombiniert. Ähnlich wie bei einer standardisierten Vermögensverwaltung gibt es
in investify zunächst eine Core-Anlage, die aus einem ETF-Portfolio besteht. Zusätzlich
wird dem Kunden hier die Möglichkeit gegeben, Schwerpunkte in bestimmten Themen-
bereichen zu setzen. Welche Themen der Kunde wählt bzw. auch, ob er dies überhaupt
macht, bleibt völlig ihm überlassen. Hierbei bildet investify die Themen mit entweder am
Markt vorhandenen Finanzprodukten, vorzugsweise ETFs, ab, oder es werden eigene Zer-
tifikate aufgesetzt, die dem Kunden das gewünschte thematische Investieren ermöglichen.

Angebote der digitalen Vermögensanlage, die – wie dargestellt wurde – individuelle
Einstellungen und Werte berücksichtigen, bieten unseres Erachtens den besonderen Vorteil, dass sich Kunden mit ihrer Geldanlage deutlich mehr identifizieren können, als dies
bei einer standardisierten Vermögensanlage der Fall sein kann. Durch ein entsprechendes
Reporting, welches auf die individuellen Merkmale des Portfolios (das heißt die gewählten Themen) näher eingeht, können hierbei die Identifikation und der Kundennutzen noch
weiter erhöht werden.

4.3.2 Berücksichtigung von individuellen Markteinschätzungen

Im Rahmen einer standardisierten Vermögensverwaltung gibt es für den Kunden keine
Möglichkeiten, eigene Vorstellungen über künftige Entwicklungen einzubringen und davon zu profitieren, wenn diese dann tatsächlich eintreten. Dies könnte zum Beispiel der
Glaube an wieder deutlich höhere Rohstoffpreise sein oder die persönliche Überzeugung,
dass die Europäische Union bald auseinanderbrechen wird. Zwar ist aus der sozialpsycho-
logischen Forschung bekannt, dass Menschen sich häufig in ihren relativen Fähigkeiten
gegenüber dem „Marktwissen" überschätzen (Camerer und Lovallo 1999), sodass sich
vermutlich in den meisten Fällen kein ökonomischer Nutzen für den Anwender ergibt.
Dennoch dürfte der Kunde eine individuelle Komponente, mit der er auf unterschiedli-

che Entwicklungen setzen kann, honorieren, weil es sich in diesem Fall eher um „sein" Portfolio handelt und nicht um ein Portfolio von der Stange.

Eine Umsetzung dieser individuellen Komponente könnte grundsätzlich ähnlich wie bei der Auswahl von Themen stattfinden. So findet sich in Motif Investing beispielsweise eine Reihe von Aktienkörben, die genau auf bestimmte Makro-Entwicklungen setzen (zum Beispiel Bear US Market, Precious Metals, Deflation und vieles mehr) und aus denen der selbstentscheidende Kunde des Onlinebrokers Motif Investing frei wählen kann. In einem beratenden oder auch vermögensverwaltenden Ansatz ist hingegen wesentlich zu unterscheiden, ob sich der Kunde (a) aufgrund seiner Einstellungen und Werte für eine bestimmte Priorisierung entscheidet oder (b) aufgrund seiner Überzeugung, bestimmte Entwicklungen vorhersehen zu können. Während der Kunde nämlich im Fall (a) theoretisch sogar bereit sein könnte, im Risiko-Rendite-Profil des Portfolios Abstriche zu machen, damit er seine Werte im Portfolio wiederfinden kann, ist es gerade das Ziel des Kunden im Fall (b) das Risiko-Rendite-Profil seines Portfolios zu verbessern. In der Konzeption der Schnittstelle zum Kunden müsste dies ebenso berücksichtigt werden wie Unterschiede in einer zeitlichen Stabilität seiner Präferenzen. Denn Einstellungen und Werte ändern sich weit weniger schnell als der Glaube an bestimmte Trends.

4.3.3   Art und Umfang der Beratungs- und Betreuungsprozesse

Jeder, der in irgendeiner Form schon einmal in einem Geschäft von einem Verkäufer beraten wurde, weiß zwischen einer guten und schlechten Beratung zu unterscheiden. Ein guter Berater erkennt schnell die Besonderheiten des einzelnen Kunden und berücksichtigt dies in seiner Kommunikation. Trifft der Berater beispielsweise auf einen rational denkenden Kunden, so liefert er ihm Fakten und hält sich mit Verkaufsfloskeln zurück. Weiß der Kunde noch nicht so genau, was er will, so kann ihm der Berater helfen, zunächst einmal die entscheidungsrelevanten Merkmale herauszufinden. Ist der Kunde sehr kritisch eingestellt, muss der Berater alles versuchen, um zunächst sein Vertrauen zu gewinnen. Oder handelt es sich vielleicht um einen ausgesprochen wissbegierigen Kunden, so kann ihm der Berater vielleicht noch weiterführende Fachinformationen geben.

Es wäre wünschenswert, wenn digitale Beratungs- und Betreuungsangebote die Fähigkeit hätten, sich wie ein guter Berater schnell auf den Kunden einzustellen. Große Chancen hierfür sehen wir tatsächlich in der vierten Generation, auf die wir in Abschn. 4.4 noch eingehen. Aber auch schon im Rahmen der Angebote einer dritten Generation ergeben sich aus diesen Gedanken Individualisierungsansätze, und zwar dann, wenn der Kunde durch entsprechende Auswahlmöglichkeiten selbst die Weichen stellen kann. So kann man die Anwender beispielsweise wählen lassen, wie häufig und detailliert sie im Rahmen eines digitalen Vermögensverwaltungsmandates informiert werden wollen. Ein interessierter Kunde würde dann häufig informiert werden, und die Unterlagen wären umfangreicher und tiefgehender als bei einem Kunden, der nicht damit belästigt werden möchte. Oder man kann Anlegern, die Schwierigkeiten bei der Angabe ihrer Risikopräferenzen oder Anlageziele haben und hier Unterstützung benötigen, optional mit besonders anschaulichen Simulationstools die Thematik näherbringen und auf diese Weise Ambiguitäten reduzieren. Auch kann man Anlegern, die einem ausschließlich digitalen Angebot skeptisch gegenüberstehen, Optionen anbieten, zumindest in Teilen auch noch einen menschlichen Berater hinzuzuziehen. Viele weitere Beispiele ließen sich hier noch anführen.

Die heute am Markt befindlichen digitalen Angebote haben in dieser Hinsicht noch keine überzeugenden Lösungen, obwohl kleinere Bausteine wie optionale Chatfunktionen mit Mitarbeitern des Anbieters bei inhaltlichen Fragen durchaus schon angeboten werden. Es ist jedoch zu beobachten, dass die meisten Angebote ein spezifisches Kundensegment im Fokus haben und hierbei die Informations-, Kommunikations- und Berichtsprozesse auf ein für dieses Kundensegment typisches Merkmalsprofil ausgerichtet haben. So wenden sich einzelne Angebote beispielsweise an fachlich kompetente Anleger, die zugleich aber nicht intensiv informiert werden wollen (zum Beispiel scalable capital), andere Angebote versuchen eher, weniger versierte Anleger anzusprechen, die aber klare Vorstellungen von ihren Anlagezielen haben (zum Beispiel whitebox). Dies alles hat allerdings (noch) wenig Verbindung mit einer Mass-Customization-Strategie, sondern vielmehr mit einer Nischenstrategie.

4.3.4 Weitere Individualisierungsmöglichkeiten

Die in den letzten Abschnitten skizzierten Individualisierungsmöglichkeiten halten wir für wichtige Bausteine eines Angebots, da sie im Falle der beiden ersten Gruppen eine Identifikation des Kunden mit „seinem" persönlichen Portfolio erlauben oder bei der zuletzt behandelten Gruppe zumindest ein Zufriedenheitsgefühl des Kunden mit sich bringen, weil in der richtigen Art und Weise mit ihm kommuniziert wird.

Darüber gibt es auch in heutigen Angeboten schon weitere Formen einer Individualisierung, die sich auf eine teilweise Mitbestimmung des Kunden bei der Zusammenstellung des Portfolios beziehen. So bietet beispielsweise das Vermögensanlagetool „Anlagefinder" bei maxblue zunächst eine Ableitung einer Assetallokation auf der Basis der erfragten WpHG-Daten, überlässt es allerdings dem Kunden, die genauen Fondsprodukte für die einzelnen Assetklassen auszuwählen, wobei der Kunde lediglich durch verschiedene Ranking- und Filterfunktionen unterstützt wird. Auch kann der Kunde sogar einzelne Unterassetklassen abwählen und hierüber auch auf die Allokation einwirken. Sehr viele Freiheitgrade besitzt ein Anwender zum Beispiel auch beim Angebot justETF, in dem sehr umfänglich und detailliert das Spektrum verschiedener ETFs zur Hinterlegung für Musterportfolios dargestellt ist und der Kunde entsprechend viele Auswahlmöglichkeiten hat. Allerdings handelt es sich bei solchen oder ähnlichen Tools bewusst nicht um eine Anlageberatung oder gar Vermögensverwaltung, sodass der Kundennutzen somit auch nur gering über dem der Tools der ersten Generation einzustufen ist.

Vielmehr laufen entsprechende Individualisierungen neben den möglichen positiven Auswirkungen auf den Kunden auch Gefahr, dass sie beim Kunden ein negatives Gefühl eines Kontrollverlustes (Ambiguität) vermitteln, wenn er nämlich aufgrund geringer Kompetenz durch die Auswahlmöglichkeiten überfordert ist. In diesem Fall würde die Individualisierung eher kontraproduktiv sein und nicht – wie bei den Individualisierungen im Abschn. 4.3.1 bis Abschn. 4.3.3 – zu einem höheren Kundennutzen führen.

4.4   Ein Ausblick auf eine intelligente vierte Generation

Bei dem mittlerweile erreichten technologischen Fortschritt scheint es uns nur konsequent, dass zukünftige Systeme einer digitalen Vermögensanlage noch wesentlich intelligenter gestaltet werden können als Angebote der dritten Generation. So ist es in den Angeboten der dritten Generation letztlich stets der Kunde, der beispielsweise mit der Entscheidung für ein bestimmtes Thema, in das er investieren möchte, oder durch das Anwählen einer ihm angebotenen Funktionalität die Weichen stellt. Die systemseitigen Prozesse laufen hierbei insofern stets standardisiert ab, als jedem Kunden in gleicher Weise alle Optionen offenstehen und jeder Kunde sich eigenständig durch die Individualisierungsmöglichkeiten arbeiten muss, um seine spezifische Lösung zu finden. Eine solche Situation wäre mit einem Beratungsgespräch in der Filiale zu vergleichen, in dem der Berater stur einem hierarchisch strukturierten Gesprächsleitfaden folgt, wie er auch von Aushilfskräften in einem Callcenter verwendet wird.

Ein guter Kundenberater oder Vermögensverwalter kann allerdings noch einiges mehr. Für eine Konzeptionierung intelligenter Beratungssysteme ist es deshalb sinnvoll, sich zu überlegen, was genau die Qualität eines hervorragenden Beraters ausmacht, und zwar in den eigentlichen Beratungsprozessen, im Beratungsergebnis sowie in der Umsetzung.

Im Hinblick auf den Beratungsprozess sehen wir folgende relevante Aspekte:

1. Der Berater erkennt sehr schnell die Beweggründe und Rahmenbedingungen seines Kunden und kann deshalb die Kommunikation sehr zielgerecht und effektiv lenken.
2. Der Berater kann Schwächen in den bisherigen Investmententscheidungen des Kunden aufdecken und individuelle Verbesserungsvorschläge machen.
3. Der Berater kann dem Kunden jene Sachverhalte vermitteln, die der Kunde benötigt, um einerseits Präferenzen richtig artikulieren zu können und andererseits mit einem hinreichenden Kontrollgefühl seine Investmententscheidung treffen bzw. einer Empfehlung seines Beraters folgen zu können.

Im Hinblick auf das Ergebnis kann vom Berater Folgendes maximal erwartet werden:

4. Der Berater kann eine Portfolio-Allokation finden, die genau auf die Bedürfnisse des Kunden abgestimmt ist.

Und abschließend im Hinblick auf die Umsetzung hat ein hervorragender Berater auch noch folgenden wichtigen Vorteil:

5. Der Berater schafft Vertrauen und vermittelt dem Kunden das Gefühl, seiner Empfehlung auch dann folgen zu können, wenn der Kunde selbst nicht alle Wirkungszusammenhänge verstanden hat.

Die ersten vier Punkte lassen sich grundsätzlich auch in digitalen Systemen umsetzen. Die Herleitung einer optimalen Portfolio-Allokation gemäß Punkt 4 setzt hierbei eine realistische Modellierung der relevanten Rahmenbedingungen des Kunden sowie der Markt- und Produktwelt voraus. Dies ist aber auch schon in der dritten Generation erforderlich, und selbst ein guter Berater kommt nicht ohne angemessene unterstützende Optimierungstools aus, die auf ein entsprechendes Modell zurückgreifen.

Kritischer ist die eigentliche Versorgung des Modells mit den benötigten Parametern des Kunden zu sehen, die ein guter Berater vielleicht schnell herausfindet. Während es im Hinblick auf den Punkt 1 sicherlich noch eine Herausforderung für digitale Systeme darstellt, mit einem guten Berater mitzuhalten, besitzen digitale Systeme dann große Vorteile, wenn solche Parameter aus einer intelligenten Datenanalyse gewonnen werden können.

So lassen sich beispielsweise aus Kundendaten (zum Beispiel die historischen Transaktionsdaten bei einem Kunden eines Online-Brokers) relativ leicht Aussagen über Anlagemuster ableiten, die in der Beratung sinnvoll einzusetzen sind. So hat der Anleger beispielsweise verstärkt Einzelinvestments in bestimmten Branchen getätigt, sodass ihm hier ein gewisses Interesse unterstellt werden kann und es naheliegen würde, ihm einen entsprechenden Themenfonds oder Ähnliches zu empfehlen, womit man gemäß Punkt 4 die Bedürfnisse gut treffen könnte. Oder es ist im Hinblick auf Punkt 2 erkennbar, dass der Anleger dazu neigt, bestimmte Anlegerfehler zu begehen, wie sie aus der Behavioral Finance bekannt sind. Hierzu zählt beispielsweise die Neigung zum zyklischen Investieren. Eine auf eine entsprechend automatisierte Kundendatenanalyse passende Antwort des Systems könnte dann darin bestehen, ihm entweder die psychologischen und ökonomischen Zusammenhänge transparent zu machen und/oder auf Instrumente des sogenannten Nudgings (vgl. Thaler und Sunstein 2010) zurückzugreifen und den Kunden unter Ausnutzung psychologischer Besonderheiten (zum Beispiel Verankerungs- oder Verfügbarkeitseffekte) sozusagen indirekt auf den richtigen Weg zu lenken. Der Kundennutzen von derartigen rationalitätsfördernden Funktionalitäten könnte beachtlich sein, so verlieren nämlich nach einer Studie von Vanguard (2014) rein eigenständig agierende Anleger durch die bekannten typischen Anlegerfehler ca. 150 Basispunkte an Rendite.

Zieht man den dritten Punkt hinzu, so ist gleichwohl festzustellen, dass hier intelligent konzipierte Systeme durchaus in der Lage wären, mit spezifischen und anschaulichen Erklärungen viele notwendige Inhalte zu vermitteln und darüber hinaus Fragen zu klären, die vielleicht sogar die meisten Berater nicht beantworten könnten. So ist es jetzt gut fünf Jahre her, als IBM mit dem Produkt Watson in der amerikanischen Quizsendung Jeopardy! die menschlichen Champions in den Schatten stellen konnte. Watson musste in natürlicher Sprache gestellte, damals noch schriftliche Quizfragen semantisch erfassen und durch Rückgriff auf große Datenbestände sowie Anwendung von logischen sowie probabilistischen Schlussfolgerungen in kurzer Zeit beantworten (vgl. Markoff 2011). Im heutigen Zeitalter von Siri, Google Now und Cortana werden solche künstliche Intelligenz-Angebote zum einen für eine große Anzahl gleichzeitiger Anwendungen skalierbar[6] und zum anderen immer benutzerfreundlicher, sodass beispielsweise auch eine sprachliche Kommunikation wie in der Filiale möglich ist. Im Unterschied zum Filialgespräch verfügt das Gegenüber jedoch über fast alle Informationen und kann für den Benutzer schnell eine Vielfalt von Zusammenhängen recherchieren, die der Kunde in diesem Moment gerne geklärt haben möchte. Fragen wie: „Wie viel Prozent aller Aktienfonds haben es eigentlich geschafft, in den letzten drei, fünf und zehn Jahren eine vergleichbar gute Wertentwicklung zu zeigen wie der Fonds, den mir das System gerade vorschlägt?", oder: „Was waren die größten Wertverluste, die man bei einer einjährigen Anlage in Gold in den letzten 50 Jahren verkraften musste?", könnten dann schnell geklärt werden, und zwar ohne dass sich der Kunde von seinem bequemen Sofa erheben und zur Filiale gehen muss.

Das größte Problem einer rein digitalen Vermögensanlage der vierten Generation liegt naturgemäß im Punkt 5, da Vertrauen eben viel leichter zu Menschen aufgebaut wird als zu Maschinen (vgl. Fehr 2009). Insofern müssen digitale Angebote besonders bemüht sein, beim Kunden ein Verständnis für die fachlichen Zusammenhänge zu generieren, sodass gemäß Punkt 3 der Kunde möglicherweise schon ein ausreichend hohes Kontrollgefühl für die notwendige Entscheidung besitzt. Wenn das Angebot dies nicht leisten kann, bleibt entweder die Konzentration auf ein Kundensegment, welches bereits über eine entsprechende Kompetenz verfügt, oder eine hybride Strategie, in der man Offline- und Online-Komponenten im Rahmen eines Omnichannelings kombiniert. In der Tat sehen wir in diesen hybriden Strategien enormes Potenzial, und zwar insbesondere dann, wenn die digitalen Systeme gemäß Punkt 1 sehr gut erkennen, in welchen Teilschritten ein Kunde mit einem digitalen Angebot gut bedient ist und wann ein Berater hinzugezogen werden muss. Bei einer effizienten Ausgestaltung einer solchen Kombination mit einem maximalen Anteil digitaler Elemente dürfte sich ein deutlich breiterer Kundenkreis ansprechen lassen als bei einem rein digitalen Angebot und zugleich auch eine hinreichende Profitabilität (vgl. Swisscom 2015) erreichbar sein.

4.5   Fazit

Der Markt für digitale Vermögensanlage ist in starker Bewegung. Bislang sind die neuen Angebote allerdings nur kostengetriebene Innovationen. In den Tools der ersten Generation erhält der Kunde zu geringen Kosten eine sinnvolle Empfehlung für ein Portfolio mit meist preisgünstigen Fondsprodukten. Der weitere Leistungsumfang ist hierbei auf ein einfaches Rebalancing beschränkt. In den Tools der noch sehr jungen zweiten Generation wird dem Kunden mit einer digitalen Vermögensverwaltung formal zwar deutlich mehr

---

[6] In der Quizsendung vor fünf Jahren mussten noch alle Kräfte von Watson gebündelt werden, um die notwendige Schnelligkeit zu erreichen.

geboten, aufgrund der Standardisierung ist der zusätzliche Kundennutzen jedoch noch beschränkt.

In den nun auf den Markt tretenden Ausgestaltungen von Angeboten in der digitalen Vermögensanlage der dritten Generation wird es – wie jetzt schon in vielen anderen Branchen zu beobachten – zunehmend möglich sein, mit digital-automatisierten Prozessen eine Individualisierung zu erreichen, die nicht nur eine passgenaue Lösung im Hinblick auf das Portfolio des Kunden liefert, sondern auch den gesamten Beratungs- und Betreuungsprozess so gestalten kann, dass sich der Kunde mit dem Angebot seines Finanzinstitutes deutlich besser identifizieren kann als bei einer gelieferten Standardlösung oder einer durchschnittlichen, nur vermeintlich individuellen Retail-Beratung in der Filiale.

In einem etwas weiteren Blick in die Zukunft sind auch intelligente Beratungs- und Betreuungskonzepte einer vierten Generation vorstellbar, die aus einer geschickten Kundendatenanalyse wertvolle Ansätze liefern, um den Kunden in seiner Individualität noch genauer zu erfassen und ihm gezielter zu helfen. Ebenfalls dürften zukünftige digitale Angebote – möglicherweise unter Einsatz künstlicher Intelligenz – so ausgestaltet sein, dass der Kunde immer weniger offene Fragen oder Unsicherheiten verspürt, sodass er sich auf das Angebot gänzlich einlässt oder zumindest nur noch geringe Unterstützung von einem Berater benötigt, die ihm in einem Omnichannel-Ansatz zur Verfügung gestellt wird.

Literatur

Allianz (2015). Global Wealth Report. https://www.allianz.com/de/economic_research/publikationen/spezialthemen_fmo/agwr15d.html. Zugegriffen: 4. Mai 2016.

Camerer, C., & Lovallo, D. (1999). Overconfidence and excess entry: An experimental approach. *The American Economic Review*, 89(1), 306–318.

Fehr, E. (2009). On the economics and biology of trust. *Journal of the European Economic Association*, 7(2–3), 235–266.

King, B. (2013). *Banking 3.0 – Why banking is no longer somewhere you go, but something you do.* Singapore: Marshall Cavendish International.

Markoff, J. (2011). Computer wins on 'jeopardy!': trivial, it's not. the New York Times, 16. Feb. 2011. http://www.nytimes.com/2011/02/17/science/17jeopardy-watson.html?_r=0. Zugegriffen: 12. Mai 2016.

Swisscom (2015). Digitales Anlegen – Momentaufnahme 2015 und Ausblick 2020. Swisscom Think Tank e-foresight und Hochschule Luzern, Institut für Finanzdienstleistungen Zug (IFZ). https://www.swisscom.ch/de/business/enterprise/formulare/bankenstudie-digitales-anlegen.html. Zugegriffen: 4. Mai 2016.

Thaler, R. H., & Sunstein, C. R. (2010). *Nudge – Wie man kluge Entscheidungen anstößt.* Berlin: Ullstein.

Vanguard (2014). *Putting a value on your value: Quantifying Vanguard Advisor's Alpha.* Valley Forge, Philadelphia: Vanguard Research.

zukunftsInstitut (2015). MEGATRENDS – Die Megatrend-Dokumentation. https://www.zukunftsinstitut.de/artikel/megatrend-dokumentation. Zugegriffen: 12. Mai 2016.

Teil II
Strategie/Risikomanagement

Anforderungen an den integrierten Datenhaushalt eines Kreditinstitutes im Kontext von BCBS 239 und MaRisk 6.0

5

Svend Reuse und Eric Frère

Inhaltsverzeichnis

Die in diesem Beitrag geäußerten Auffassungen sind die der Autoren und müssen nicht notwendigerweise mit denen der Stadtsparkasse Remscheid oder der FOM Hochschule für Oekonomie und Management übereinstimmen.

S. Reuse (✉)
Luxemburger Allee 121, 45481 Mülheim an der Ruhr, Deutschland
E-Mail: svend.reuse@gmx.de

E. Frère
Wolfsbachweg 66, 45133 Essen, Deutschland

© Springer Fachmedien Wiesbaden GmbH 2017
M. Seidel (Hrsg.), *Banking & Innovation 2017*, FOM-Edition,
DOI 10.1007/978-3-658-15785-2_5

5.1 Einleitung

Die Bankenlandschaft ist im Wandel. Auf der einen Seite nagen regulatorische Einflüsse, Konkurrenz durch Direktbanken, Fintechs und natürlich auch das Niedrigzinsniveau am Geschäftsmodell deutscher Kreditinstitute (vgl. u. a. Reuse 2014a, S. 30 f.; Dombret und Röseler 2015). Auf der anderen Seite verhelfen neue Technologien aber auch zu einer nie geahnten Informationsdichte und Transparenz in Bezug auf die Kunden. Im Grunde genommen hat kein Unternehmen mehr Daten über einen Menschen als eine Bank.

Auch in der Banksteuerung führt diese Technologie im *Soll-Zustand* zu dynamischen Reportings und der Möglichkeit, heute noch nicht bekannte Anforderungen der Bankenaufsicht zu beantworten. Auch die flexible Auswertungsmöglichkeit auf den Steuerungsdatenbestand ist in diesem Zielzustand problemlos möglich, Risikoreportings werden zeitnah und konsistent zur Verfügung gestellt, sodass die Geschäftsleitung schnell auf etwaige Änderungen reagieren kann.

Im *Ist-Zustand* sind die meisten Institute allerdings noch weit davon entfernt, diese Dinge wirklich nutzen zu können. Im Controlling vieler Banken ist die Datenqualität immer noch suboptimal, ein Großteil der Zeit wird für die Datenbeschaffung, -veredelung und -konsistenzprüfung verwendet, nicht aber für die eigentlich notwendigere Würdigung und Analyse der Zahlen (vgl. Reuse 2014b, S. 2). Die Finanzmarktkrise hat offenbart, dass Institute nicht in der Lage waren, den Aufsichtsbehörden die erforderlichen Daten zeitnah und vor allem korrekt und konsistent zur Verfügung zu stellen. Das vernichtende Urteil des BCBS (Basel Committee on Banking Supervision) sagt aus, „dass die Informationstechnologie- (IT) und Datenarchitektur vieler Banken für die umfassende Steuerung finanzieller Risiken nicht geeignet war" (BCBS 2013a, S. 1).

Der Baseler Ausschuss hat hierauf entsprechend reagiert und im Januar 2013 die „Grundsätze für die effektive Aggregation von Risikodaten und die Risikoberichterstattung (BCBS 239)" veröffentlicht (vgl. BCBS 2013a; diskutiert in Reuse 2014b, S. 2–6, 2015a).

Dieser Beitrag erweitert die Ausführungen aus Reuse (2014b, 2015a). Im ersten Schritt beschreibt er die nationalen und internationalen aufsichtsrechtlichen Anforderungen an Datenhaltung und -aggregation mit Stand 30.06.2016, noch *vor* Veröffentlichung der finalen MaRisk 6.0. Im zweiten Schritt werden der Umsetzungsstand und die Umsetzungsgaps bei deutschen Instituten aufgezeigt. Daraufhin werden konkrete Handlungsimplikationen für deutsche Institute formuliert, die es den Instituten nicht nur ermöglichen, die aufsichtsrechtlichen Anforderungen umzusetzen, sondern auch einen Nutzen hieraus zu ziehen. Das Fazit und der Ausblick auf die Zukunft runden den Beitrag ab.

5.2   Aufsichtsrechtliche Anforderungen an Datenaggregation

5.2.1   Baseler Ebene – Anforderungen des BCBS 239

5.2.1.1   Definition Risikodatenaggregation

Das BCBS-239-Papier wurde bereits im Januar 2013 – also vor mehr als drei Jahren – durch BCBS (2013a, S. 1 ff.) veröffentlicht und kann im Kontext der Schnelllebigkeit aufsichtsrechtlicher Regelungen (treffend diskutiert in Hager und Chowdhury 2016, S. 6) als vergleichsweise alt gelten. Mit nur 28 Seiten ist es recht knapp gehalten, birgt aber trotzdem einige Knackpunkte. Auch wenn es im ersten Schritt systemrelevante Institute adressiert (vgl. BCBS 2013a, S. 1), so ist auch eine Umsetzung für die sogenannten LSI (Less Significiant Institutions) angedacht. Dies geschieht über den AT 4.3.4 der MaRisk 6.0-E. Diese wurden bereits Anfang/Mitte 2015 intensiv diskutiert (vgl. Reuse 2015b basierend auf Bundesrat 2015 und Bunderegierung 2015). Konkreter wurde dies im Februar 2016, als die BaFin einen ersten Entwurf zu den MaRisk 6.0-E veröffentlichte (vgl. BaFin 2016a, 2016b; umfassend diskutiert in Reuse 2016a, 2016b).

Folglich ist es wichtig, die wesentlichen Erkenntnisse des BCBS 239 zu verstehen, um danach die Auswirkungen auf die Institute beurteilen zu können. Im Folgenden wird der auf den ersten Blick recht sperrige Begriff der Risikodatenaggregation definiert.

▶ **Risikodatenaggregation** „Der Begriff Risikodatenaggregation [umschreibt] die Definition, Erhebung und Verarbeitung von Risikodaten gemäss den Anforderungen an die Risikoberichterstattung einer Bank mit dem Ziel, dieser einen Abgleich der eigenen Performance gegenüber der bankinternen Risikotoleranz bzw. -bereitschaft zu ermöglichen. Hierzu zählen das Auswählen, Zusammenführen sowie Aufschlüsseln von Datensätzen" (BCBS 2013a, Tz. 8).

Diese ungewohnt weite Definition beinhaltet folglich nicht nur die semantische Definition von Risikodaten, sondern auch den gesamten Prozess der Erhebung und Aggregation zu einem Reporting. Zudem wird deutlich, dass die Aufsicht eine konsistente Datenhaltung voraussetzt (vgl. auch Reuse 2014b, S. 3). Auch wenn eine Beschränkung auf Risikodaten stattfindet, so sind dennoch auch die operativen Daten eines Institutes betroffen, da diese zu Steuerungsdaten veredelt werden. Ein Institut muss folglich seine gesamte Datenarchitektur zumindest in Frage stellen und an vielen Stellen an die neuen Anforderungen anpassen. Dies ist gerade vor dem Hintergrund der oftmals gewachsenen und heterogenen „Silolandschaft" der Datentöpfe und Systeme sehr aufwendig und auf jeden Fall mit hohen Kosten verbunden.

5.2.1.2 Darstellung und Würdigung der 14 Principles des BCBS

Das BCBS-239-Papier formuliert im weiteren Verlauf 14 Principles/Grundsätze zur erfolgreichen Umsetzung der Risikodatenaggregation. Diese werden umfassend in Reuse (2015a) diskutiert. Die Grundsätze 1 bis 11 betreffen die Umsetzung in den Instituten (vgl. BCBS 2013a, Tz. 26–73, S. 6–15), die Grundsätze 12 bis 14 zielen auf die aufsichtlichen Überprüfungen ab (vgl. BCBS 2013a, Tz. 74–85, S. 15–17). Tab. 5.1 stellt diese Grundsätze dar.

Es wird deutlich, dass die Umsetzung der abstrakten Inhalte nicht nur die Institute, sondern auch deren Rechenzentren und die Aufsicht vor große Herausforderungen stellt. Je früher mit der Umsetzung begonnen wird, desto besser. Das im Januar 2013 veröffentlichte Papier des BCBS sieht eine Umsetzungsfrist bis 2016 für die SI vor (vgl. BCBS 2013a, S. 17). Die nationale Umsetzung über die MaRisk 6.0 ist nur folgerichtig und war abzusehen (vgl. Reuse 2015b, S. 18 ff.). Doch ob und inwieweit sich die Institute schon hierauf eingestellt haben, zeigt Abschn. 5.3.

5.2.2 Nationale Ebene – MaRisk 6.0-E

5.2.2.1 Wesentliche Eckdaten der Konsultation 02/2016

Per 18.02.2016 veröffentlichte die BaFin einen Entwurf der MaRisk 6.0 (vgl. BaFin 2016a, 2016b). Eine umfassende Analyse hierzu findet sich in Reuse (2016a, 2016b). Der Entwurf der MaRisk ist lange erwartet worden, schließlich fanden sich schon Anfang/Mitte 2015 Formulierungen in der deutschen Rechtsprechung; auch von der Veröffentlichung als Verordnung war die Rede (vgl. Bundesrat 2015 und Bunderegierung 2015; diskutiert in Reuse 2015b, S. 18 ff.). Der aktuelle Entwurf der MaRisk 6.0 war ursprünglich bis zum 07.04.2016 zur Konsultation gestellt worden (vgl. BaFin 2016a, S. 5). Diese Frist wurde auf den 27.04.2016 verlängert (vgl. Hofer 2016). Mit einer Veröffentlichung der finalen Version der MaRisk ist noch 2016 zu rechnen, auch eine weitere Konsultation ist wahrscheinlich. Neben dem Thema der Datenaggregation haben die MaRisk auch die Anforderungen an das Reporting in einem separaten BT 3 gebündelt und harmonisiert. Dies zeigt Abschn. 5.2.2.2.

5.2.2.2 Anforderungen an Reporting und Datenaggregation

Neben härteren Anforderungen an die Datenqualität und an den Zeitraum zur Reporterstellung – bei großen Instituten wären dies nach BCBS 239 maximal zehn Tage (vgl. Reuse 2015b, S. 19) – werden auch deutlich höhere Anforderungen an die Reportings selbst gestellt. So heißt es im Anschreiben zur Konsultation: „Wichtig ist [...] zudem eine inhaltlich aussagekräftige Aufbereitung der Informationen, was ein ausgewogenes Verhältnis zwischen quantitativen und qualitativen Informationen beinhaltet." (BaFin 2016a, S. 3) Der Aussagekraft von Reportings und der knappen, aber vollständigen Berichterstattung kommt folglich eine besondere Bedeutung zu (vgl. Reuse 2016c, S. 713).

Tab. 5.1 Darstellung und Würdigung der 14 Grundsätze. (Vgl. Reuse 2014b, S. 4; in Anlehnung an BCBS 2013a, S. 20–22)

Nr.	Aspekt	Grundsatz (Zusammenfassung)	Würdigung
1	Governance	Basis für Risikodatenaggregation und Reporting sind strenge Prinzipien zur Unternehmensführung.	Das Thema war bisher eher nebensächlich, eine Verankerung auf Managementebene ist in den meisten Instituten noch nicht zu finden.
2	Datenarchitektur und IT-Infrastruktur	Die interne Daten- und IT-Architektur soll die Risikodatenaggregation und Risikoberichterstattung nicht nur unter gewöhnlichen Umständen, sondern auch in Stressphasen vollumfänglich abdecken.	Dies ist der Tatsache geschuldet, dass die Institute im Rahmen der Finanzmarktkrise nicht in der Lage waren, zeitnah und konsistent die erforderlichen Informationen zusammenzutragen. Hier besteht noch Aufholpotenzial für viele Institute.
3	Genauigkeit und Integriät	Eine Bank sollte in der Lage sein, genaue und verlässliche Risikodaten möglichst automatisiert zu generieren.	Auch wenn dies ein wünschenswerter Zustand ist, so sind die Systeme in den Instituten noch weit hiervon entfernt. Vielfach sind Medienbrüche vorhanden, es existieren verschiedene nebeneinander arbeitende Datensilos, und die Nutzung von Excel/Access ist immer noch weit verbreitet. Auch von einer Vollautomatisierung kann oftmals nicht die Rede sein, sodass hier erheblicher Nachholbedarf besteht.
4	Vollständigkeit	Eine Bank sollte in der Lage sein, sämtliche wesentlichen Risikodaten innerhalb des Konzerns zu generieren und zu aggregieren. Eine dynamische und an die Risikosicht angelehnte Auswertbarkeit (unter anderem nach Geschäftsfeldern, Branchen und Region) ist unabdingbar.	Hierunter werden sämtliche wesentliche Risikopositionen inklusive der außerbilanziellen Positionen verstanden. Dies dürfte in den meisten Häusern wenig problematisch sein, die dynamischen Aggregationsmöglichkeiten hingegen können je nach Konstellation durchaus zu Problemen führen.
5	Aktualität	Eine Bank sollte in der Lage sein, aggregierte und aktuelle Risikodaten in einem angemessenen zeitlichen Rahmen zu generieren, wobei dieser vom Risikogehalt und der Häufigkeit der Risikoberichterstattung abhängt.	Gerade in der Risikosteuerung ist dies oft problematisch, da die veredelten Daten meist erst ca. zwölf Arbeitstage später zur Verfügung stehen. Die für SI (Significant Institutions) aufgerufenen *zehn* Tage (vgl. Volk 2014, S. 59) sind ambitioniert und in den meisten Fällen nicht zu schaffen.
6	Anpassungsfähigkeit	Eine Bank sollte in der Lage sein, aggregierte Risikodaten zu generieren, um eine große Bandbreite an Ad-hoc-Anfragen an die Risikoberichterstattung und auch Anfragen der Aufsicht bearbeiten zu können.	Dies ist oft nicht gegeben, da die Systeme meist starr sind. Hier besteht ebenfalls Nachholbedarf, der sich jedoch oft nicht durch Modifikation der bestehenden Systeme, sondern nur durch eine komplette Neuentwicklung lösen lassen wird.
7	Genauigkeit	Risikomanagementberichte müssen aggregierte Risikodaten genau und präzise vermitteln und Risiken akkurat wiedergeben. Einzelne Berichte müssen abgeglichen und validiert werden.	Der Abgleich fällt aufgrund der heterogenen Datentöpfe oftmals schwer. Die präzise und akkurate Darstellung der Risikolage ist die „Königsdisziplin" der Steuerung und per se komplex, unabhängig von den Datentöpfen.

Tab. 5.1 (Fortsetzung)

Nr.	Aspekt	Grundsatz (Zusammenfassung)	Würdigung
8	Umfassender Charakter	Ein Risikomanagementbericht muss alle wesentlichen Risikobereiche, die einen Bankkonzern betreffen, abdecken.	Dies isoliert betrachtet ist nicht schwierig – allerdings schließen sich die Begriffe „klar" und „umfassend" im Kontext der Empfängerorientierung oft aus.
9	Klarheit und Nutzen	Risikomanagementberichte müssen klar und prägnant formuliert sein. Sie müssen leicht verständlich und gleichzeitig umfassend genug sein, um fundierte Entscheidungen zu ermöglichen.	Die adressatengerechte Aufbereitung der Risikoreports ist in der Praxis eine der größten Herausforderungen – gerade die Reports an die Aufsichtsorgane verlangen eine ganz andere Detailtiefe als die Quartalsberichte an die Geschäftsleitung.
10	Häufigkeit	Die Häufigkeit, mit der Risikomanagementberichte erstellt und verbreitet werden, ist vom obersten *Verwaltungsorgan* (Übersetzung von „bank's board" – eher „Geschäftsleitung") und von der *Geschäftsleitung* (Übersetzung von „senior management" – eher „Zweite Führungsebene") zu bestimmen. In Stressphasen oder Krisen ist die Häufigkeit der Berichte zu erhöhen.	Dauer der Reporterstellung oftmals zu lang. Gerade in Stresszeiten werden die bestehenden Systeme dies nicht mehr hergeben. Für SI stehen hier Zeiten von zehn Tagen im Raum, die für mittelständische Institute kaum zu schaffen sein werden. Zudem wird ein monatlicher Bericht erwartet (vgl. Zimpel 2013, S. 13; Volk 2014, S. 59).
11	Verbreitung	Risikomanagementberichte müssen unter Gewährleistung der Vertraulichkeit an die zuständigen Stellen verteilt werden.	Dies sollte schon heute Praxis in den Instituten sein. Eine Bereitstellung über elektronische und benutzergesteuerte Cockpitlösungen dürfte hier schon oft Standard sein.
12	Überprüfung	Die Aufsichtsinstanzen müssen in regelmäßigen Abständen die Einhaltung der elf bisher genannten Grundsätze innerhalb einer Bank überprüfen und evaluieren.	Es bleibt zu hoffen, dass dies mit Augenmaß geschehen wird, da der geforderte Soll-Zustand nicht in kurzer Zeit umgesetzt sein wird.
13	Korrektur- und Aufsichtsmaßnahmen	Die Aufsichtsinstanzen müssen über geeignete Instrumente und Ressourcen verfügen, um Mängeln bei der Umsetzung der elf Grundsätze aufzudecken. Dabei sollten ihnen unterschiedliche Instrumente zur Verfügung stehen, darunter Säule 2.	Dies bedeutet, dass eine Umsetzung über die MaRisk wahrscheinlich ist – wie es auch im aktuellen Konsultationsentwurf zu finden ist.
14	Grenzüberschreitende Zusammenarbeit	Die Aufsichtsinstanzen müssen mit den entsprechenden Behörden anderer Länder bei der Überwachung und Überprüfung der Grundsätze sowie bei der Umsetzung eventueller Korrekturmaßnahmen zusammenarbeiten.	Dies wird gerade bei international tätigen Instituten schwierig, da die Aufsichtsinstanzen die abstrakt formulierten Grundsätze differierend umsetzen können.

Tab. 5.2 fasst die wesentlichen Anforderungen der MaRisk in Bezug auf Reporting und Risikodatenaggregation zusammen und würdigt diese.

Viele der genannten Aspekte des BCBS 239 lassen sich in den MaRisk wiederfinden. Auch wenn die Anforderungen des AT 4.3.4 im ersten Schritt nur für SI gelten, so sind die Auswirkungen für die Reportings im BT 3 indirekt spürbar. Folglich sind auch LSI (Less Significant Institutions) gut beraten, wenn sie sich frühzeitig mit der Umsetzung beschäftigen.

5.2.3 Zwischenfazit zu den aufsichtsrechtlichen Anforderungen

Letztlich werden die Institute in Deutschland über BCBS 239 und die MaRisk 6.0-E zur Umsetzung der wesentlichen Anforderungen in Bezug auf Reporting und Datenaggregationskapazitäten gezwungen. Die Anforderungen sind zwar komplex hinsichtlich der Umsetzung, aber auch für die Institute selbst sinnvoll. Ein integrierter und dynamischer Datenhaushalt lässt sich auch für Geschäftsabschlüsse und die eigene Risikosteuerung nutzen. Auf lange Sicht lassen sich so sogar Kapazitäten sparen – dies setzt allerdings eine vollumfängliche und nachhaltige Umsetzung voraus. Hierauf wird in Abschn. 5.3 eingegangen.

5.3 Umsetzungsstand bei deutschen Kreditinstituten

5.3.1 Umsetzung bei systemrelevanten Instituten

Da systemrelevante Institute schon frühzeitig, nämlich ab Veröffentlichung des BCBS 239, mit der Umsetzung begonnen haben sollten, ist es naheliegend, dass diese Institute schon recht weit in der Umsetzung sind. Als Quelle für die Beurteilung des Umsetzungsstandes dienten bis 2014 die Selbsteinschätzungen der Institute (vgl. BCBS 2013b, 2015). Für die Zukunft sieht das BCBS allerdings eine unabhängige Studie vor, da die Selbsteinschätzungen der Institute nicht objektiv genug sein könnten (vgl. BCBS 2015, S. 5 f.).

Voster (2014) hat die Analyse der 30 GSIBs (Global Systemically Important Bank) aus Dezember 2013 analysiert (vgl. Voster 2014, S. 23; BCBS 2013b, S. 2) und kam zu der Erkenntnis, dass der Umsetzungsstand erschütternd ist. Gerade die Grundsätze 2, 3 und 6 zeigen hier eklatante Schwächen, aber auch die anderen Grundsätze sind weit von einer adäquaten Umsetzung entfernt. Hughes und Grody (2016) bestätigen dies auf Basis des Fortschrittsberichtes 348 des BCBS aus Dezember 2015 mit Stand 2014 (vgl. BCBS 2015, S. 4). Bruckner (2015, S. 1) führt aus, dass 14 von 30 Banken nicht in der Lage wären, alle Prinzipien bis 2016 umzusetzen. Abb. 5.1 verdeutlicht diese Erkenntnisse und stellt die Entwicklung des Umsetzungsstandes 2013 und 2014 einander gegenüber.

Tab. 5.2 Anforderungen der MaRisk an Datenaggregation und Reporting. (In Anlehnung an Reuse 2016a, S. 2)

MaRisk 6.0-E		Institute		Würdigung	Fazit
Tz.-E	Wesentlicher Inhalt	Groß	Alle	Analyse	
AT 4.3.4 (1–7)	**Management von Risikodaten** Systemrelevante Institute (>30 Mrd. €) müssen **Risikodaten** angemessen managen (Tz. 1). Daten müssen identifiziert, zusammengeführt und ausgewertet werden können (Tz. 2). Die Risikodaten müssen vollständig und nach unterschiedlichen Kategorien auswertbar sein, die **Datenqualität** muss überwacht und mit anderen Informationen plausibilisiert werden (Tz. 3). Die Daten sind im Institut mit anderen vorhandenen Informationen abzugleichen und zu plausibilisieren (Tz. 4). Darüber hinaus müssen die Institute über relevante Daten auch in Stresssituationen zeitnah verfügen können (Tz. 5). Die Datenaggregationskapazitäten müssen flexibel und leistungsfähig sein, um auch Ad-hoc-Berichterstattungen zu ermöglichen (Tz. 6). Es sind prozessunabhängige Kontrollen für die Datenaggregationen festzulegen (Tz. 7).	X		Diese Regelungen sind den BCBS 239 entnommen und führen zu umfassenden Änderungen in der IT. Neben Datenqualitätsmanagement wird auch das Thema Reports in Krisenzeiten angeschnitten – hier stoßen viele Bank-IT-Lösungen schon heute an ihre Grenzen. Die Umsetzung ist zwar wichtig, wird aber nicht auf kurze Sicht zu schaffen sein. Die Betonung und die Aufnahme in die Strategie zeigt, wie wichtig der Aufsicht dieses Thema ist. Eine Aufnahme in die Strategie bedingt eine Diskussion mit dem Aufsichtsorgan etc.	☹
BT 3.1 (4)	**Zeitraum der Erstellung** Unter Einbeziehung einer Öffnungsklausel sind die Reports zeitnah zu erstellen, sodass damit gesteuert werden kann.		X	Die Definition von zeitnah wären analog BCBS 239 zehn Tage. Es ist zu begrüßen, dass die MaRisk hier keine konkreten Vorgaben enthalten.	😐

Tab. 5.2 (Fortsetzung)

MaRisk 6.0-E			Institute		Würdigung	Fazit
Tz.-E	Wesentlicher Inhalt		Groß	Alle	Analyse	
BT 3.1 (1) BT 3.2 (2) BT 3.2 (2) Erl.	**Anforderungen an Risikoberichte** Die Risikoberichte müssen auch eine zukunftsorientierte Risikoein-schätzung abgeben und sich nicht ausschließlich auf aktuelle und historische Daten stützen. Das Reporting hat zu beinhalten: - Informationen zu wesentlichen Risiken - Stresstestergebnisse - Risikokonzentrationen - Kapitalausstattung und -planung - Liquiditätskennziffern - Refinanzierungspositionen - Prognosen zu den o. g. Entwicklungen Haben sich keine relevanten Änderungen ergeben, kann im Rahmen der aktuellen Berichterstattung auf Vorreports verwiesen werden.			X	Die Anforderungen in quantitativer und qua-litativer Hinsicht steigen deutlich. Nicht alle Positionen wurden bisher explizit so benannt, zudem verkürzt sich der Turnus für einige Aspekte wie Kapitalplanung auf vierteljähr-lich. Allerdings erleichtert die Öffnungsklausel in Bezug auf den Verweis auf Vorreports die Arbeit deutlich, sodass es sich in Summe eher um Klarstellungen handelt. Ansonsten besteht BT 3.2 primär aus Überfüh-rungen aus anderen Teilen der MaRisk. Auf die in der Praxis eher sperrigen Strukturübersichten im Bereich Adressrisiken wurde leider nicht verzichtet.	☺
BT 3.4 (1–5) & Erl.	**Berichte aus Markt & Handel an den zuständigen Dezernenten** Die **Marktbereiche im Kreditgeschäft** haben monatlich einen Be-richt über die Geschäftssituation in ihren Bereichen zu erstellen, die auch einen Überblick über die Engagements der Intensivbetreuung enthalten. Der **Handel** hat am nächsten Tag einen Bericht abzugeben. Es kann auf den Bericht der Risikocontrollingfunktion zurückgegriffen wer-den. Das **Liquiditätsrisikomanagement** hat gegebenenfalls täglich zu berichten. Der Bereich **Treasury** hat monatlich, wöchentlich oder gegebenen-falls täglich einen Bericht zu erstellen.			X	Diese Ausführungen sind neu – bisher war das Reporting Aufgabe der Risikocontrolling-funktion. Berichten nun mehrere Stellen, sind Diskussionen über die Richtigkeit und ein Ab-gleich der Reportings vorprogrammiert. Zudem werden hier hohe Anforderungen an Daten gestellt, wenn jeder Markt- und Han-delsbereich separate Datentöpfe zur Verfügung haben soll.	☹

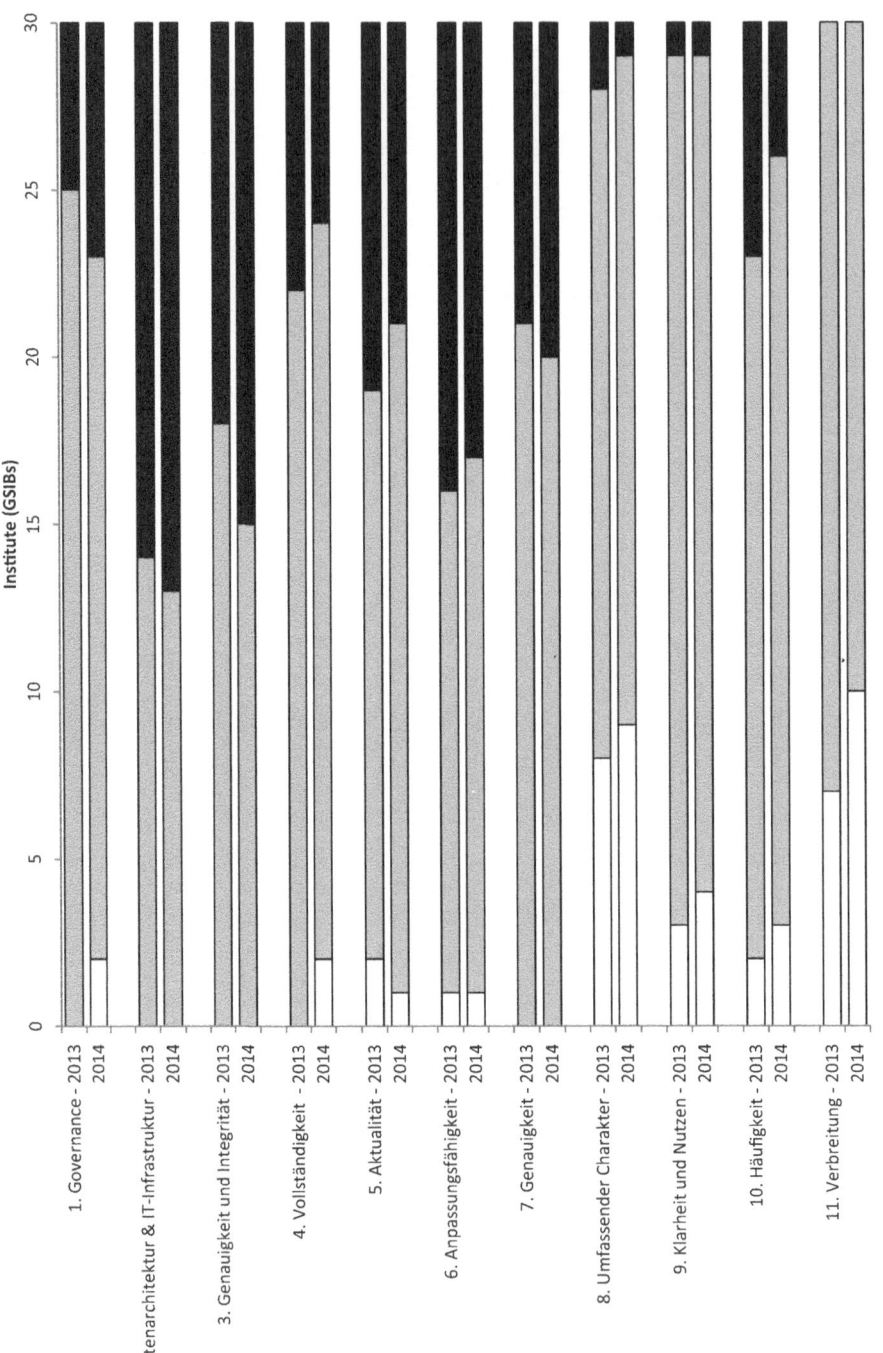

Abb. 5.1 Umsetzung des BCBS 239 der GSIB 2013 und 2014. (In Anlehnung an BCBS 2013b, S. 2; Voster 2014, S. 23; BCBS 2015, S. 4; Hughes und Grody 2016)

Es ist zu erkennen, dass kaum Verbesserungen in der Umsetzung stattgefunden haben. Noch immer ist gerade Grundsatz 2 nicht oder nur kaum umgesetzt, hier hat sogar ein Institut eine schlechtere Einschätzung als im Vorjahr abgegeben. Vier Herausforderungen zur Umsetzung lassen sich laut BCBS (2015, S. 5 f.) herausarbeiten:

1. flexible Umsetzung des Grundsatzes der Wesentlichkeit,
2. Datenarchitektur und IT,
3. Genauigkeit und Integrität,
4. Risikoreporting.

An diesen Stellen müssen die Institute noch umfangreich arbeiten, bevor eine Erfüllung des BCBS 239 konstatiert werden kann. Circa 65 % der Umsetzungsaufwände betreffen den Bereich der IT-Architektur, 15 % die Berichts- und Abstimmprozesse (vgl. Deloitte 2014, S. 2).

Mit einer vollständigen Umsetzung des BCBS 239 vor 2018 ist Stand heute nicht zu rechnen (vgl. Hughes und Grody 2016; BCBS 2015, S. 3). Dies macht es gerade für die großen deutschen Institute schwierig – durch die MaRisk wird eine zeitnahe Umsetzung angewiesen werden. Allerdings kann dem entgegengehalten werden, dass der BCBS schon seit 2011 an diesem Papier gearbeitet hat (vgl. BCBS 2015, S. 2) – genug Zeit zur Umsetzung war aus Sicht der Autoren folglich vorhanden.

5.3.2 Umsetzung bei Less Significant Institutions (LSI)

Die MaRisk 6.0 sollen im ersten Schritt ausschließlich für große und komplexe Institute gelten. Dies wird nach BaFin (2016b, AT 4.3.4 Tz. 1 Erl.) ab einer Bilanzsumme von 30 Mrd. Euro angenommen. Diese Regelvermutung wird im Rahmen der Konsultation aber kritisch gesehen (vgl. Deutsche Kreditwirtschaft 2016, S. 8).

Auf den ersten Blick scheinen die kleinen Institute nicht von der Regelung betroffen – auf den zweiten Blick ist dies jedoch anders. Zum einen gelten die erhöhten Reportinganforderungen der MaRisk auch für diese, zum anderen muss ein Rechenzentrum, das neben vielen kleinen Instituten auch einige wenige große Institute betreut, die Anforderungen des BCBS 239 vollständig umsetzen. Dies trifft zum Beispiel auf die Finanz Informatik mit den angeschlossenen Großsparkassen und Landesbanken zu.

Folglich gilt es auch, die Umsetzungsschwierigkeiten für LSI zu analysieren. Dies zeigt Abb. 5.2, welche die Anforderungen des BCBS 239 mit dem erwarteten Umsetzungsaufwand für LSI versieht.

Für die LSI gelten folglich ähnliche Aspekte wie für die großen Institute: Die größten Herausforderungen existieren bei der Umsetzung der Risikodatenaggregation sowie bei der Häufigkeit und der Zeitnähe der Reportings. Dies überrascht nicht – die Größe eines Institutes ist nicht zwingend ausschlaggebend für die Komplexität der Risikodatenaggregation (vgl. auch Deutsche Kreditwirtschaft 2016, S. 8). Auch LSI haben einen großen

Abb. 5.2 Würdigung der Grundsätze des BCBS 239 aus Sicht der LSI. (In Anlehnung an Reuse 2015a; Reibchen und Huch 2014, S. 77; KPMG 2013, S. 4; BCBS 2013a, S. 20–22)

Nachholbedarf bei der Umsetzung des BCBS 239 und der zumindest perspektivisch zu erwartenden Ausdehnung der MaRisk 6.0 auf LSI.

5.3.3 Zwischenfazit zum Umsetzungsstand

Die Analyse des Umsetzungsstandes hat gezeigt, dass sowohl GSIB als auch LSI erhebliche Lücken bei der Umsetzung der Anforderungen des BCBS 239 aufweisen. Es ist nicht absehbar, dass sich diese noch im Jahr 2016 auflösen werden, sodass die Institute und vor allem deren Rechenzentren vor einer großen Aufgabe stehen. Das Ziel muss die Umsetzung des BCBS 239 sein – allerdings sollten die Institute dies nicht als notwendiges Übel, sondern als Chance zur Verbesserung der eigenen Datenqualität und damit der eigenen Wettbewerbsfähigkeit sehen. Mit einem konsistenten Datenhaushalt und der dynamischen Auswertbarkeit von Datentöpfen lassen sich auch Synergien erzielen und Akquisen am Kunden verbessern. Auf jeden Fall ist der Zeitfaktor das größte Problem – selbst wenn die Umsetzung heute angestoßen wird, dauert es Jahre, bis diese Investitionen ihre Wirkung entfalten können (vgl. auch Reuse 2015a).

5.4 Handlungsimplikationen für deutsche Kreditinstitute

In dem Bewusstsein, dass die BCBS-239-Anforderungen mittelfristig für alle Institute gelten, lassen sich mehrere Handlungsimplikationen für deutsche Institute aufzeigen, die im Folgenden diskutiert werden.

5.4.1 Einführung eines Data Warehouses

Die Anforderungen des BCBS 239 an eine konsistente und steuerungsrelevante Daten(bank)architektur sind nach Ansicht der Autoren und auch nach Stumpenhagen und Stumpenhagen (2016, S. 12) nicht wirklich neu. Schon vor 25 Jahren, im Jahr 1992, führte Inmon in Bezug auf das Data Warehouse (DWH) Konzept aus: „A data warehouse is a subject oriented, integrated, non-volatile, and time variant collection of data in support of management's decision." (Inmon 1992, S. 25) Schon aus der Formulierung wird deutlich, dass sich die Grundideen von BCBS 239 und DWH decken. Die vier Kriterien für ein DWH gilt es, im nächsten Schritt näher zu analysieren. Tab. 5.3 verdeutlicht dies.

Ein gut funktionierendes DWH ist die Voraussetzung für eine dynamische und nachhaltige Umsetzung des BCBS 239 (vgl. auch Reuse 2015a). Das einheitliche Datenmodell, das im DWH Voraussetzung ist, ist genau das, was das BCBS 239 fordert. Folglich ist die erste zentrale Handlungsempfehlung für die Institute, ein DWH einzuführen bzw. die bestehenden Systeme diesbezüglich zu optimieren. Das DWH hat seine Stärken in der dynamischen Aufbereitung von Daten und der Historisierung von Steuerungsdaten.

Tab. 5.3 Merkmale eines DWH nach Inmon. (In Anlehnung an Reuse und Propach 2005, S. 396)

Merkmal	Erläuterung
subject oriented *(subjektorientiert)*	Das bedeutet, dass nicht der Prozess der Datenverarbeitung, sondern vielmehr das Objekt, zum Beispiel der Kunde, das Produkt, die Region oder die Zeit im Vordergrund steht.
integrated *(vereinheitlicht)*	Es muss ein einheitliches Datenmodell vorliegen, in welchem jeder Begriff personen- und abteilungsunabhängig gleich definiert ist. Dies führt aus EDV-Sicht wiederum dazu, dass ein Datensatz mehreren Prozessen zur Verfügung steht. Doppelerfassung wird vermieden, was gleichzeitig die Fehleranfälligkeit minimiert.
non-volatile *(zeitbeständig)*	Wird ein Datensatz in der Praxis geändert, wird er oftmals einfach überschrieben, ohne den Ursprungswert zu historisieren. Gerade diese sogenannte Datenhistorie ist jedoch wichtig, wenn Vergleichsanalysen durchgeführt werden sollen.
time-variant *(zeitraumorientiert)*	Neben der reinen Datenhistorie muss auch nach Zeiträumen und nicht nur nach Zeitpunkten analysiert werden können.

Abb. 5.3 verdeutlicht das Zusammenspiel der 14 BCBS-Anforderungen mit den fünf Schichten eines DWH. Kemmer und Lenhardt (2016, S. 58 ff.) sehen dies ähnlich. In deren Projektplan wird deutlich, dass auch hier ein Data Warehouse präferiert wird.

Es wird deutlich, dass elf der 14 Grundsätze das Reporting und die Datenaufbereitung der Reports betreffen. Ein DWH ist folglich ein zentraler Erfolgsfaktor für die Umsetzung des BCBS 239. Allerdings lassen sich auch Kritikpunkte anführen. Krah (2014, S. 11) formuliert: „Der einheitliche Datenhaushalt für alle Belange der Bank ist in den Häusern ein Dauerthema. So kann sicherlich fast jede Bank über ein unternehmensweites Data-Warehouse-Projekt berichten – und darüber, dass die meisten Projekte angesichts des allumfassenden Anspruchs gescheitert sind." Das Kostenrisiko bei der Einführung ist nicht zu unterschätzen. Deshalb ist es nur zu verständlich, dass viele Institute die Umsetzung scheuen – ist es doch zum einen die Operation am offenen Herzen der IT-Systeme und zum anderen ein Aufwand, der in den aktuellen Krisenzeiten nur zu gern gescheut wird. Die ungewohnt klare Aussage der deutschen Aufsicht, dass ein „zehn- bis 20-jähriger Investitionsstau in der Risk-IT" (Volk 2014, S. 56) vorliegt, überrascht folglich nicht. Auch dass die Umsetzung des BCBS 239 angabegemäß Milliarden kostet, ist dann nur die Folge des angedeuteten Investitionsstaus (vgl. o.V. 2014, S. 340).

Bei der Umsetzung sollte nach Krah (2014, S. 11) folglich eine „80/20"-Lösung angestrebt werden. Zum einen werden hierdurch bereits viele Anforderungen umgesetzt, zum anderen lassen sich alle potenziellen Anforderungen der Aufsicht sowieso nicht vollumfänglich antizipieren. Kemmer und Lenhardt (2016, S. 58) merken aber zu Recht an, dass „[e]ine wesentliche Herausforderung für die erfolgreiche Umsetzung der BCBS 239-Anforderungen [darin] liegt [...], Abhängigkeiten zu künftigen regulatorischen Entwicklungen zu antizipieren und nach Möglichkeit zu berücksichtigen".

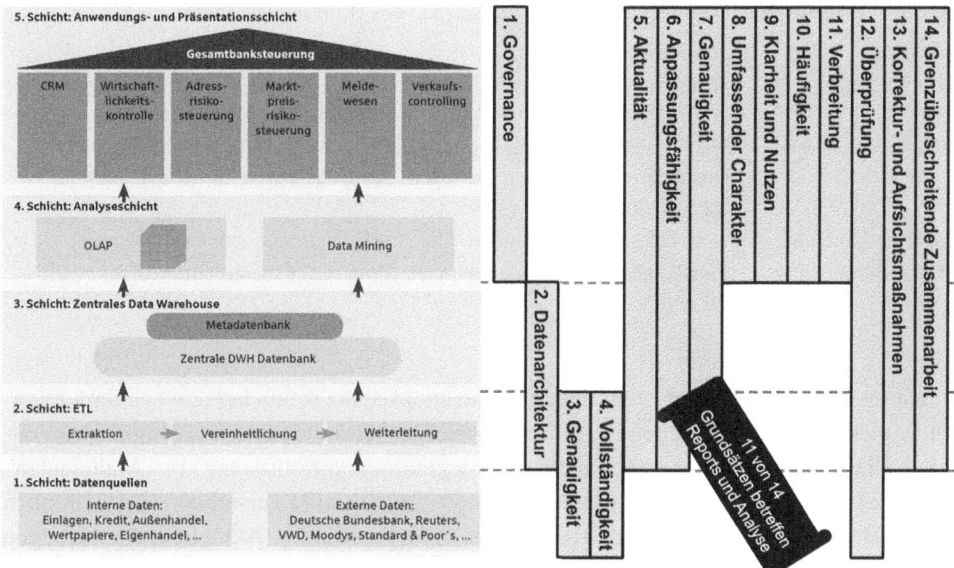

Abb. 5.3 Zuordnung der Grundsätze zum Data Warehouse. (Vgl. Reuse 2015a; in Anlehnung an Reuse und Propach 2005, S. 397; Golla et al. 2014, S. 33)

Die kritischen zu optimierenden Aspekte des DWH sind

- Datenqualität (vgl. auch Stumpenhagen und Stumpenhagen 2016, S. 12),
- Transaktion und Aggregation sowie
- die Schaffung des zentralen integrierten Datenpools (vgl. Zimpel 2013, S. 12).

Folglich ist ein Institut gut beraten, diese Aspekte im Rahmen der Implementierung bzw. Optimierung zu berücksichtigen. Wichtig ist aber die Priorisierung auf höchster Ebene. Gogarn (2016, S. 20) formuliert treffend: „Die Transformationen [der IT-Infrastruktur] dürfen nicht Selbstzweck sein, sondern müssen strategisch verankert werden und auf geschäftspolitischen Grundlagen stehen."

5.4.2 Schaffung von Konsistenz in den Systemen

Ein Hauptproblem bei der Aggregation der Daten ist deren Konsistenz. Je nach Steuerungssystem, Datenbank oder auch Endempfänger ist es ein zentraler Erfolgsfaktor, dass alle Beteiligten von Demselben sprechen und dass die Datenbanken dieselben Inhalte nicht unterschiedlich bezeichnen und vice versa (vgl. auch Kemmer und Lenhardt 2016, S. 58 ff.). Dies lässt sich am Beispiel des Bruttoneugeschäftes eines Institutes darstellen. Hierunter verstehen verschiedene Personen in einem Institut verschiedene Dinge. Dies zeigt Tab. 5.4.

Tab. 5.4 Inkonsistente Definitionen am fiktiven Beispiel des Bruttoneugeschäftes

Gruppe	Definition
Kreditberater	Neues, bewilligtes Geschäft, egal ob KK-Linie oder Inanspruchnahme – zum Zeitpunkt der Bewilligung, unabhängig von der Valutierung.
Zinsbuchsteuerer	Festzinsausläufe der Inanspruchnahmen von Darlehen, bestehend aus Zinsabläufen und neuen Darlehen – zum Zeitpunkt der Einbuchung in das System.
Vertriebscontroller	Neue Darlehenseröffnungen ohne Prolongationen – bei Valutierung.
Bestandscontroller	Alle Zuwächse im Darlehen, auch wenn dieses bereits im Vorjahr bewilligt wurde.

Dieses einfache Beispiel zeigt, dass die Datenkonsistenz schon bei den beteiligten Personen nicht zwingend gegeben ist. Noch schwieriger wird dies in der technisch-semantischen Umsetzung. Wichtig ist vor allem die Integration und Konsistenz von „Meldedaten" und „Steuerungsdaten" (vgl. Reuse 2014b, S. 5). Oftmals sind verschiedene Abteilungen für die Bereiche „Meldung" und „Risikocontrolling" zuständig. Aktuelle Entwicklungen im europäischen Melderecht, zum Beispiel FinaRisikoV (Finanz- und Risikotragfähigkeitsinformationenverordnung, vgl. auch Reuse 2015c, S. 41 f.), COREP (Common Reporting Framework), FINREP (Financial Reporting Framework), BISTA (Bilanzstatistik) etc. führen jedoch dazu, dass sich diese Datenbasen immer mehr angleichen müssen, da auch die Aufsicht solche Qualitätskontrollen durchführt. Abb. 5.4 veranschaulicht die betroffenen Datentöpfe am Beispiel der Sparkassen.

Zu erkennen ist, dass verschiedenste Datentöpfe harmonisiert werden müssen. Die externen COREP und FinaRisikoV-Meldungen genauso wie die BISTA und die Offenlegung basieren auf differierenden Datentöpfen im Vergleich zur internen Prognose des Jahresüberschusses, der EWB (Einzelwertberichtigungen) Prognose und den Risikoreports und dem Risikomonitoring des DSGV (Deutscher Sparkassen- und Giroverband). Die Hauptaufgabe ist im ersten Schritt die Bestandsaufnahme der wesentlichen Risikodaten sowie

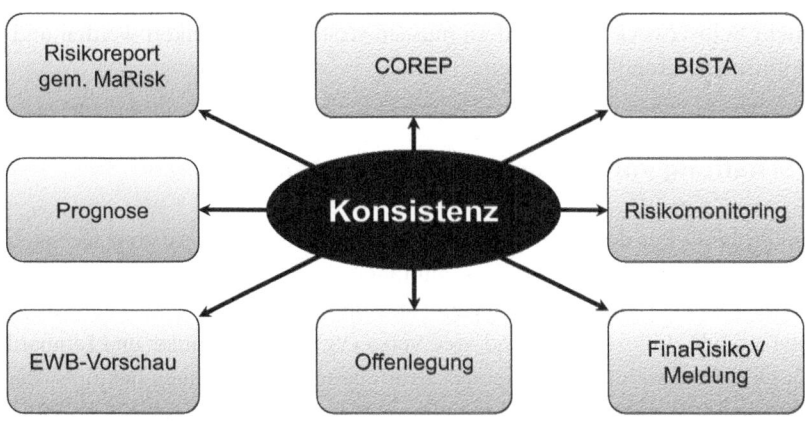

Abb. 5.4 Konsistenz der Datentöpfe

deren Harmonisierung in technischer und auch organisatorischer Sicht. Das Fernziel muss die vollständige Konsistenz und die Möglichkeit der vollautomatischen Überführbarkeit ineinander sein (vgl. Reuse 2014b, S. 5).

5.4.3 Automatisierung der Regelreportings

Eines der Kernziele des BCBS 239 ist die Automatisierung und die zeitnahe Erstellung der Reports. In vielen Häusern werden Reports und auch Rechnungen allerdings noch semimanuell mit Excel-Access-Kombinationen erstellt (vgl. Reuse 2015a). Lange Erstellungszeiten von bis zu vier Wochen sind leider immer noch die Regel. Dies ist nicht nur fehleranfällig, sondern auch starr. Elektronische Cockpits wie SIMON (Soll-Ist-Monitoring) im genossenschaftlichen Bereich oder das Management-Cockpit der Finanz Informatik bieten hier die Möglichkeit der flexiblen und vollautomatischen Bereitstellung der Informationen (vgl. Finanz Informatik 2016, S. 44).

Abb. 5.5 stellt die Vorteile am Beispiel des Management Cockpits dar. Auch MaRisk-Reportings werden ab 2016/2017 laut Finanz Informatik (2016, S. 44) über das Management-Cockpit abbildbar sein. Ein solches technisch basiertes Cockpit ist aus Sicht der Autoren die einzige Möglichkeit, perspektivisch die Anforderungen des BCBS 239 zu erfüllen und gleichzeitig Synergien zu heben.

Qualität verbessern	• Keine Erfassungsfehler durch manuelle Bearbeitung z.B. in Excel • Freigabe im Vier-Augen-Prinzip • Zugriff auf konsistenten aktuellen Datenbestand und qualitätsgesicherte Kennzahlen
Transparenz erhöhen	• Herkunft und Aktualität der Kennzahl jederzeit nachvollziehbar • Zielgerichtete Auswahl von Informationen • Kopfmonopole können abgebaut werden • Operationelle Risiken durch Personalwechsel werden reduziert
Sicherheit gewährleisten	• Datenhistorisierung und -sicherung von automatisiert und individuell angelieferten Daten in einem MaRisk-konformen Datenpool (Financial Warehouse, S-Datawarehouse) • OPDV-freigegebene Anwendungen
Regulatorische Anforderungen erfüllen	• Verstärkter Fokus der Bankenaufsicht auf Datenhaltung, -qualität und Datenmanagement sowie interne Berichterstattung • Automatisierte Anpassung auf neue regulatorische Anforderungen wie Basel III
Aufwand reduzieren	• Automatisierte Datenanlieferung, Datenhaltung und -historisierung • Voradministrierte DSGV-Musterberichte vorhanden • Automatisierte Übertragung und Aktualisierung von Management-Informationen in PowerPoint (Gremienreporting)

Abb. 5.5 Vorteile des Management-Cockpits. (In Anlehnung an Finanz Informatik 2014, S. 2)

5.4.4   Einführung eines Datenqualitätsmanagers

Wie immer in einer Stab-Linien-Organisation, wie sie typischerweise in Banken zu finden ist, ist die Frage der Verantwortung ein zentraler Erfolgsfaktor. Aufgrund der sequenziellen Abarbeitung der Geschäftsvorfälle sind die Mitarbeiter zwar für die Prozesse, nicht aber für die Datenqualität verantwortlich. Zudem kann eine gute Datenqualität nur prozessübergreifend erreicht werden. Es bietet sich folglich an, eine zentrale Stelle im Haus zu benennen, welche als „Datenqualitätsmanager" für die Konsistenz, Richtigkeit und Vollständigkeit der Daten verantwortlich ist (vgl. Reuse 2014b, S. 5). Diese Stelle kostet auf den ersten Blick Geld. Aufgrund der Budgetkürzungen wurden diese „schleichenden" Qualitätseinbußen nach Thun (2014, S. 70 ff.) oftmals wissentlich in Kauf genommen. Auf den zweiten Blick wird sich eine solche Stelle aber rechnen. Es ist immer besser, proaktiv die Datenqualitätsprozesse zu verbessern als im Nachhinein die Fehler zu bereinigen. Je mehr Institute in den angewiesenen Prozessen redundante oder gar falsche Daten zulassen, je mehr Daten dezentral erfasst werden und keiner entsprechenden Qualitätskontrolle unterliegen, desto eher ist eine zentrale Stelle zur Wahrung der Datenqualität erforderlich (vgl. Reuse 2015a). Der Inhaber dieser Stelle muss über verschiedene Fähigkeiten verfügen. Zum einen sind tiefgehende Datenbankkenntnisse und eine IT-Ausbildung unabdingbar. Zum anderen müssen aber auch umfassende und übergreifende Kenntnisse über die Bankprozesse und die Organisation vorliegen, um die Schwachstellen im Prozess der Datenerfassung erkennen zu können.

Tab. 5.5 Mögliche beispielhafte Prüffelder für den Datenqualitätsmanager. (In Anlehnung an Reuse 2015a; Reuse 2014b, S. 5)

Was ist zu prüfen?	Wichtig für:
Zu alte Ratings	Risikoberichte, Meldewesen
Sicherheiten ohne Bewertungsdatum	Meldewesen, Kreditprozesse, Risikoberichte
Kundensystematiken (KUSY), vor allem auf der Passivseite	Risikoberichte, aber auch Meldewesen, insbesondere COREP
Sonderkonditionen und deren Verschlüsselung	§ 25 (8) KWG, Vertriebscontrolling, Margensteuerung, Zinsbuchsteuerung
Abgleich „KUSY – Kundentyp – Beruf des Kunden": Aufzeigen von Inkonsistenzen	Vertriebscontrolling, Potenzialermittlung, Meldewesen
Verwendungszwecke Darlehen	Meldewesen, Vertriebscontrolling
Abgleich der vorgemerkten versus gebuchten EWB	Meldewesen, Risikoreport, Risikomessung
Abgleich Betreuerdaten	Sicherstellen einer Zuordnung im Rahmen einer Disposition, Vertriebscontrolling
Konsistente Verbünde zwischen Vertriebscontrolling und Meldewesen	Vertriebssteuerung, Meldewesen, Potenzialanalyse
Abgleich Kontaktdaten (Wohnort, E-Mail, Telefon)	Vertriebssteuerung, Ansprachen, aber auch regional orientierte Potenzialanalyse

Neben dieser prozessual ausgerichteten Aufgabe müssen auch proaktiv Datenbereinigungen und sinnvolle Querabstimmungen durchgeführt werden, um Dateninkonsistenzen zu vermeiden. Tab. 5.5 verdeutlicht mögliche Prüffelder für einen Datenqualitätsmanager.

Es wird deutlich, dass sich hierdurch auch für den Vertrieb einer Bank Synergien erzielen lassen. Nur mit richtigen Adressdaten lässt sich Vertrieb machen, nur bei vollständigen Kundendaten können diese unter Beachtung der Datenschutzrichtlinien zur Optimierung der Bedarfsanalyse eingesetzt werden. Auch die Risikoklassifizierungsverfahren der Bank können mit besseren Daten eine signifikantere Trennschärfe erzielen.

Das „Tückische" beim Thema Datenqualität ist, dass die Aufsicht nun Dinge abfragt, die vor einiger Zeit noch völlig nebensächlich waren. Ein Datenqualitätsmanager muss auch dies berücksichtigen, um proaktiv tätig werden zu können. Letztlich muss er schon heute den Bedarf der Aufsicht von morgen erkennen.

5.4.5 Verzahnung der betroffenen Bereiche

Neben der Einrichtung der Stelle eines Datenqualitätsmanagers müssen auch organisatorische Maßnahmen ergriffen werden. Die betroffenen Bereiche – Kreditbereich, Meldewesen, Controlling, Marktfolge Passiv – müssen ein gemeinsames Verständnis für die Datenqualität und die Notwendigkeit zur permanenten Verbesserung erarbeiten. Hierbei handelt es sich weniger um ein Sachthema als vielmehr um Führungsaufgaben im mittleren Management, die ein gegenseitiges Verständnis bewirken müssen. Nur wenn dieses gegeben ist, liegt eine selbstlernende Organisation vor, die sich proaktiv auf sich ändernde Umstände wie zum Beispiel die Wohnimmobilienkreditrichtlinie (vgl. WKR 2016, S. 396 ff.) einstellen kann.

5.4.6 Änderungen im Vertriebsprozess

Auch der Vertriebsprozess muss sich ändern. Es ist unabdingbar, dass die am Kunden erhobenen Daten in einem klar regulierten Prozess und in einer klaren Datenfeldarchitektur in das System eingegeben werden. Freitextfelder sind weitestgehend zu vermeiden, alle relevanten Daten des Kunden müssen fallabschließend und kanalübergreifend im System eingegeben werden können. Diese Grundidee wurde bereits in Frère et al. (2008, S. 30 f.) andiskutiert.

Ähnliches gilt auch für die Endgeräte. Egal, ob der Kunde im Internet Daten einpflegt, beim Berater am PC sitzt oder dieser mit dem iPad beim Kunden sitzt – Oberfläche und Technik müssen identisch sein. Dies ist der Finanz Informatik mit der Einführung von OSPlus_neo gelungen (vgl. Finanz Informatik 2016, S. 7 ff.). Auf diesem Weg werden auch die operativen Daten qualitativ besser und führen am langen Ende zu einfacheren und redundanzfreien Daten, die zu sinnvollen Steuerungsdaten aggregiert werden können.

5.4.7 Nutzungsmöglichkeiten im Rahmen der Vertriebssteuerung

Wie bereits mehrfach angedeutet, sind die Nutzungsmöglichkeiten im Kundengeschäft sehr umfassend. Zum einen lassen sich Rating- und Scoringsysteme besser parametrisieren, zum anderen führen Data-Mining-Analysen zu wertvollen Erkenntnissen in der Kundenanalyse (vgl. exemplarisch Institute of International Finance 2016, S. 3). Es bietet sich an, diese positiven Erkenntnisse proaktiv zu kommunizieren, um die Umsetzung des BCBS 239 als Erfolgserlebnis und damit „positive Energie" vermarkten zu können. Letztlich ist es wie bei jedem IT-Projekt – am langen Ende wird der Erfolg durch die Akzeptanz bei den betroffenen Mitarbeitern bestimmt.

5.5 Fazit und Ausblick

Die Ausführungen in diesem Beitrag haben gezeigt, dass die Institute, egal ob „groß" oder „klein", noch weit von der vollständigen Umsetzung der Anforderungen des BCBS 239 entfernt sind. Auch wenn die MaRisk 6.0-E für „große" Institute bald verpflichtend werden, ist wohl im Rahmen der Konsultation bewusst auf die Konkretisierung des Zeitraums verzichtet worden. Letztlich ist wohl auch der deutschen Aufsicht klar, dass die Umsetzung in 2016 utopisch ist. Vor 2018 werden die meisten Institute nach Hughes und Grody (2016) und BCBS (2015, S. 3) hier keinen Vollzug melden können.

Auch wenn eine zeitversetzte Umsetzung positiv zu sehen wäre, sollten gerade die „großen" Institute bedenken, dass die Umsetzung bereits seit fünf Jahren geplant ist (vgl. BCBS 2015, S. 2) – diese Institute hätten aus Sicht der Autoren somit bereits einen stärkeren Fokus auf die Umsetzung der Anforderungen legen können. Letztlich hat die Finanzmarktkrise hier Schwächen offenbart, die es zu beseitigen gilt (vgl. Stumpenhagen und Stumpenhagen 2016, S. 12).

Aber auch „kleine" Institute sollten mit der Umsetzung beginnen – indirekt sind sie über die Rechenzentren, welche für einige „große" Institute die Umsetzung vornehmen müssen, sowieso an der Umsetzung beteiligt. Zudem bietet sich hier die Möglichkeit, auch positive Aspekte im Hinblick auf Datenqualität und Reporting umzusetzen. In Zeiten der Niedrigzinsphase werden nicht die Erfolge der Vergangenheit entscheidend sein, sondern die Kenntnis über den Kunden und dessen Bedürfnisse – und natürlich die Umsetzung dieser Bedürfnisse in den Produkten des eigenen Hauses.

5.6 Zusammenfassung

Die Anforderungen an das Datenmanagement der Kreditinstitute sind seit der Veröffentlichung des BCBS 239 stark gestiegen. Schwerpunkte liegen auf der technischen Modellierung, aber auch auf Inhalt und Ausgestaltung der Risikoreports. Die nationale Umsetzung über die MaRisk 6.0 in 2016 ist nur der folgerichtige nächste Schritt.

Der Umsetzungsstand bei nahezu allen Instituten ist auch drei Jahre nach Veröffentlichung des BCBS 239 als schlecht zu bezeichnen. Zur erfolgreichen Umsetzung der neuen Anforderungen bedarf es mehrerer zentraler Elemente. Hierbei ist die Einführung eines Data Warehouses genauso zu nennen wie die Schaffung von semantischen und technischen Konsistenzen in den Datenmodellen. Durch die Automatisierung von Reportings werden Informationen nutzergerecht und vor allem schneller bereitgestellt. Organisatorisch liegt der Schlüssel zum Erfolg in der Verzahnung der betroffenen Bereiche und in der Einführung eines Datenqualitätsmanagers, der dauerhaft, zentral und proaktiv Prozesse und Daten analysiert und optimiert.

Letztlich kann ein Institut durch die Erfüllung des BCBS 239 auch Synergien für das eigene Geschäftsmodell schaffen – sowohl die Reportingqualität als auch das Wissen über Kunden und Prozesse werden erhöht. Dies kann gerade vor dem Hintergrund der aktuellen Niedrigzinsphase helfen, dringend nötige Kosteneinsparpotenziale zu generieren.

Literatur

BaFin (2016a). *Anschreiben zur Konsultation 02/2016 – MaRisk-Novelle 2016,* GZ: BA 54-FR 2210-2016/0008, 2016/0056411 vom 18.02.2016.

BaFin (2016b). Konsultation 02/2016: Entwurf der MaRisk in der Fassung vom 18. Februar 2016. http://www.bafin.de/SharedDocs/Downloads/DE/Konsultation/2016/dl_kon_0216_marisk_2016.pdf?__blob=publicationFile&v=2. Zugegriffen: 31. Mai 2016.

BCBS (2013a). Grundsätze für die effektive Aggregation von Risikodaten und die Risikoberichterstattung, Januar 2013. http://www.bis.org/publ/bcbs239_de.pdf. Zugegriffen: 30. Mai 2016.

BCBS (2013b). Progress in adopting the principles for effective risk data aggregation and risk reporting, Dezember 2013. http://www.bis.org/publ/bcbs268.pdf. Zugegriffen: 12. Juni 2016.

BCBS (2015). Progress in adopting the Principles for effective risk data aggregation and risk reporting, Dezember 2015. http://www.bis.org/bcbs/publ/d348.pdf. Zugegriffen: 12. Juni 2016.

Bruckner, A. (2015). Banken tun sich mit der Umsetzung von BCBS 239 schwer. https://www.ppi.de/fileadmin/user_upload/Consulting_Banken/Publikationen/White_Paper_BCBS_d308.pdf. Zugegriffen: 13. Juni 2016.

Bundesrat (2015). *Entwurf eines Gesetzes zur Anpassung des nationalen Bankenabwicklungsrechts an den Einheitlichen Abwicklungsmechanismus und die europäischen Vorgaben zur Bankenabgabe (Abwicklungsmechanismusgesetz – AbwMechG).* Drucksache 193/15 vom 01.05.2015, S. 51–53; S. 62–63.

Bundesregierung (2015). *Entwurf eines Gesetzes zur Anpassung des nationalen Bankenabwicklungsrechts an die SRM-Verordnung (SRM-Anpassungsgesetz, SRM-AnpG)* vom 10.03.2015, S. 44–46.

Deloitte (2014). BCBS #239 – Präpariert für den Klimawandel im Risikoreporting? Chancen und Herausforderungen bei der Umsetzung der Baseler Verordnung zur Risikodatenaggregation und Risikoberichterstattung. http://www2.deloitte.com/content/dam/Deloitte/de/Documents/finance/bcbs239-risikoberichterstattung.pdf. Zugegriffen: 12. Juni 2016.

Deutsche Kreditwirtschaft (2016). *Stellungnahme 5. MaRisk-Novelle,* Berlin, 27.04.2016. http://
www.bafin.de/SharedDocs/Downloads/DE/Konsultation/2016/dl_kon_0216_stn_DK.pdf?__
blob=publicationFile&v=2. Zugegriffen: 12. Juni 2016.

Dombret, A., & Röseler, R. (2015). *Ertragslage und Widerstandsfähigkeit deutscher Kreditinstitute im Niedrigzinsumfeld.* Pressegespräch mit A. Dombret und R. Röseler am 18. September 2015. http://www.bafin.de/SharedDocs/Downloads/DE/Rede_Vortrag/dl_150918_pk_
niedrigzinsumfeld_bbk_bafin.pdf?__blob=publicationFile&v=5. Zugegriffen: 31. Mai 2016.

Finanz Informatik (2014). Management Cockpit. https://www.f-i.de/content/download/3607/34639/
file/Management-Cockpit_08_2014.pdf. Zugegriffen: 12. Juni 2016.

Finanz Informatik (2016). *ITMagazin Nr. 1/2016*, 15. Jahrgang. http://www.f-i.de/content/
download/8322/69965/file/itm_01_16.pdf. Zugegriffen: 12. Juni 2016.

Frère, E., Reuse, S., & Svoboda, M. (2008). *Aktuelle Probleme im Deutschen Bankensektor.* FOM
Schriftreihe, Bd. 13. Essen: FOM Hochschule für Oekonomie & Management.

Gogarn, J. (2016). Vom Status quo zur Umsetzung. In areto consulting GmbH (Hrsg.), *Marktstudie
„BCBS 239 – Lösungen zur Umsetzung"* (S. 19–20).

Golla, G., Pastwa, A., Hoppe, T., Haggert, C., & Lulic, M. (2014). Risk Data Aggregation (RDA).
Umsetzung auf Basis von Business Intelligence (BI). In W. Niehoff & S. Hirschmann (Hrsg.),
BCBS 239 – Regulatorische Anforderungen und effiziente Umsetzung (S. 29–42). Köln: Bank-
Verlag.

Hager, P., & Chowdhury, S. (2016). Die gläserne Bank – Kreditinstitute im Fokus der Aufsichtsbehörden. In areto consulting GmbH (Hrsg.), *Marktstudie „BCBS 239 – Lösungen zur Umsetzung"*
(S. 5–10).

Hofer, M. (2016). Risikomanagement: BaFin konsultiert überarbeitete MaRisk für Banken, 15. April
2016. http://www.bafin.de/SharedDocs/Veroeffentlichungen/DE/Fachartikel/2016/fa_bj_1604_
risikomanagement.html. Zugegriffen: 12. Juni 2016.

Hughes, P. J., & Grody, A. (2016). BCBS 239, heightened standards and operational
risk, 11.05.2016. http://www.garp.org/#!/risk-intelligence/detail/a1Z400000033tkK. Zugegriffen: 12. Juni 2016.

Inmon, W. H. (1992). *Building the data warehouse.* Boston: QED Technical Pub. Group.

Institute of International Finance (2016). Regtech in financial services: technology solutions for
compliance and reporting, März 2016. https://info.bbva.com/es/data/8663052016/regtech_in_
financial_services_-_solutions_for_compliance_and_reporting.pdf. Zugegriffen: 12. Juni 2016.

Kemmer, A., & Lenhardt, M. (2016). Die Entdeckung granularer Datenwürfel – Keywords: Risikodatenaggregation, European Reporting Framework, AnaCredit, BIRD. *die Bank*, (6), 5–61.
27.05.2016.

KPMG (2013). *Basel Committee on Banking Supervision „Principles for effective risk data aggregation and risk reporting (BCBS 239)" – Neue Anforderungen an IT-Architektur und
Data-Governance im Risikobereich von Banken,* Frankfurt 2013. http://www.kpmg.com/DE/
de/Documents/BCBS-239-2013-KPMG.pdf. Zugegriffen: 12. Juni 2016.

Krah, C. (2014). Risikodatenaggregation und Risikoreporting nach. In W. Niehoff & S. Hirschmann
(Hrsg.), *BCBS 239 – Regulatorische Anforderungen und effiziente Umsetzung* (Bd. 239, S. 7–
20). Köln: Bank-Verlag.

o. V. (2014). Risikokontrolle: Regulierung der Baseler Bankenaufsicht (BCBS 239) kostet Banken
Milliarden. *Bankpraktiker*, 9(10), 340–341.

Reibchen, C., & Huch, S. (2014). BCBS 239: Compliance und effiziente Umsetzung. In W. Niehoff & S. Hirschmann (Hrsg.), *BCBS 239 – Regulatorische Anforderungen und effiziente Umsetzung* (S. 75–86). Köln: Bank-Verlag.

Reuse, S. (2014a). Nachhaltig niedrige Zinsen – Auswirkungen auf den Strukturbeitrag und den Zinsertrag. *geldprofi, 36*(4), 30–31.

Reuse, S. (2014b). Auswirkungen des BCBS 239 „Grundsätze zur Aggregation von Risikodaten und Risikoberichterstattung" auf die Datenhaltung und das Datenmanagement der Institute. *Bankentimes Spezial IT, Orga, Neue Medien*, Finanz Colloquium Heidelberg (Januar & Februar 2014), 2–6.

Reuse, S. (2015a). BCBS 239 – Steigende Anforderungen an das Datenmanagement. Betriebswirtschaftliche Blätter, 64(6). https://www.sparkassenzeitung.de/steigende-anforderungen-an-das-datenmanagement/150/46/56988/. Zugegriffen: 12. Juni 2016.

Reuse, S. (2015b). MaRisk 6.0 – Analyse und Würdigung der ersten offiziell verfügbaren Informationen. *Bankentimes Spezial Banksteuerung/Treasury*, Finanz Colloquium Heidelberg (Mai & Juni 2015), 18–20.

Reuse, S. (2015c). FinaV 2.0: Meldung von Risikotragfähigkeitsinformationen. *Bankpraktiker, 10*(2), 41–46.

Reuse, S. (2016a). MaRisk 6.0-E – Kritische Analyse des Konsultationsentwurfes vom 18.02.2016 und Anlage: MaRisk 6.0-E – Detailanalyse aller Änderungen. *Banken-Times Spezial Sonderausgabe MaRisk NEU*, Finanz Colloquium Heidelberg (Februar 2016), 1–5. und Anlage S. 1–9.

Reuse, S. (2016b). *MaRisk 6.0-E – Kurzwürdigung des Entwurfes vom 18.02.2016. Sonderbeilage des FCH zu den Printmedien BankPraktiker u.v.m*

Reuse, S. (2016c). Anforderungen der MaRisk an ein Risikoreporting. In S. Reuse (Hrsg.), *Praktikerhandbuch Risikotragfähigkeit – Prozesse, Steuerungsansätze und Einbindung von Risiken im Kontext von SREP und MaRisk 6.0* (2. Aufl. S. 713–716). Heidelberg: Finanz Colloquium Heidelberg.

Reuse, S., & Propach, J. (2005). Darstellung und Bewertung des S-Data-Warehouse-Konzeptes. *Betriebswirtschaftliche Blätter, 54*(7), 396–403.

Stumpenhagen, J., & Stumpenhagen, J. (2016). BCBS 239 – Die Herausforderung liegt in der Datenqualität. In areto consulting GmbH (Hrsg.), *Marktstudie „BCBS 239 – Lösungen zur Umsetzung"* (S. 11–14).

Thun, C. (2014). Stresstest – ein Katalysator für BCBS 239. In W. Niehoff & S. Hirschmann (Hrsg.), *BCBS 239 – Regulatorische Anforderungen und effiziente Umsetzung* (S. 67–74). Köln: Bank Verlag.

Volk, T. (2014). Erwartungshaltung der Bankenaufsicht an Datenqualität und Risikoreporting. *Bankpraktiker, 9*(3), 56–61.

Voster, R. (2014). BCBS 239 Banking on Data, S. 19–26. http://www.compact.nl/pdf/C-2014-2-Voster.pdf. Zugegriffen: 12. Juni 2016.

WKR (2016). Gesetz zur Umsetzung der Wohnimmobilienkreditrichtlinie und zur Änderung handelsrechtlicher Vorschriften, 11.03.2016. *Bundesgesetzblatt Jahrgang 2016 Teil I Nr. 12*, ausgegeben zu Bonn am 16. März 2016, S. 396–441.

Zimpel, R. (2013). Einheitliches Risikomanagement BCBS # 239: Grundsätze zur Aggregation von Risikodaten und Risikoberichterstattung. News, 2, 11–13. http://msggillardon.de/images/pdf/fachartikel/2013/NEWS-2013-02/BCBS-239-NEWS-2013-02.pdf. Zugegriffen: 12. Juni 2016.

Share Economy: Ein Business-Gedanke mit Zukunft?

6

Mir Farid Vatanparast und Jan Kaufmann

Inhaltsverzeichnis

6.1 Einleitung

Share Economy ist ein hochaktueller und allgegenwärtiger Begriff, der gleichermaßen für einen vielfältigen Gesellschaftswandel als auch eine Bedeutungszunahme temporärer Nutzung steht (vgl. PricewaterhouseCoopers 2015a, S. 2). Diese als Mega-Trend deklarierte Entwicklung skizziert im Wesentlichen die gemeinschaftliche Nutzung von allen Gütern, die nicht dauerhaft benutzt werden, wie beispielsweise Autos und Wohnungen (vgl. De-

M. F. Vatanparast (✉)
FOM Münster
Martin-Luther-King-Weg 30-32, 48155 Münster, Deutschland
E-Mail: farid.vatanparast@fom.de

J. Kaufmann
Lühnstiege 10, 48151 Münster, Deutschland
E-Mail: jan.kaufmann@fom-net.de

© Springer Fachmedien Wiesbaden GmbH 2017
M. Seidel (Hrsg.), *Banking & Innovation 2017*, FOM-Edition,
DOI 10.1007/978-3-658-15785-2_6

loitte 2015, S. 4). Der Austausch zwischen Anbietern und Konsumenten wird in der Regel über eine Onlineplattform organisiert, über die eine schnelle und einfache Kommunikation gewährleistet wird. Mit mehr als 40 Mio. Usern in über 190 Ländern und 34.000 Städten stellt Airbnb eines der bekanntesten Share-Economy-Portale dar (vgl. Airbnb 2015a). Das Unternehmen wird im Jahr 2015 auf einen Wert in Höhe von circa 25,5 Mrd. US-Dollar geschätzt, wodurch die Größe dieses Trends manifestiert wird (vgl. Winkler 2015). Die wesentlichen Gründe für die steigende Beliebtheit sind neben sinkenden Such- und Transaktionskosten vor allem auch die steigende Flexibilität und Variabilität hinsichtlich der Angebote. Dieser Trend wird durch die Schätzung der Harvard Business Review untermauert, die eine Steigerung des weltweiten Marktvolumens in Höhe von 26 (2013) auf 110 Mrd US-Dollar prognostiziert (vgl. Cannon und Summers 2014). Allein in Deutschland nutzt bereits jeder Fünfte Share-Economy-Angebote. Im europäischen Vergleich liegt Deutschland auf Platz drei hinter Irland (35 %) und Frankreich (36 %) und wird dicht gefolgt von Spanien mit 19 % (Platz 4) und Italien mit 17 % (vgl. Brandt 2016). Ein weiterer Indikator für diesen Bedeutungszuwachs spiegelt das erhöhte Medieninteresse wider, wie aktuelle Beiträge „Die Zukunft des Kapitalismus" (vgl. Giersch 2014) oder „Airbnb and the unstoppable rise of the share economy" (vgl. Geron 2013) belegen. Share Economy stellt somit ein hochaktuelles Modell dar, das durch technische Möglichkeiten viele neue, innovative Dienstleistungskonzepte hervorbringt.

6.2 Historische Herleitung

Das Teilen von Wissen und Besitzgütern ist eine bereits jahrhundertelange Tradition, deren Wurzeln mitunter in der Bibliothek von Alexandria begründet liegen. Sie stellt nicht nur eine der bedeutsamsten Bauwerke der Antike dar, sondern ebenso eine der ersten Formen des Sharings (vgl. Wienecke-Janz 2008, S. 93). So standen einem erlesenen und exklusiven Gesellschaftsteil, bestehend aus Wissenschaftlern und Gebildeten, die auf Schriftrollen festgehaltenen Wissens- und Erfahrungsberichte zur Verfügung. Auch zu Zeiten, als das rurale Leben noch dominierte, zeichneten sich bei der Gestaltung von Haushalts- und Lebensgemeinschaften Formen des Teilens und Tauschens ab. Diese als agrarische Subsistenzwirtschaft bezeichnete Wirtschaftsform beschreibt das viele Jahrhunderte weltweit vorherrschende Prinzip des gemeinsamen Wirtschaftens (vgl. Bundeszentrale für politische Bildung 2015). Neben dem primären Ziel der Selbstversorgung war auch der Tauschhandel auf lokalen Märkten ein Motiv.

Erst mit der im 19. Jahrhundert beginnenden Industrialisierung hat sich diese Lebensform verändert. Die maschinelle Erzeugung hat zu einer Verlagerung der Produktionsstätten aus den Haushalten in Betriebe und Unternehmen geführt, wodurch es auch zu einer Veränderung der Handelsmärkte kam. Die Massenproduktion hatte zudem im weiteren Verlauf staatliche Regulierungen und Arbeitskämpfe für Einkommenssteigerungen, soziale Absicherung sowie Arbeitszeitverkürzung breiterer Bevölkerungskreise zur Folge (vgl. Weber 2010, S. 6). Sowohl die über die Grundbedürfnisse produzierten Absatzmengen als auch die wachsende Freizeit stellen den Grundstein der heutigen Konsumgesellschaft dar. Vor allem seit den 1960er-Jahren wurden Besitzgüter vermehrt angehäuft, was in der Nachkriegszeit begründet liegt. Dies steigerte sich kontinuierlich, bis sich durch Billigprodukte, kürzere Produktlebenszyklen und Niedrigpreise die in den 1980er-Jahren dominierende Wegwerfgesellschaft entwickelte (vgl. Zentes et al. 2013, S. 15). Die damit einhergehende Bedeutungssteigerung gemeinschaftlicher Konsumformen ist durch wachsende Mobilität und Flexibilität charakterisiert. Als Beispiele dieser konventionellen und traditionsreichen Form der temporären Nutzung können unter anderem Autovermietungen, Waschsalons und Videotheken angeführt werden.

Erst zu Beginn des 21. Jahrhunderts hat sich eine konsumkritische Bewegung entwickelt, die aus der bis dahin ökologisch, ökonomisch und ethisch fragwürdigen Handlungsweise des kategorischen Wegwerfens in der Gesellschaft entstand (vgl. F/21 Büro für Zukunftsfragen 2011, S. 6). Als wesentlicher Treiber dieser als Auktionskultur deklarierten Gesellschaftsform gilt die technische Entwicklung, gekennzeichnet durch das Internet und die damit verbundene moderne Art der Kommunikation. Mobile Zugänge via Smartphone, Laptop oder Tablet haben zur weiteren Erhöhung der Flexibilität und Mobilität beigetragen; einer neuen Form der Markt- und Tauschwirtschaft. Diese ist weiterhin durch eine Prioritätssteigerung von Nachhaltigkeit, fairem Handel sowie ethischen Produkten charakterisiert. Unternehmerische Pioniere dieser Zeit wie eBay und Amazon haben zu einer Akzeptanz- und Vertrauenssteigerung in die virtuelle Interaktion innerhalb der Bevölkerung geführt. Einen weiteren Treiber der Share Economy stellt die Finanzkrise 2008 dar, aus der viele heutzutage erfolgreiche Unternehmen wie Airbnb und Uber hervorgegangen sind. Neben den klassischen Branchen wie Übernachtung und Transport sind mittlerweile auch viele Dienstleistungsangebote in Nischenmärkten (zum Beispiel Spielzeugverleih) zu finden. Diese heutzutage dominierende Auktionskultur implementiert als oberste Prämisse nicht den Besitz eines Gutes, sondern dessen Nutzung (vgl. Hank und Petersdorff 2013).

6.3   Begriffseinordnung

Share Economy (auch „Shared Economy" oder „Sharing Economy") bedeutet wörtlich übersetzt „Wirtschaft des Teilens" (vgl. Bundestag 2015, S. 1) und beschreibt im Wesentlichen das „systematische Ausleihen von Gegenständen und gegenseitige Bereitstellen von Räumen und Flächen, insbesondere durch Privatpersonen und Interessengruppen" (Springer Gabler Verlag 2016a). Im Fokus steht dabei die gemeinschaftliche Nutzung – auch „Collaborative Consumption", „KoKonsum" oder „Peer-to-Peer Economy" (vgl. PricewaterhouseCoopers 2015a, S. 2) – durch Teilen, Tauschen, Leihen, Mieten oder Schenken (vgl. Bundesdruckerei 2015). Im Folgenden werden die Begriffe Miete, Pacht, Leihe und Schenkung juristisch voneinander abgegrenzt, um ein besseres Verständnis über die einzelnen Formen der temporären Nutzung zu erhalten.

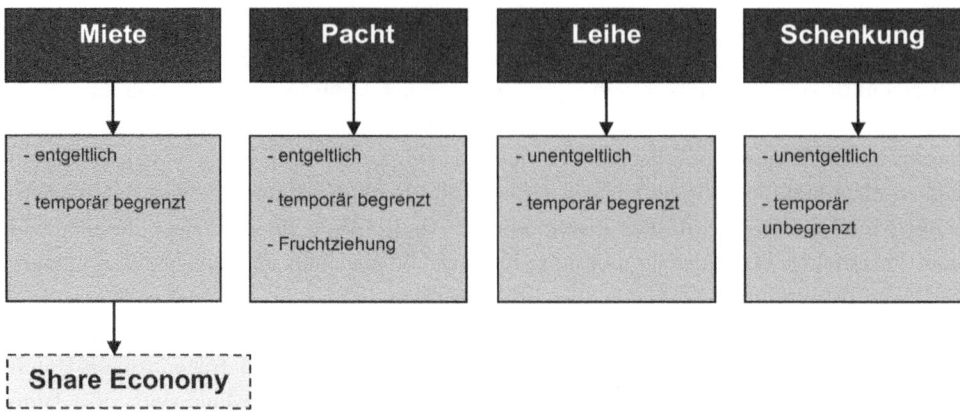

Abb. 6.1 Juristische Abgrenzung von temporären Nutzungsformen

Schenkung beschreibt eine unentgeltliche Form der Zuwendung, bei der „jemand aus seinem Vermögen einen anderen bereichert" (BGB 2015, § 516). Das Pendant hierzu stellt die Miete dar, bei der „dem Vermieter die vereinbarte Miete" (BGB 2015, § 535, Abs. 2) seitens des Mieters zu entrichten ist. Der Vermieter hingegen ist während der vereinbarten Mietzeit verpflichtet, den Gebrauch der Mietsache zu gewähren (vgl. BGB 2015, § 535, Abs. 1). Sharing stellt grundsätzlich eine Subform der Miete dar, „da Güter gegen Entgelt zeitlich befristet genutzt werden können" (Zentes et al. 2013, S. 37). Im Rahmen der Share Economy kann eine Privatperson beide Seiten einnehmen und sowohl Mieter als auch Vermieter sein. Im Vergleich zur Leihe und Schenkung stellt vor allem der monetäre Faktor einen wesentlichen Unterschied dar (siehe Abb. 6.1). So verpflichtet sich der Verleiher durch einen Leihvertrag, dem Entleiher das Recht des Gebrauchs einer Sache unentgeltlich zu gestatten (vgl. BGB 2015, § 598).

Die Pacht stellt eine weitere Variante der temporären Nutzung einer Sache dar. Hierbei verpflichtet sich der Verpächter durch einen Pachtvertrag, dem Pächter den Gebrauch des verpachteten Gegenstandes zu gewähren. Im Kontrast zur Miete darf der Pächter jedoch die Früchte einer Sache ziehen, wodurch der Pächter das Recht erhält, potenzielle Erträge und Gewinne des gepachteten Objektes zu nutzen (vgl. BGB 2015, § 581). Ergänzend zu dieser Differenzierung lassen sich die einzelnen Nutzungsformen im Bereich der Share Economy vor allem nach der Gestaltung der Güterart und Geschäftsbeziehung näher definieren. Güter dienen im Allgemeinen der Bedürfnisbefriedigung und können in verschiedene Gruppen unterschieden werden (siehe Abb. 6.2). In der ersten Abgrenzungsstufe werden Güter nach dem Kriterium der Verfügbarkeit klassifiziert. Während die von der Natur ausreichend zur Verfügung gestellten Güter (zum Beispiel Luft und Wasser) als freie Güter bezeichnet werden, stellen die vom Menschen hergestellten Güter wirtschaftliche Güter dar. Die nächste Abstufung erfolgt nach dem Kriterium der Gegenständlichkeit, wonach die beiden Gruppen in materielle und immaterielle Güter unterschieden werden

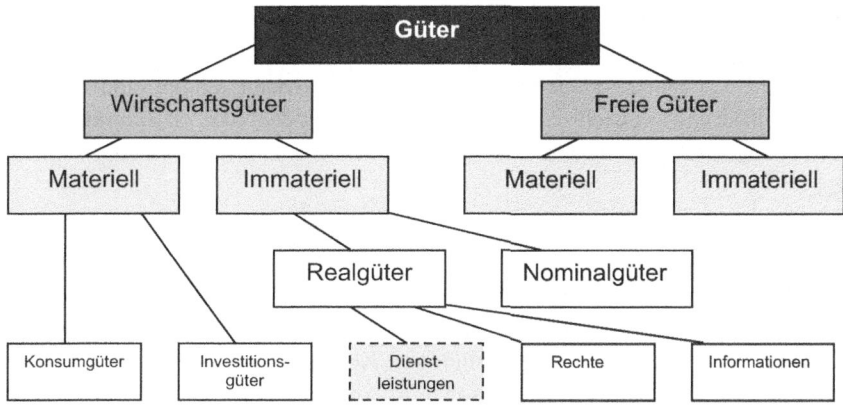

Abb. 6.2 Klassifizierung von Gütern. (Nach Freyer 2011, S. 91)

können (vgl. Freyer 2011, S. 91). Materielle Güter stellen physische Gegenstände (zum Beispiel Autos) dar, die je nach Art der Verwendung in Investitions- und Konsumgüter differenziert werden. Während Investitionsgüter von Unternehmen für Produktionszwecke (beispielsweise Roh-, Hilfs- und Betriebsstoffe) verwendet werden, befriedigen Konsumgüter unmittelbar die Bedürfnisse des Endverbrauchers (zum Beispiel Genussmittel). Im Kontrast hierzu stehen immaterielle Güter, die in Nominalgüter (wie Geld, Darlehenswerte) und Realgüter (etwa Informationen, Rechte, Dienstleistungen) unterschieden werden. Im Bereich der Share Economy werden vor allem Dienstleistungen priorisiert. Ein wesentliches Merkmal ist die Gleichzeitigkeit von Produktion und Konsum (zum Beispiel bei einer Mitfahrgelegenheit). Weiterhin sind Dienstleistungen als einmalig, nicht lagerfähig, nicht übertragbar sowie personengebunden charakterisiert (vgl. Springer Gabler Verlag 2016b).

An dieser Stelle werden weitere Güterklassifizierungen (beispielsweise komplementäre und substituierbare Güter) vernachlässigt, da der Fokus im Bereich der Share Economy in der temporär begrenzten Nutzung von materiellen und immateriellen Gütern liegt. Während bei materiellen Gütern eine Übergabe (zum Beispiel persönlich) erfolgen muss, können immaterielle Güter digital via Online-Sharing-Plattformen (wie Spotify) sowie analog über CDs (auditiv) und DVDs (visuell) geteilt werden (vgl. Zentes et al. 2013, S. 18). Ein weiteres Abgrenzungskriterium im Bereich der Share Economy – die Gestaltung der Geschäftsbeziehung – skizziert im Kern die unterschiedlichen Waren- und Zahlungsströme. Die klassische Kundenbeziehung erfolgt zwischen einem Unternehmen und Konsumenten (B2C), beispielsweise beim CarSharing. In diesem Fall stellen Unternehmen Fahrzeuge gegen eine entsprechende Nutzungsgebühr für einen zeitlich beschränkten Zeitraum zur Verfügung. Die zweite Art der Geschäftsbeziehung skizziert den Austausch zwischen zwei Privatpersonen, wobei ein Unternehmen als Vermittlungs- und Kommunikationsplattform dient (C2B2C), beispielsweise bei Airbnb und BlaBlaCar. Die in dieser Geschäftsform als Prosumenten deklarierten Nutzer werden sowohl zum Produzenten als auch zum Konsumenten etwaiger Angebote (vgl. Oermann 2015, S. 116). Für die Geschäftsvermittlung müssen sowohl Anbieter als auch Konsumenten eine Provision an den Plattformbetreiber (zum Beispiel Airbnb) entrichten (vgl. Wedde und Wedde 2015, S. 2), die in Form einer Servicegebühr fällig wird und zwischen drei und zwölf Prozent beträgt (vgl. Airbnb 2015b).

6.4 Einflussfaktoren, Chancen und Risiken der Share Economy

Grundlegend beruht das Nutzungsverhalten von Konsumenten auf diversen Einflussfaktoren, die im Rahmen dieses Beitrages sowie in Anlehnung an Zentes et al. (2013, S. 3) näher erläutert werden, um zum einen eine Verständnisgrundlage über die Share Economy zu erhalten und zum anderen die Entwicklung dieses Marktes abschätzen zu können.

Ebenso werden die Chancen und Risiken der Share Economy in Bezug auf die einzelnen Faktoren skizziert, die kritisch-beleuchtend die Thematik abrunden. Ein Überblick über die Einflussfaktoren der Share Economy kann Abb. 6.3 entnommen werden.

6.4.1 Ökonomische Faktoren

Bei der Betrachtung von ökonomischen Faktoren im Vergleich zwischen einem Kauf und einem Mietverhältnis werden die Fix-, Unterhaltungs- und Lagerkosten den Mietkosten gegenübergestellt. Neben den einmaligen Anschaffungskosten können mit dem Erwerb eines Gegenstandes nicht unerhebliche Folgekosten entstehen, beispielsweise für Wartung, Reparatur und Finanzierung. Neben potenziellen Lagerungskosten, die bei größeren

Ökonomisch	Ökologisch	Technologisch	Emotional	Ethisch
Anschaffungs-kosten	Nachhaltigkeit	Digitale Gesellschaft	Hygiene	Juristische Verbesserungs-potenziale
Finanzierungs-kosten	Ressourcen-schonung	Moderne und innovative Kommunikations-wege	Modernität und Innovationen	Fehlendes Arbeitsrecht
Reparatur- und Wartungskosten	Umweltbewusst-sein fördern	Variabilität und Flexibilität	Individualität	Unzureichender Versicherungs-schutz
Lagerungskosten	Emissionen reduzieren	24/7-Verfügbarkeit	Spaß	
Transaktions-kosten	Abfallreduktion	Globale Vernetzung	Möglichkeit, Dinge zu testen	Altruistischer Gedanke des Teilens
Recyclingkosten	Energie sparen	Datenschutz	Reputation	

Abb. 6.3 Einflussfaktoren der Share Economy

Anschaffungen anfallen können, müssen des Weiteren Entsorgungs- und Recyclingkosten bereits bei der Anschaffung einkalkuliert werden (vgl. Zentes et al. 2013, S. 20). Eine Kumulation aller anfallenden Kosten kann im Fall eines geplanten Kaufs dazu führen, dass das ursprünglich eingeplante Budget überschritten und die Kaufentscheidung korrigiert werden muss. Im Kontrast hierzu hat ein Mietverhältnis den Vorteil, dass die Kosten für Anschaffung, Reparatur, Wartung, Lagerung und Entsorgung bereits integriert sind und nicht weiter berücksichtigt werden müssen. Als nachteilig hingegen sind anfallende Transaktionskosten (zum Beispiel Suche nach Mietgegenständen) zu nennen.

Ob ein Kauf oder Mietverhältnis wirtschaftlich gewählt werden sollte, hängt von der Relation Nutzungshäufigkeit zu Anschaffungskosten ab. Je seltener ein Gegenstand genutzt wird, desto ökonomischer ist das Mietverhältnis. Hingegen ist dann von der Miete abzuraten, wenn die Gesamtkosten (zum Beispiel Anschaffungs-, Lagerungs- und Wartungskosten) relativ gering sind und das Produkt häufig genutzt wird (vgl. Zentes et al. 2013, S. 21). Der ökonomische Faktor ist im Bereich der Share Economy eines der wesentlichen Motive („Bieten einen besseren Preis für die gleiche Leistung"), wie eine repräsentative Bevölkerungsbefragung von PwC aus dem Jahre 2015 belegt (vgl. Business-On 2015; PricewaterhouseCoopers 2015a, S. 16, 2015b, 2015c).

Neben diesen Einsparungspotenzialen birgt die Share Economy ebenso ein gewisses Verdienstpotenzial durch Ausübung von Nebentätigkeiten (zum Beispiel über Mitfahrgelegenheiten), was knapp ein Drittel der Bevölkerung als größten Vorteil aus Anbietersicht ansieht (PricewaterhouseCoopers 2015a, S. 18). Eine Stabilität dieser Beschäftigungsart wird durch die Reputation erzielt, die auf den Vermittlungsplattformen über Kundenbewertungen entsteht, woraus Einkommenserhöhungen resultieren können. Die hohe Aktualität des Themas spiegelt sich auch in alternativen Finanzierungskonzepten wider, beispielsweise in Form von Crowdfunding (crowd = Menge; funding = Finanzierung). Das wesentliche Charakteristikum ist der Aufruf von Künstlern, Aktivisten, Veranstaltern und Unternehmen, die ihre Projekte vorstellen sowie die benötigte Summe und zu erwartende Gegenleistung für die Spender (zum Beispiel Meet-and-Greets, CDs, Konzertkarten) nennen. Etablierte Crowdfunding-Plattformen (zum Beispiel Startnext) pushen diese Projekte über diverse Kommunikationskanäle (beispielsweise Blogs, soziale Netzwerke), worüber der zuvor festgelegte, zu erreichende Betrag eingesammelt werden soll. Für die Kommunikations- und Transaktionsleistungen erhält die Plattform im Erfolgsfall eine Provision. Generell ist diese Finanzierungsform eher für ungewöhnliche und kostengünstige Projekte konzipiert (vgl. Springer Gabler Verlag 2016c).

Ein weiteres Finanzierungskonzept nennt sich Crowdlending (crowd = Menge; lending = Kreditgewährung), bei dem Kredite von Privatpersonen an andere Privatpersonen oder Unternehmen vergeben werden. Als Mittler dienen Online-Plattformen, die für die Kommunikation und den Aufbau des Geschäftskontaktes eine Provision erhalten. Die Geldbeträge sowie die Laufzeit werden von den Privatinvestoren selbst gewählt. Ebenso können die Anleger die Projekte je nach Risiko und der damit verbundenen Rendite frei auswählen (vgl. Auxmoney 2016). Somit stellt dieses System eine alternative sowie stetig beliebtere Anlegemöglichkeit dar, die mit dem traditionellen Bankengeschäft aufgrund der variablen und einfachen Handhabung ernsthaft konkurriert. Im Bereich von Investitionen in Unternehmensbeteiligungen (= Equity-based Crowdfunding) beträgt das Transaktionsvolumen im Jahr 2016 circa 161,6 Mio. Euro, wobei ein jährliches Wachstum in Höhe von 20,65 % prognostiziert wird. Im Vergleich zu anderen Nationen hat Deutschland jedoch enormes Verbesserungspotenzial. So liegt das Gesamttransaktionsvolumen in Großbritannien bei 503,3 Mio. Euro, in den USA sogar bei knapp 1,6 Mrd. Euro (vgl. Statista 2016). Jedoch müssen die Risiken eines relativ großen Investorenpools berücksichtigt werden. Neben einer wachsenden Komplexität sind steigende Transaktionskosten und Mängel hinsichtlich der Transparenz möglich. Weiterhin gilt es, an dieser Stelle kritisch anzumerken, dass es generell im ökonomischen Bereich der Share Economy noch einige Verbesserungspotenziale gibt, beispielsweise beim Thema Arbeitsrecht. So existieren teilweise keine Tariflöhne, wodurch eine neue Art des Niedriglohnsektors entsteht und das in Deutschland geltende Mindestlohngesetz umgangen werden kann (vgl. Baumgärtel 2014).

Ein weiteres Risiko im Bereich des Übernachtungssektors besteht darin, dass Wohnungen gekauft werden, um diese gewerbsmäßig zu vermieten. Dies kann preistreibende Folgen für den lokalen Wohnungsmarkt haben sowie Konkurrenz für die Hotellerie darstellen. So können imperfekte Substitute in Form von Airbnb zu einer Verringerung der Hotelpreise führen, was zwar positiv für den Kunden, jedoch negativ für die Hotelbranche ist (vgl. Eichhorst und Spermann 2015, S. 25). Ein weiteres ökonomisches Risiko sind zu verzeichnende Verdrängungseffekte im Bereich der Automobilindustrie, insbesondere in der Neuwagenproduktion sowie im bestehenden Taxigewerbe. So lässt sich konstatieren, dass die Automobilindustrie durch CarSharing in den USA bislang 500.000 Fahrzeuge weniger verkauft hat (vgl. AlixPartners 2014). Wirtschaftlich ausgeglichen werden diese Rückgänge durch Investitionen in adäquate Plattformen wie DriveNow, über die kontinuierlich neue Umsatzanstiege – bis zu 30 % jährlich (vgl. Sorge 2014) – verzeichnet und weiterhin prognostiziert werden. DriveNow ist ein von BMW, Mini und Sixt gemeinsam konzeptioniertes CarSharing-Portal, über das temporär begrenzte Nutzungszeiten diverser Fahrzeugtypen gebucht werden können (vgl. DriveNow 2015).

6.4.2 Ökologische Faktoren

Dass ökologisch sinnvolles Handeln essenziell für eine nachhaltige Entwicklung ist, unterstreicht die Bundesregierung mit der am 17. April 2002 beschlossenen nationalen Nachhaltigkeitsstrategie „Perspektiven für Deutschland" (vgl. Bundesministerium für Umwelt, Naturschutz, Bau und Reaktorsicherheit 2013). Die hohe Aktualität und enorme Bedeutung dieses Themas verdeutlicht die Agenda 2030 für Nachhaltige Entwicklung, die im September 2015 beim United Nations Organization (UNO) Nachhaltigkeitsgipfel der Staats- und Regierungschefs verabschiedet wurde (vgl. Bundesministerium für Umwelt, Naturschutz, Bau und Reaktorsicherheit 2015). Inhaltlicher Schwerpunkt ist neben der Förderung von Frieden unter anderem die Bekämpfung von Ungleichheiten

und Respektierung ökologischer Grenzen in Form einer nachhaltigen Nutzung natürlicher Lebensgrundlagen (vgl. Bundesministerium für wirtschaftliche Zusammenarbeit
und Entwicklung 2015). Nachhaltigkeit skizziert in diesem Kontext ein ökologisch ver-
trägliches, sozial gerechtes sowie wirtschaftlich leistungsfähiges Konzept. Historisch
betrachtet umfasst der aus der Forstwirtschaft entstandene und im sächsischen Freiberg
entwickelte Nachhaltigkeitsbegriff eine wirtschaftliche Handlungsweise unter Berücksichtigung einer langfristigen Sicherung von natürlichen Ressourcen (vgl. Oermann 2015,
S. 92). Die Verknüpfung von Ökologie und Ökonomie spiegelt sich in vielen aktuellen
Themen (zum Beispiel Klimaschutz, nachhaltige Mobilität) wider, die in einem Maßnah-
menprogramm der Bundesregierung in Form eines Leitfadens konkret dokumentiert sind
(vgl. Bundesregierung 2012, S. 19 ff.). Die Share Economy stellt einen der proklamierten
Wirtschaftsbereiche dar, aus dem eine Erweiterung des Bewusstseins für die Umwelt entstehen kann, um Emissionen zu senken, den Abfall zu reduzieren oder benötigte Energie
einzusparen (vgl. Tilz 2013; PricewaterhouseCoopers 2015d, S. 9). Dies spiegelt auch
die bereits erwähnte PwC-Studie wider, aus der die ökologischen Motive als einer der
größten Vorteile (zum Beispiel „Ist besser für die Umwelt = 75 %") hervorgehen (vgl.
PricewaterhouseCoopers 2015a, S. 14). Neben dieser Chance, einen positiven Beitrag
durch Ressourcenschonung für die Umwelt und Gesellschaft zu leisten, sind auch gewisse
Risiken damit verbunden. So zeigt sich beispielsweise, dass durch Sharing-Angebote
im Bereich Transport der Preis pro Kilometer sinkt, wodurch die Nachfrage wiederum
steigt. Der sogenannte Rebound-Effekt kann nun dazu führen, dass aus der proklamierten Nachhaltigkeit der neuen Geschäftsmodelle eine erhöhte Umweltbelastung entsteht
(vgl. Eichhorst und Spermann 2015, S. 22). Dies liegt darin begründet, dass zwar die
Nutzung bestehender Fahrzeuge zunimmt, gleichzeitig aber auch die Anzahl der Fahr-
ten insgesamt ansteigt. Dieser Effekt lässt sich bereits bei Billigflugreisen verzeichnen.
Durch Billigfluganbieter kann ein genereller Nutzungsanstieg dieses Verkehrsmittels konstatiert werden, wodurch sich die Emissionsbilanz nachweislich verschlechtert hat (vgl.
Umweltbundesamt 2012).

6.4.3 Technologische Faktoren

Das Internet verbindet fernab von kulturellen Differenzen und Sprachbarrieren grenz-
überschreitend über 2,6 Mrd. Menschen. Allein in Deutschland werden über 30 Mio.
Computer am Arbeitsplatz genutzt und täglich global über 190 Mrd. E-Mails versendet
(vgl. Gottschling und von Graeve 2015, S. 17). Grundlage dieser digitalen Gesellschaft
ist die Entwicklung der Informations- und Kommunikationstechnologien (IKT), die den
Antrieb für wesentliche Neuerungen im Produktions- und Dienstleistungssektor darstellt
(vgl. Bundesministerium für Bildung und Forschung 2015). Internetbasierte Plattformen
ermöglichen eine schnelle, transparente, einfache und globale Kommunikation, woraus
eine Senkung von Transaktionskosten (zum Beispiel Anbahnungs- und Informationsbe-
schaffungskosten) resultiert. Angebote jeglicher Art können somit auf Internetplattformen

begutachtet und verglichen werden, wodurch die individuell beste Lösung für den Kunden erzielt wird. Das öffentliche Feedback in Form von Kundenrezensionen schafft eine Vertrauensbasis in die anonyme Gesellschaft des Internets, sodass mittlerweile auch sensible Themen wie beispielsweise Finanzen behandelt werden. Ebenso ist eine Reduzierung der Diskriminierung aufgrund der hohen Transparenz ebenso festzustellen wie der Rückgang von Diebstahl und Vandalismus (vgl. Eichhorst und Spermann 2015, S. 20). Spezielle Virtualisierungen (zum Beispiel Wohnungsrundgänge) erhöhen zudem die Qualität und Sicherheit. Die skizzierte globale Vernetzung führt zu einer hohen Flexibilität und Variabilität, da sowohl ortsabhängig als auch zeitlich unbegrenzt ein Zugriff auf Produkte und Dienstleistungen gewährleistet werden kann. Die Möglichkeit, auch mobil – sei es in Form von Smartphones oder Tablets – geeignete Share-Economy-Angebote zu lokalisieren, steigert die Unabhängigkeit und Vielfältigkeit zum Nutzen der Kunden. Auch die Implementierung von vertrauenswürdigen Bezahlmöglichkeiten (beispielsweise PayPal) stellt einen wesentlichen Treiber dieser Nutzungsform dar. An dieser Stelle soll jedoch nicht unerwähnt bleiben, dass mit dieser innovativen, stetig wachsenden Technologie auch technische Restriktionen einhergehen, die dafür sorgen, dass die Generation 60+ nur zu knapp 50 % das Medium Internet nutzt. Im Vergleich dazu liegt die Nutzungsrate bei 18- bis 24-Jährigen bei circa 99 % und in der gesamten Bevölkerung bei knapp 80 % (vgl. Statista 2014). Als weitere Barriere bzw. weiteres Risiko gilt der Datenschutz. Zwar sorgt die Speicherung privater Daten (zum Beispiel Name, Wohnort, Alter, Kreditkarteninformationen) für eine hohe Transparenz und damit Sicherheit für Anbieter (etwa Schutz vor Vandalismus bei Wohnungsmieten über Airbnb), allerdings ist der Umgang mit dieser sensiblen Thematik oft unklar und undurchsichtig. Dies zeigt sich auch in entsprechenden Umfragen, in denen die mangelnde Sicherheit (32 %) sowie ein schlechterer Datenschutz (25 %) als wesentliche Nachteile aus Konsumentensicht gesehen werden (vgl. PricewaterhouseCoopers 2015a, S. 17). Um auch zukünftig wettbewerbsfähig zu sein, ist eine kontinuierliche technische Weiterentwicklung unabdingbar (vgl. Bundesministerium für Bildung und Forschung 2015). Um dies nachhaltig zu gewährleisten, hat die Bundesregierung das Förderprogramm IKT 2020 konzipiert, bei dem diverse Basistechnologien, beispielsweise Elektronik- und Kommunikationssysteme, spezifisch gefördert und unterstützt werden. Von diesem Prozess, der zahlreiche positive Effekte beinhaltet, profitiert auch die Share Economy. Neben einer schnellen und einfachen Vergleichbarkeit von Angeboten auf Online-Plattformen ist unter anderem die hohe Transparenz in Form von Bewertungsportalen ein wesentlicher Treiber dieser neuen Wirtschaftsform.

6.4.4 Emotionale Faktoren

Neben dem primär pekuniären Anreiz stellen zahlreiche weitere Faktoren (zum Beispiel Modernität, Innovation, Spaß, Individualität, soziale Kontakte, Image) Motive für die temporär eingeschränkte Nutzung von Gütern dar. Vor allem aufgrund immer kürzerer Produktlebenszyklen, die in der Schnelllebigkeit und wachsenden Produktvariabilität begründet liegen, bieten Share-Economy-Angebote die Möglichkeit, einen einfach und schnell auf innovative und prestigeträchtige Güter (zum Beispiel Auto) zuzugreifen (vgl. Baedecker et al. 2012, S. 48). Die kostengünstige Verfügbarkeit von Luxusgütern ermöglicht es den Nutzern, die gewünschte gesellschaftliche Anerkennung zu erhalten oder schlicht Freude an der Nutzung zu haben. Ein weiteres Motiv stellt die Bekanntschaft neuer sozialer Kontakte und der teilweise damit verbundene interkulturelle Austausch dar, der vor allem im Rahmen von Übernachtungs- und Transportangeboten (zum Beispiel Airbnb, BlaBlaCar) gewährleistet wird (vgl. Meister 2015). Konträr hierzu kann der Hygienefaktor eine Barriere bei der Nutzung von Share-Economy-Angeboten (zum Beispiel Meine Spielzeugkiste) darstellen, da aufgrund der Anonymität im Internet die Hygienestandards oftmals unbekannt sind und somit der Austausch trotz existierender Bewertungsportale kritisch betrachtet und somit erschwert wird. Knapp ein Viertel der Bevölkerung sieht mangelnde Hygiene als Nachteil aus Konsumentensicht im Bereich der Share Economy an (vgl. PricewaterhouseCoopers 2015a, S. 17). Je privater und persönlicher der Mietgegenstand ist, desto größer sind die Bedenken der Konsumenten.

6.4.5 Ethische Faktoren

Die im Jahre 2008 weltweite Finanz- und Wirtschaftskrise hat zu einer Zunahme der kritischen Reflexion über Richtigkeit und Sinnhaftigkeit des wirtschaftlichen Handelns geführt. Des Weiteren steigt durch die skizzierte Digitalisierung und steigende mediale Präsenz der Rechtfertigungsdruck über die Handlungsweise wirtschaftlicher Akteure. Negative Handlungs- und Kommunikationsweisen können zu einem größeren Reputationsschaden führen, wodurch ein Vertrauensverlust gegenüber dem jeweiligen Unternehmen entstehen kann. Die Volkswagen-Krise im Jahre 2015, die durch weltweit über elf Millionen manipulierte Autos ausgelöst wurde, zeigt eindrucksvoll die negativen Folgen wirtschaftlichen Handelns unter Missachtung ethischer Prinzipien sowie juristisch-ökologischer Vorschriften (vgl. Spiegel Online 2015). Für die Share Economy bedeutet dies, dass sie sich als Teil des Wirtschaftssystems und somit auch der Wirtschaftsethik konstruktiv und zielführend mit dieser Thematik auseinandersetzen muss. Eine wesentliche Fragestellung beinhaltet die generelle Vereinbarung vom Leitgedanken der Share Economy – einer gemeinschaftlichen Nutzung von Ressourcen – und ökonomischen Prinzipien unter Berücksichtigung ethischer Prinzipien. Am Beispiel von Airbnb, einer Vermittlungsplattform von Wohnraum, verdeutlicht sich die Problematik. So ist die Form des Teilens von Wohnfläche ressourcen- und kostenschonend, dennoch werden branchenübliche Vorschriften wie Hygiene und Brandschutz ignoriert. Des Weiteren können arbeitsrechtliche Sanktionen, beispielsweise aufgrund von illegal angestellten Personals sowie Mängeln im Tariflohn, Arbeits- und Gesundheitsschutz, nur äußerst aufwendig verhängt werden. Ebenso werden aus Sicht der Plattformbetreiber steuerliche Pflichten als Aufgabe des Staates gesehen. Vor allem diese unklare Gesetzeslage wird in der Bevölkerung als größter Nachteil aus Anbietersicht gesehen (vgl. PricewaterhouseCoopers 2015a, S. 19). Aus diesen skizzierten Risiken resultieren zwangsläufig negative Konsequenzen, unter anderem für die Hotellerie, die aufgrund der genannten Vorschriften vor allem preislich benachteiligt ist. Auch in anderen Branchen, beispielsweise beim Transport, fehlen klare Reglementierungen. Neben mangelnden Tariflöhnen und arbeitsrechtlichen Grundlagen ist diese Form der Share Economy durch einen unzureichenden Versicherungsschutz charakterisiert, wodurch günstigere Preise als bei einem kommerziellen Taxiunternehmen angeboten werden können (vgl. The Economist 2013; Wedde und Wedde 2015, S. 3). Dass der größte Wunsch von Share-Economy-Anbietern eben dieser Versicherungsschutz darstellt (40 %), verwundert daher nicht (vgl. PricewaterhouseCoopers 2015a, S. 20). Es gilt an dieser Stelle folglich, kritisch zu reflektieren, ob und in welchem Umfang die Wirtschaft des Teilens fair, legitim und ethisch vertretbar gelebt werden kann. Investoren hingegen profitieren von juristischen Lücken und machen aus ursprünglich altruistischen Gedanken stark renditeorientierte Geschäftsmodelle (vgl. Baumgärtel 2014).

6.5 Der typische Share Economy User

Basierend auf einer im Jahre 2015 durchgeführten empirischen Zufriedenheitsanalyse aus Konsumenten- und Anbietersicht zu innovativen Dienstleistungskonzepten und Trends im Bereich der Share Economy lassen sich strukturelle Aussagen zu typischen Kunden in diesem Segment formulieren (Abb. 6.4).

Diese Erkenntnisse verschaffen Personen im Finanz- und Bankensektor ein nützliches und sinnvolles Hintergrundwissen, um bei Finanzierungs- und Investitionsanfragen die typische Klientel – neben kennzahlenorientierten Fakten – aus demographischer Sicht

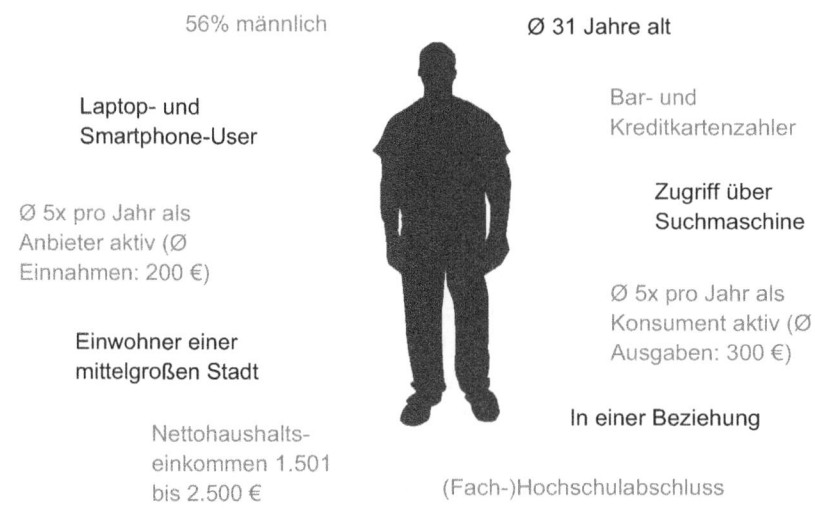

Abb. 6.4 Ein typischer Share Economy User

besser zu kennen und zu bewerten. Der typische Share Economy User ist durchschnittlich 31 Jahre alt, männlich (56 %), wohnt in einer mittelgroßen Stadt (100.001 bis 500.000 Einwohner) und verfügt durch einen (Fach-)Hochschulabschluss (45 % der Befragten) über einen hohen Bildungsabschluss (vgl. Kaufmann 2016, S. 64). Mit einem Nettohaushaltseinkommen zwischen 1501 und 2500 € pro Monat (ca. 28 % der Befragten) repräsentiert er den bundesweiten Durchschnitt (vgl. Bundeszentrale für politische Bildung 2013). Weiterhin ist der typische Share Economy User sehr onlineaffin und nutzt durchschnittlich fünfmal pro Jahr sowohl als Konsument als auch als Anbieter ein Share-Economy-Angebot. Während die durchschnittlichen Ausgaben dafür bei 300 € pro Jahr liegen, belaufen sich die Einnahmen jährlich auf circa 200 €. Das bevorzugte Zahlungsmittel stellen Bar- und Kreditkartenzahlung dar. In einem bundesweiten Vergleich nutzen Personen aus dem Westen, vor allem aus Nordrhein-Westfalen, am meisten (23 %) dieses Nutzungskonzept (vgl. PricewaterhouseCoopers 2015a). Zusammenfassend kann ein typischer Share Economy User als modern, jung und dynamisch charakterisiert werden.

6.6 Zusammenfassung und Ausblick

Share Economy ist nicht nur ein Trend, sondern eine gesellschaftliche Bewegung, die kontinuierlich im Leben der Menschen – sowohl als Konsument als auch als Anbieter – an Bedeutung gewinnt. In zahlreichen Wirtschaftsbereichen lassen sich entsprechende Erscheinungsformen finden, sei es bei der Vermietung von Schlafmöglichkeiten, Mitfahrgelegenheiten oder Spielzeugen. Die hierbei einflussnehmenden Faktoren sind vielschichtig und unterschiedlich. Neben ökonomischen Motiven (zum Beispiel um Geld zu sparen), sind auch ökologische (beispielsweise Umweltschonung, Emissionsreduktion), technologische (etwa Flexibilität, Variabilität), emotionale (wie Innovation, Reputation) sowie ethische Aspekte (zum Beispiel Gedanke des Teilens) wesentliche Treiber für diese wachsende Wirtschaftsform. Konträr hierzu existieren jedoch auch Barrieren und Risiken, die bei der Betrachtung und Bewertung möglicher Unternehmensformen berücksichtigt werden müssen. Neben unzureichenden Sicherheits- und Hygienevorschriften zeigen Sharing-Angebote mitunter weitreichende Mängel im Bereich des Datenschutzes. Des Weiteren ist zu konstatieren, dass die ursprünglich altruistische Idee des Teilens und Tauschens, hervorgegangen aus einer Solidargesellschaft, durch Investoren ökonomisiert und zu stark renditeorientierten Unternehmen gemacht wurden (vgl. Baumgärtel 2014). Ebenso implementiert das positive ökologische Motiv der Umweltschonung aufgrund des skizzierten Rebound-Effekts auch Risiken und negative Folgen. Insgesamt ist die Share Economy als eine innovative Wirtschaftsform charakterisiert, die durch modernste Technik die bereits bekannten Formen gemeinschaftlicher Nutzung weiter intensiviert hat. Folglich zeigt sich, dass nicht mehr das einzelne Produkt, sondern dessen Nutzung in temporär eingeschränkter Form im Fokus steht. Diese Entwicklung verdeutlicht das enorme wirtschaftliche Potenzial, das auch Auswirkungen auf den Banken- und Finanzsektor (zum Beispiel in Form des Crowdfundings) bereits heutzutage zur Folge hat.

In weiteren Beiträgen gilt es, anknüpfend an den aktuellen Forschungsstand Erkenntnisse zur Wichtigkeit und Zufriedenheit in Bezug auf die skizzierten Einflussfaktoren herauszuarbeiten. Mittels einer empirischen Zufriedenheitsanalyse können somit Verbesserungs- und Rationalisierungspotenziale sowohl für bereits etablierte als auch zukünftige Unternehmen aufgezeigt werden. So sind einem typischen Share Economy User Gesichtspunkte wie Qualität, Hygiene und Zahlungsmoral besonders wichtig, andere Faktoren (zum Beispiel Innovation/Modernität des Produktes, Flexibilität bezüglich Abholzeitpunkt und -ort) können hingegen eher vernachlässigt werden. Besonders zufrieden sind Anbieter und Konsumenten mit der Zahlungsmoral und Freundlichkeit, eher unzufrieden mit Faktoren wie Datenschutz und Hygiene (vgl. Kaufmann 2016). Die hieraus ableitbaren Handlungsempfehlungen können ökonomisch positive Wirkungen für Unternehmen, basierend auf der Erhöhung der Kundenzufriedenheit, implementieren.

Literatur

Airbnb (2015a). Über uns. https://www.airbnb.de/about/about-us. Zugegriffen: 17. Juni 2016.

Airbnb (2015b). Service-Gebühren. https://www.airbnb.de/help/article/104/what-are-guest-service-fees. Zugegriffen: 13. Juni 2016.

AlixPartners (2014). Alixpartners study indicates greater negative effect of car sharing on vehicle purchases. Press release. http://www.alixpartners.com/en/MediaCenter/PressReleases/tabid/821/articleType/ArticleView/articleId/950/AlixPartners-Study-Indicates-Greater-Negative-Effect-of-Car-Sharing-on-Vehicle-Purchases.aspx. Zugegriffen: 5. Juni 2016.

Auxmoney (2016). Geld anlegen. https://www.auxmoney.com/infos/geld-anlegen-mit-auxmoney. Zugegriffen: 4. Juni 2016.

Baedecker, C., Leismann, K., Rohn, M., & Schmitt, M. (2012). *Nutzen statt Besitzen. Auf dem Weg zu einer ressourcenschonenden Konsumkultur*. Schriften zur Ökologie, Bd. 27. Berlin: Heinrich-Böll-Stiftung. Hrsg. von Heinrich Böll Stiftung, & Naturschutzbund Deutschland

Baumgärtel, T. (2014). Sharing Economy. Teile und verdiene. *Zeit, 26.* Juni 2014. http://www.zeit.de/2014/27/sharing-economy-tauschen. Zugegriffen: 15. Juni 2016.

BGB (2015). Bürgerliches Gesetzbuch vom 18. Aug. 1896 in der Fassung der Bekanntmachung vom 2. Januar 2002 (BGBl. I S. 42, 2909; 2003 I S. 738), das zuletzt durch Artikel 16 des Gesetzes vom 29. Juni 2015 (BGBl. I S. 1042) geändert worden ist.

Brandt, M. (2016). Jeder 5. Deutsche nutzt Sharing Economy-Angebote. *Statista,* 28. Juni 2016. https://de.statista.com/infografik/5122/nutzung-von-kollaborativen-plattformen-in-der-eu. Zugegriffen: 28. Juni 2016.

Bundesdruckerei (2015). Share Economy – Der Trend zu Teilen. https://www.bundesdruckerei.de/de/2368-share-economy-der-trend-zu-teilen. Zugegriffen: 24. Mai 2016.

Bundesministerium für Bildung und Forschung (2015). Informationsgesellschaft – Weichen für die Zukunft stellen. http://www.bmbf.de/de/398.php. Zugegriffen: 25. Mai 2016.

Bundesministerium für Umwelt, Naturschutz, Bau und Reaktorsicherheit (2013). Fortschrittsberichte zur Nationalen Nachhaltigkeitsstrategie. http://www.bmub.bund.de/themen/strategien-bilanzen-gesetze/nachhaltige-entwicklung/strategien-nachhaltige-entwicklung-download/

artikel/fortschrittsberichte-zur-nationalen-nachhaltigkeitsstrategie/?tx_ttnews[backPid]=893. Zugegriffen: 24. Mai 2016.

Bundesministerium für Umwelt, Naturschutz, Bau und Reaktorsicherheit (2015). Die 2030-Agenda für Nachhaltige Entwicklung. http://www.bmub.bund.de/themen/strategien-bilanzen-gesetze/nachhaltige-entwicklung/2030-agenda. Zugegriffen: 24. Mai 2016.

Bundesministerium für wirtschaftliche Zusammenarbeit und Entwicklung (2015). Internationale Ziele. Die Agenda 2030 für nachhaltige Entwicklung. http://www.bmz.de/de/ministerium/ziele/ziele/2030_agenda/index.html. Zugegriffen: 21. Mai 2016.

Bundesregierung (2012). Nationale Nachhaltigkeitsstrategie. Fortschrittsbericht 2012. http://www.bundesregierung.de/Content/DE/_Anlagen/Nachhaltigkeit-wiederhergestellt/2008-11-17-fortschrittsbericht-2008.pdf?__blob=publicationFile. Zugegriffen: 24. Mai 2016.

Bundestag (2015). Aktueller Begriff Sharing Economy. http://www.bundestag.de/blob/377486/21fc4300787540e3881dbc65797b2cde/sharing-economy-data.pdf. Zugegriffen: 16. Mai 2016.

Bundeszentrale für politische Bildung (2013). Die soziale Situation in Deutschland. https://www.bpb.de/nachschlagen/zahlen-und-fakten/soziale-situation-in-deutschland/61754/einkommen-privater-haushalte. Zugegriffen: 01. Juni 2016.

Bundeszentrale für politische Bildung (2015). Subsistenzwirtschaft. http://www.bpb.de/nachschlagen/lexika/lexikon-der-wirtschaft/20793/subsistenzwirtschaft. Zugegriffen: 20. Mai 2016.

Business-On (2015). Europäische Studie. Tauschen, Teilen, Leihen – welche Kaufpraktiken liegen im Trend? http://www.business-on.de/muenster/europaeische-studie-tauschen-teilen-leihen-welche-kaufpraktiken-liegen-im-trend-_id7118.html. Zugegriffen: 3. Juni 2016.

Cannon, S., & Summers, L. H. (2014). How Uber and the sharing economy Can win over regulators. Harvard Business Review, 13. Oktober 2014. https://hbr.org/2014/10/how-uber-and-the-sharing-economy-can-win-over-regulators. Zugegriffen: 16. Juni 2016.

Deloitte (2015). Sharing Economy. Teile und verdiene! Wo steht die Schweiz? http://www2.deloitte.com/content/dam/Deloitte/ch/Documents/consumer-business/ch-de-cb-sharing-economy-teile-und-verdiene.pdf. Zugegriffen: 10. Juni 2016.

DriveNow (2015). DriveNow. https://de.drive-now.com/. Zugegriffen: 8. Juni 2016.

Eichhorst, W., & Spermann, A. (2015). Chancen und Risiken der Share Economy. In H. Mezger (Hrsg.), *Sharing Economy – Chancen, Risiken und Gestaltungsoptionen für den Arbeitsmarkt Chancen und Risiken der Share Economy* (S. 16–29). Eschborn: Randstad Stiftung.

F/21 Büro für Zukunftsfragen (2011). Privates Carsharing. Teilen ist das neue Konsumieren. http://www.f-21.de/downloads/f21_whitepaper_privates-carsharing.pdf. Zugegriffen: 19. Mai 2016.

Freyer, W. (2011). *Sport-Marketing. Modernes Marketing-Management für die Sportwissenschaft* (4. Aufl.). Berlin: Erich Schmidt.

Geron, T. (2013). Airbnb and the unstoppable rise of the share economy. Forbes, 11. Februar 2013. http://www.forbes.com/sites/tomiogeron/2013/01/23/airbnb-and-the-unstoppable-rise-of-the-share-economy. Zugegriffen: 18. Dez. 2015.

Giersch, T. (2014). Die Zukunft des Kapitalismus. Handelsblatt, 4. Oktober 2014. http://www.handelsblatt.com/unternehmen/beruf-und-buero/wirtschaft_erlesen/neues-buch-von-jeremy-rifkin-der-trend-zum-teilen-hat-laengst-begonnen/10296656-5.html. Zugegriffen: 27. Mai 2016.

Gottschling, S., & von Graeve, N. (2015). *E-Mail-Marketing einfach machen!* Augsburg: SGV.

Hank, R., & von Petersdorff, W. (2013). „Sharing Economy". Haben ist seliger als Teilen! FAZ, 13. April 2013. http://www.faz.net/aktuell/finanzen/meine-finanzen/geld-ausgeben/sharing-economy-haben-ist-seliger-als-teilen-12139540.html. Zugegriffen: 27. Mai 2016.

Kaufmann, J. (2016). *Eine empirische Zufriedenheitsanalyse aus Konsumenten- und Anbietersicht zu innovativen Dienstleistungskonzepten und Trends im Bereich der Share Economy.* Münster: FOM Hochschule für Oekonomie und Management, unveröffentlichte Masterarbeit.

Meister, J. (2015). Airbnb chief human resource officer becomes chief employee experience officer. Forbes, 21. Juli 2015. http://www.forbes.com/sites/jeannemeister/2015/07/21/airbnbs-chief-human-resource-officer-becomes-chief-employee-experience-officer/2. Zugegriffen: 18. Juni 2016.

Oermann, N. O. (2015). *Wirtschaftsethik. Vom freien Markt bis zur Share Economy.* München: Beck.

PricewaterhouseCoopers (2015a). Share Economy. Repräsentative Bevölkerungsbefragung 2015. http://www.pwc.de/de_DE/de/digitale-transformation/assets/pwc-bevoelkerungsbefragung-share-economy.pdf. Zugegriffen: 17. Mai 2016.

PricewaterhouseCoopers (2015b). Der Trend zum Teilen statt Besitzen ist mehr als eine Modeerscheinung. http://www.pwc.de/de/digitale-transformation/der-trend-zum-teilen-statt-besitzen-ist-mehr-als-eine-modeerscheinung.jhtml. Zugegriffen: 17. Juni 2016.

PricewaterhouseCoopers (2015c). PwC-Studie. Share Economy. http://www.pwc.de/de/digitale-transformation/pwc-studie-share-economy.jhtml. Zugegriffen: 17. Mai 2016.

PricewaterhouseCoopers (2015d). The Sharing Economy. http://www.pwc.com/us/en/industry/entertainment-media/publications/consumer-intelligence-series/assets/pwc-cis-sharing-economy.pdf. Zugegriffen: 17. Juni 2016.

Sorge, N.-V. (2014). Studie sieht Boom der Sharing Economy. Car2Go ist nur der Anfang. *manager magazin,* 17. Juli 2014. http://www.manager-magazin.de/unternehmen/autoindustrie/roland-berger-sieht-grosse-zukunft-fuer-car2go-drive-now-und-carsharing-a-981510-2.html. Zugegriffen: 20. Juni 2016.

Spiegel Online (2015). Winterkorn-Nachfolge. Matthias Müller ist neuer VW-Chef. http://www.spiegel.de/wirtschaft/unternehmen/volkswagen-matthias-mueller-ist-neuer-vw-chef-a-1054858.html. Zugegriffen: 27. Mai 2016.

Springer Gabler Verlag (Hrsg.). (2016a). *Gabler Wirtschaftslexikon, Stichwort: Sharing Economy.* http://wirtschaftslexikon.gabler.de/Archiv/688938792/sharing-economy-v5.html. Zugegriffen: 19. Mai 2016.

Springer Gabler Verlag (Hrsg.). (2016c). *Gabler Wirtschaftslexikon, Stichwort: Crowdfunding.* http://wirtschaftslexikon.gabler.de/Definition/crowdfunding.html. Zugegriffen: 30. Mai 2016.

Springer Gabler Verlag. (Hrsg.). (2016b). *Gabler Wirtschaftslexikon, Stichwort: Dienstleistungen.* http://wirtschaftslexikon.gabler.de/Definition/dienstleistungen.html. Zugegriffen: 30. Mai 2016.

Statista (2014). Anteil der Internetnutzer in Deutschland in den Jahren von 2001 bis 2014. http://de.statista.com/statistik/daten/studie/13070/umfrage/entwicklung-der-internetnutzung-in-deutschland-seit-2001. Zugegriffen: 25. Mai 2016.

Statista (2016). Crowdfunding. https://de.statista.com/outlook/335/137/crowdfunding/deutschland. Zugegriffen: 28. Juni 2016.

The Economist (2013). *The sharing economy. All eyes on the sharing economy.* 9. März 2013. http://www.economist.com/news/technology-quarterly/21572914-collaborative-consumption-technology-makes-it-easier-people-rent-items. Zugegriffen: 15. Juni 2016.

Tilz, J. (2013). Auto, Kleidung, Werkzeug: Teilen statt Kaufen liegt im Trend. Focus, 24. Ju-
    li 2013. http://www.focus.de/finanzen/news/tid-32898/oekonomie-des-teilens-benutzen-statt-
    besitzen_aid_1070051.html. Zugegriffen: 24. Mai 2015.

Umweltbundesamt (2012). Klimawirksamkeit des Flugverkehrs. https://www.umweltbundesamt.
    de/sites/default/files/medien/377/dokumente/klimawirksamkeit_des_flugverkehrs.pdf. Zuge-
    griffen: 24. Juni 2016.

Weber, B. (2010). Haushalt – Markt – Konsum. *Information zur politischen Bildung, 2010*(308), 6.

Wedde, P., & Wedde, I. (2015). Schöne neue „share economy"?, *Managerkreis der Friedrich-Ebert-
    Stiftung*, 1–4. http://library.fes.de/pdf-files/managerkreis/11265.pdf. Zugegriffen: 12. Juni 2016.

Wienecke-Janz, D. (2008). Bibliothek von Alexandria. In D. Wienecke-Janz (Hrsg.), *Die große
    Chronik-Weltgeschichte von den Anfängen bis zur Gegenwart* (Bd. 5, S. 92–93). Gütersloh Mün-
    chen: Wissen Media.

Winkler, R. (2015). Airbnb raises over $100 million as it touts strong growth. The Wall Street
    Journal, 20. november 2015. http://www.wsj.com/articles/airbnb-raises-over-100-million-as-
    it-touts-strong-growth-1448049815. Zugegriffen: 30. Mai 2016.

Zentes, J., Freer, T., & Beham, F. (2013). Neue Mietkonzepte. Nutzen statt Haben – Potenziale und
    Herausforderungen für Unternehmen. Institut für Handel & Internationales Marketing der Uni-
    versität des Saarlandes (Hrsg.). http://www.uni-saarland.de/fileadmin/user_upload/Professoren/
    fr13_ProfZentes/sonstiges/Neue_Mietkonzepte_Nutzen_statt_Haben.pdf. Zugegriffen: 18. Mai
    2016.

Stefan Gruber und Marcel Seidel

Inhaltsverzeichnis

7.1 Einführung

Crowdfunding ist kein ganz neues Phänomen mehr und in den letzten Jahren vielfach im Gespräch, gleichwohl rückt es insbesondere auch bei Privatkunden immer mehr in den Fokus. Eine genauere Betrachtung der Thematik zeigt außerdem, dass bei Banken und Finanzdienstleistern Crowdfunding oftmals zu eindimensional betrachtet wird. Dieser

S. Gruber (✉)
74538 Rosengarten, Deutschland
E-Mail: stefagru@gmail.com

M. Seidel
FOM Hochschule für Oekonomie & Management
Stuttgart, Deutschland
E-Mail: marcel.seidel@fom.de

© Springer Fachmedien Wiesbaden GmbH 2017
M. Seidel (Hrsg.), *Banking & Innovation 2017*, FOM-Edition,
DOI 10.1007/978-3-658-15785-2_7

Beitrag soll einen breiteren Blick auf das Thema ermöglichen und damit gegebenenfalls auch die Perspektive des einzelnen Instituts verbessern, vielleicht sogar ein neues Geschäftsfeld erschließen.

Die folgende Situation ist vielen Privatpersonen, die ein privates, soziales oder gewerbliches Projekt finanzieren möchten, vertraut: Die kreditsuchende Privatperson hat zur Verwirklichung ihres Projektes nicht genügend Eigenkapital und sucht daher eine passende Finanzierungsform. Infrage kommen beispielsweise die „klassischen" Lösungen wie ein Bankdarlehen, öffentliche Förderungen oder private Investoren in Form von Gesellschaftern (vgl. Hemer et al. 2011, S. 29, Abb. 3). Der Kreditnehmer hat jedoch kein Interesse, sich langfristig bei einem Kreditinstitut zu verschulden oder kann nicht die vollständige Rückzahlung des erhaltenen Kapitals leisten. Auf der anderen Seite stehen Privatpersonen, die ihr Kapital in eine geeignete Kapitalanlage investieren möchten. Crowdfunding ist in seinen verschiedenen Ausprägungsformen eine innovative Möglichkeit, Kapitalnehmer und -geber zusammenzubringen. Die Ausprägungen des Crowdfundings unterscheiden sich insbesondere in der Ausgestaltung der Gegenleistung (vgl. Sixt 2014, S. 57).

Im Rahmen einer wissenschaftlichen Untersuchung an der FOM Hochschule für Oekonomie & Management Studienzentrum Stuttgart wurde das Themengebiet des Crowdfundings bearbeitet. Um zu vertiefenden Einsichten zu gelangen, wurden neben einer ausführlichen Literaturrecherche Experten befragt und eine Online-Umfrage durchgeführt. Die nachfolgenden Kapitel werden, beginnend mit einer kurzen Einführung und Begriffsabgrenzungen, einen Überblick zu den wesentlichen Ergebnissen der erfolgten Untersuchung geben.

7.2 Wandel in der Finanzwelt – Erfordernisse zur Innovation der Geschäftsmodelle

Neben den derzeitigen Entwicklungen an den Finanzmärkten (wie unter anderem Regulierung und Niedrigzinsphase) haben sich in den vergangenen Jahren auch das Verhalten der Verbraucher sowie die Marktbedingungen rasant verändert. Es lässt sich verstärkt feststellen, dass die von Banken angebotenen Finanzprodukte unter keinem besonderen Schutz stehen und somit von jedem ausgetauscht oder weiterentwickelt werden können. Dies führte in der Folge dazu, dass die traditionellen Finanzunternehmen wie die Sparkassen und die Volks- und Raiffeisenbanken eine stärkere Konkurrenz auf dem Finanzmarkt durch Near und Non-Banks sowie von FinTechs erhalten.

Non-Banks sind jene Finanzdienstleister, die einem branchenfremden Unternehmen zugehörig sind (zum Beispiel der Mercedes-Benz Bank AG). Der Umsatz des eigentlichen Kerngeschäfts (beispielsweise Automobil) soll mithilfe dieser Banken gesteigert und unterstützt werden. Durch den alleinigen Vertrieb von banknahen Finanzdienstleistungen wie Versicherungen zeichnen sich hingegen die Near Banks aus. Durch den Markteintritt von Non- und Near Banks steigt das Angebot von Finanzdienstleistungen, aber auch die

Möglichkeiten für den Kunden, die angebotenen Produkte über verschiedene Vertriebswege zu beziehen (zum Beispiel Online Banking).

Neben der steigenden Konkurrenz auf dem Finanzdienstleistermarkt hat sich auch das Verhalten der Kunden verändert. Der Kunde erwartet aufgrund der zunehmenden Mobilität, dass er die Finanzdienstleistung genau nach seinen Bedürfnissen in Anspruch nehmen kann. Der Zugriff erfolgt nicht mehr ausschließlich über das Filialnetz der Banken, sondern verstärkt durch das Internet. Der Bankkunde der Gegenwart verfügt über ein höheres Fachwissen über die angebotene Produkte und vergleicht aktiver (vgl. Schmeisser et al. 2008, S. 126 ff.). Durch die zunehmende Digitalisierung wird die Welt immer vernetzter, und die Menschen haben ein stärkeres Bedürfnis, virtuell mit anderen Menschen zusammenzukommen. Sie kommunizieren (zum Beispiel über soziale Medien wie Facebook), tauschen sich aus (beispielsweise über Produkterfahrungen) und arbeiten zusammen. Die sogenannte Schwarmintelligenz bezeichnet hierbei das Nutzen von Informationen, die durch eine Gruppe von Menschen zusammengetragen werden. Die Nutzung solcher Schwarmintelligenzen wird in Zukunft für Finanzdienstleister zunehmend an Bedeutung gewinnen. Das Peer-to-Peer-Geschäftsmodell macht sich genau dieses zunutze (vgl. Capellmann et al. 2012, S. 172, 174, 186 ff.).

Die angeführte steigende Digitalisierung ist nur ein Megatrend, welcher für die künftigen Geschäftsmodelle von Banken Chancen im Kundengeschäft bietet (vgl. Meybom 2016, S. 45 ff.). Eine Studie des Fraunhofer Instituts für Arbeitswirtschaft und Organisation aus dem Jahr 2015 bestätigt das Erfordernis der Transformation der Bankenbranche ebenfalls. Viele Banken schauen immer pessimistischer in die Zukunft und begegnen dem steigenden Ertrags- und Kostendruck primär mit Kostensenkungsmaßnahmen (zum Beispiel Stellenabbau), ohne das vordergründige Problem der fehlenden Erschließung neuer und nachhaltiger Geschäftsmodelle lösen zu können. Neben den bereits erwähnten Near und Non-Banks drängen auch vermehrt sogenannte FinTechs (etwa Lending Club, Lufax, Zillow) stärker in die Bankenbranche (vgl. Bauer et al. 2015, S. 9 ff., 18). FinTechs besitzen eine hohe Innovationskraft aufgrund des enormen Digitalisierungsgrads ihrer kundenorientierten Produkte. Viele bieten zu den bestehenden Bankprodukten additive oder unterstützende Angebote an. Durch einfache und schnelle Lösungen profitieren Kunden von FinTechs.

Diesen Vorteil sollten Banken den FinTechs nicht kampflos überlassen. Nach der aktuellen IM-FinTech-Studie 2016 der Investors Marketing AG können viele FinTechs zukünftig bedeutende Kooperationspartner in der Bankenbranche werden. Die höchsten Marktanteile von FinTech-Unternehmen werden im Bereich der Girokonten, Geldanlagen und Konsumentenkredit gesehen (vgl. Mihm 2016, S. 54 ff.). In Summe müssen Banken ihre bestehenden Geschäftsmodelle auf Profitabilität, Nachhaltigkeit, Zukunftsfähigkeit und in Einklang mit den sich immer schneller wandelnden Marktanforderungen (wie unter anderem Niedrigzinsumfeld, steigende Regulatorik und verändertes Kundenverhalten) kritisch analysieren. Crowdfunding kann eine Lösung sein, um den Transformationsprozess in der Bankenbranche zu unterstützen und künftig den Kunden in die Wertschöpfung der Bank einzubinden.

7.3 Begriffsabgrenzung

7.3.1 Crowdsourcing

Crowdsourcing bezeichnet die Auslagerung (sogenanntes Outsourcing) der Wissensgenerierung und Problemlösung an eine Vielzahl von Personen, die sogenannte Crowd. Das Crowdsourcing ist Teil des Open-Innovationen-Prozesses, wobei Innovationsbestrebungen eines Unternehmens nach außen, das heißt an unternehmensexterne Beteiligte (zum Beispiel Hochschulen, Kunden, Internetuser), geöffnet werden (vgl. Gassmann 2012, S. 5 ff.).

7.3.2 Crowdfunding

Das Crowdfunding ist eine Ausprägung des Crowdsourcings und bezeichnet die Finanzierung (Funding) eines Projekts (wie eine neue Dienstleistung, ein neues Produkt oder ein Start-up-Unternehmen) durch eine Vielzahl von Unterstützern (Crowd). Die Projektidee wird hierfür auf einer Online-Finanzierungsplattform präsentiert. Die potenziellen Unterstützer haben so die Möglichkeit, sich online über das Zielprojekt zu informieren und eine Investition direkt über die Plattform zu tätigen. Crowdfunding schafft die Vernetzung zwischen den sozialen Netzwerken und dem Trend zur Selbstbestimmung und Selbsthilfe. Es ermöglicht weiterhin dem Kapitalgeber eine Transparenz über die Geldströme und die Mittelverwendung. Crowdfunding kann nach der Form der finanziellen Gegenleistung unterschieden werden (vgl. Sixt 2014, S. 28 f., 57)[1]. Crowdfunding wird auch als disruptive Innovation bezeichnet, da bestehende Produkte/Dienstleistungen vollständig ersetzt werden können. In den nachfolgenden Abschnitten erfolgt die Vorstellung der unterschiedlichen Ausprägungsformen des Crowdfundings.

Equity-basierend (Eigenkapitalmodell)
Equity-based Crowdfunding (auch als Crowdinvesting bezeichnet) dient der langfristigen Finanzierung von Unternehmen/Projekten (vgl. Sixt 2014, S. 57, 129). Der Kapitalgeber erhält eine finanzielle Gegenleistung für sein Investment in Form eines Anteils an einem Unternehmen und wird dadurch an dessen Erfolg beteiligt. Der Investor wird durch seine Beteiligung aber kein „echter" Gesellschafter. Diese Art der Unternehmensfinanzierung wird auch als Mezzanine-Kapital bezeichnet (vgl. Carstens und Schramm 2014, S. 7). Das Crowdinvesting in Deutschland erfolgt häufig in Form eines Nachrangdarlehens oder partiarischen Darlehens (vgl. Wardrop et al. 2015, S. 28). Beim Crowdinvesting übernehmen die Plattformen in den meisten Fällen nicht die Aufgabe der Durchführung einer Due

---

[1] Weiterhin unterscheiden Hemer et al. (2011) die Ausprägungen von Crowdfunding in Ex-ante-Modelle (Mittelbereitstellung vor Realisierung des Projekts) und Ex-post-facto-Modelle (Mittelbereitstellung nach Realisierung des Projekts).

Diligence bei den zu finanzierenden Start-up-Projekten. Vielmehr werden zum Beispiel bei Seedmatch.de verschiedene Auswahlkriterien festgelegt, damit ein Projekt überhaupt finanziert werden kann. Wird ein Projekt erfolgreich finanziert, so erheben die deutschen Plattformen zum Teil bis zu zehn Prozent Erfolgsprovision (vgl. Sixt 2014, S. 136 f.). Bekannte Crowdinvesting-Plattformen sind seedmatch.de, innovestment.de und bergfuerst. de (vgl. Crowdfunding.de o.J. a).

Lending-basierend (Darlehensmodell)

Beim Lending-based Crowdfunding erhält der Kapitalgeber eine finanzielle Gegenleistung für seine Kapitalausleihung (vgl. Carstens und Schramm 2014, S. 7, 147 ff.). Die Kapitalausleihung erfolgt in Form eines Darlehens, das heißt, die Tilgung erfolgt in regelmäßigen Raten mit entsprechender Verzinsung auf das geliehene Kapital. Die Höhe der Verzinsung wird durch das Ausfallrisiko des Kapitalnehmers bestimmt. Bei einem erhöhten Ausfallrisiko erhält der Kapitalgeber eine vergleichsweise höhere Verzinsung als bei einem Projekt mit einem Kreditnehmer mit einem niedrigen Ausfallrisiko. Angemerkt sei hierbei, dass das potenzielle Ausfallrisiko den Kapitalgebern und nicht dem Intermediär obliegt.

Meist handelt es sich beim Lending-based Crowdfunding um einen unbesicherten Peer-to-Peer-Kredit oder Peer-to-Company-Kredit. Der Kapitalnehmer erwartet zumeist einen Soll-Zinssatz, der unter den marktüblichen Zinssätzen für einen Dispositionskredit liegt. Der Kapitalgeber erwartet hingegen einen Zinssatz, der über der marktüblichen Einlagenverzinsung liegt.

Das Lending-based Crowdfunding eignet sich insbesondere für einen kurzfristigen Anlagehorizont (vgl. Sixt 2014, S. 58). Weiterhin gehört auch Social Lending zu dem Bereich des Lending-basierten Crowdfundings. Die Besonderheit beim Social Lending liegt darin, dass die Kapitalgeber bei der Finanzierung eines Projekts, im Gegensatz zum Crowdlending, den Unterstützungsbetrag zinslos zur Verfügung stellen. Zumeist handelt es sich um Entwicklungsprojekte (vgl. Sixt 2014, S. 157). Bekannte Crowdlending-Plattformen sind auxmoney.com, smava.de und lendico.de (vgl. Crowdfunding.de o.J. a).

Donation-basierend (Spendenmodell)

Beim Donation-based Crowdfunding erwartet der Kapitalgeber in der Regel keine finanzielle Gegenleistung für seine Unterstützung. Diese Zuwendungen sind in Deutschland steuerlich abzugsfähig (vgl. Sixt 2014, S. 57, 194.). Bekannte Onlineplattformen sind gemeinschaftscrowd.de und kiezhelden.com (vgl. Crowdfunding.de o.J. a).

Reward-basierend (Belohnungsmodell)

Beim Reward-based Crowdfunding erwartet der Kapitalgeber keine finanzielle Gegenleistung für seine Unterstützung. Im Gegensatz zum Donation-based Crowdfunding besitzt das Reward-based Crowdfunding jedoch keinen Spendencharakter. Der Kapitalgeber erhält für seine finanzielle Unterstützung meist eine geringwertige materielle Gegenleistung (zum Beispiel Sachleistungen, Rabatt auf ein Produkt) oder eine höherwertige ideelle Gegenleistung (beispielsweise Meet-and-Greet mit einem Künstler) (vgl. Sixt 2014, S 113 ff.).

Beim Reward-based Crowdfunding kann weiterhin zwischen dem Pre-Sale/Pre-Ordering und dem Crowdsponsoring unterschieden werden. Beim Pre-Sale/Pre-Ordering erwirbt der Kapitalgeber das fertige Produkt meist vor der offiziellen Veröffentlichung zu einem günstigeren Preis und ermöglicht so die Produktion. Beim Crowdsponsoring erfolgt die Gegenleistung in ideeller Form zum Beispiel durch Nennung der Sponsoren im Abspann. Ein bekanntes Beispiel für das Crowdsponsoring ist der Film „*Stromberg – Der Film*" (vgl. Moritz und Block 2014, S. 5). Bekannte Online-Plattformen sind kickstarter. com, indiegogo.com und startnext.com (vgl. Crowdfunding.de o.J. a).

7.3.3 Akteure beim Crowdfunding

Kapitalnehmer
Der Kapitalnehmer ist beim Crowdfunding meist der Projektinitiator. Er ist eine natürliche oder juristische Person, welche zur Realisierung ihrer Idee eine finanzielle Unterstützung benötigt.

Kapitalgeber
Die Crowd stellt beim Crowdfunding den Kapitalgeber dar. Sie setzt sich aus einer Vielzahl von Personen zusammen, welche sich mit unterschiedlichen Geldbeträgen an der Finanzierung des Projektes beteiligen wollen. Mögliche Kapitalgeber können die Familie, Freunde sowie Personengruppen sein, die ein materielles Ziel oder persönliche Wertevorstellungen verfolgen (vgl. Carstens und Schramm 2014, S. 6)[2].

Die Kapitalgeber fungieren beim Crowdfunding auch als Multiplikatoren für das Projekt. Durch eine gezielte Bewerbung unter anderem über soziale Netzwerke kann eine hohe und positive Reputation gestärkt und weitere potenzielle Unterstützer können angesprochen werden. Besonders die Erfolgsaussichten für die Finanzierung des Crowdfunding-Projekts steigen durch das aktive Einbringen der Kapitalgeber, und wertvolle Informationen können für die spätere Umsetzung bzw. Produktion des Projekts (zum Beispiel für die spätere Preisfestsetzung) gesammelt werden (vgl. Sixt 2014, S. 68 f.).

Intermediär
Der Intermediär stellt beim Crowdfunding einen Marktplatz bereit, auf dem das Angebot (Kapitalnehmer, Crowdfunding-Projekte) auf die Nachfrage (Kapitalgeber) trifft. Der Kapitalnehmer schließt zu Beginn des Projekts einen Dienstleistungsvertrag mit dem Intermediär, in dem die wesentlichen vertraglichen Rechte und Pflichten für die Betei-

---

[2] In der Literatur werden ergänzend weitere mögliche Akteure angeführt (zum Beispiel verschiedene Stakeholder). Diese haben im Crowdfunding-Prozess eine geringe Bedeutung und werden aus diesem Grund im Rahmen dieses Beitrags nicht detaillierter betrachet (vgl. Hemer et al. 2011).

ligten geregelt werden (zum Beispiel Projektlaufzeit, Gebühren, mögliche Zinszahlungen, Funding-Schwelle). Der Intermediär verschafft den potenziellen Investoren einen Überblick über mögliche Investitionsalternativen. Zu jedem Crowdfunding-Projekt werden hierzu standardisierte Informationen (zum Beispiel Finanzierungsbedarf, Beschreibung des Projektinhalts) bereitgestellt und dadurch das Risiko möglicher Intransparenz und hoher Transaktionskosten verringert (vgl. Carstens und Schramm 2014, S. 13 ff., 33 ff., 124).

Wird ein Projekt unter Zuhilfenahme eines Intermediärs über Crowdfunding finanziert, bezeichnet man dies als indirektes Crowdfunding. Dies ist die häufigste in Anspruch genommene Form (vgl. Moritz und Block 2014, S. 6.). Der Intermediär erhebt für seine Dienstleistung meist eine Provision von bis zu zehn Prozent auf das aufgebrachte Kapital (vgl. Sixt 2014, S. 207).

7.3.4 Threshold-Pledge-System

Das Threshold-Pledge-System (Mindest-Schwellen-System bzw. Investitionsschwelle) bezeichnet eine Mindestschwelle an Zahlungszusagen von Kapitalgebern, welche als Auszahlungsbedingung an den Kapitalnehmer festgelegt worden ist. Ein Intermediär überwacht das Erreichen dieser Mindestschwelle und verwaltet die vereinnahmten Zahlungen bis zur vollständigen Auszahlung treuhänderisch. Mit Erreichen der durch den Kapitalnehmer vorher definierten Mindestschwelle zahlt der Intermediär den eingesammelten Betrag an diesen aus. Sollte die Mindestschwelle oder das definierte Projektziel (zum Beispiel Produktion eines Produktes) nicht erreicht werden, fließen die vereinnahmten Zahlungen an die Projektunterstützer zurück. Der Intermediär erhält als Aufwandsentschädigung einen festen Provisionssatz.

Das Threshold-Pledge-System hat sich aus dem sogenannten Street-Performer-Protocol entwickelt, das die kostenlose Nutzung urheberrechtlich geschützter Inhalte (zum Beispiel Software, Bücher) ermöglicht, unter der Voraussetzung, dass eine bestimmte Summe an Unterstützerbeiträgen eingeht (vgl. Hemer et al. 2011, S. 57 f.).

7.4 Überblick zum Crowdfunding-Markt in Europa

Mit der Webseite SellaBand.com ging bereits im Jahr 2006 eine der ersten Reward-basierenden Crowdfunding-Plattformen zur Finanzierung von Musikprojekten in Europa online (vgl. Sixt 2014, S. 55 f, 58 ff., 124 f., 229 ff.).

Eine Studie der *University of Cambridge* und der *Beratungsgesellschaft Ernst & Young* aus dem Jahr 2015 untersuchte den Markt alternativer Finanzprodukte (wozu auch Crowdfunding zählt) in Europa. Demnach verfügen Großbritannien, die Niederlande, Deutschland, Spanien, Schweden und Frankreich über einen der am weitesten entwickelten Märkte für alternative Finanzprodukte in Europa (vgl. Wardrop et al. 2015, S. 15). Weltweit ist Europa nach Volumen der zweitgrößte Crowdfunding-Markt und soll auch in den kommenden Jahren weiterhin sein Wachstum speziell im Bereich des Crowdlendigs und -investings fortsetzen (vgl. Gierczak et al. 2016, S. 9).

7.4.1 Deutschland

Der Crowdfunding-Markt in Deutschland verzeichnet, analog zu Gesamteuropa, in den vergangenen Jahren ein starkes Wachstum. Das Gesamtvolumen konnte zwischen 2012 und 2014 mehr als verzehnfacht werden (vgl. Ronsdorf 2014, S. 46 f.). Der aktuell vorgelegte Crowdinvesting-Marktreport 2015 des Crowdfunding-Informationsportals crowdfunding.de kann dies im Hinblick auf den gesamten deutschen Crowdinvesting-Markt bestätigen. Die Wachstumsrate lag demnach gegenüber dem Vorjahr deutlich über 100 %. Das Gesamtfinanzierungsvolumen betrug 2015 circa 48 Mio. Euro. Interesse weckt insbesondere der Vergleich der Crowdinvesting-Plattformen nach Anzahl und Volumen der erfolgreich finanzierten und abgeschlossenen Projekte zwischen den Jahren 2011 bis 2015. Hiernach wurden im betrachteten Zeitraum 300 Projekte mit einem Volumen von circa 89,6 Mio. Euro erfolgreich in Deutschland finanziert (vgl. Crowdfunding.de 2016, S. 3, 14).

Auch in den anderen Ausprägungsformen von Crowdfunding konnte ein Wachstum innerhalb Deutschlands in den vergangenen Jahren verzeichnet werden. Nach der Studie der *University of Cambridge* und der Beratungsgesellschaft *Ernst & Young* sind insbesondere die Crowdfunding-Modelle in Deutschland gefragt, die eine Gegenleistung für die Unterstützung des Kapitalgebers sicherstellen (vgl. Wardrop et al. 2015, S. 28 f.).

7.4.2 Plattformanbieter in Deutschland

In diesem Abschnitt werden beispielhafte Plattformanbieter in Deutschland aus dem Bereich der Sparkassen, Genossenschaftsbanken und weiterer bekannter Finanzinstitute aufgezeigt. Daneben wird auf die Entwicklungen von Finanztechnologieunternehmen im Bereich des Crowdfundings eingegangen.

Sparkassen
Die Sparkasse Gummersbach-Bergneustadt aus dem Oberbergischen Kreis in Nordrhein-Westfalen konnte beispielsweise im Jahr 2011 mithilfe eines Crowdfunding-Projekts das örtliche Freibad vor der Schließung bewahren (vgl. Anzeigen-Echo 2015). Unter dem Projektnamen „Freibadsanierung" konnte in Zusammenarbeit mit dem ortsansässigen Freibad-Förderverein durch ein spendenbasiertes Crowdfunding eine Summe von 200.000 € gesammelt werden (vgl. Burgmaier und Hüthig 2015, S. 42 f.).

Ein weiteres Beispiel ist das im Jahr 2013 gegründete Crowdfunding-Portal „Ideenfabrik" der *Sparkassen-Finanzportal GmbH*. Mit Unterstützung der Agentur TABLE OF

VISION GmbH konnte ein internes Crowdfunding-Modell implementiert werden, mit dessen Hilfe die Unternehmen der *Sparkassen-Finanzgruppe* die Möglichkeit erlangen, sich über das Intranet über aktuelle Innovationsideen zu informieren, diese gegebenenfalls finanziell zu unterstützen oder auch eigene Ideen einzustellen. Durch die Nutzung von Crowdfunding soll das interne Innovationsmanagement an Effektivität, Transparenz und Effizienz gewinnen (vgl. Tableofvisions.com 2013).

Weiterhin hat die *Hamburger Sparkasse* in Kooperation mit der Online-Spendenplattform betterplace.org eine Plattform für die Metropolregion Hamburg ins Leben gerufen. Mithilfe dieses Mediums können soziale Projekte aus und in Hamburg finanziert werden. Betterplace.org stellt hierzu die benötigte Infrastruktur, übernimmt den Abwicklungsprozess und überprüft die soziale Ausrichtung der Projekte (vgl. Presseportal.de 2015).

Diese Beispiele zeigen, dass die *Sparkassen-Finanzgruppe* das Thema Crowdfunding zwar für sich entdeckt hat. Derzeit existiert jedoch keine öffentlich zugängliche zentrale Crowdfunding-Plattform der Sparkassen-Finanzgruppe (Stand: April 2016).

Mit Blick auf die Chancen zur Erschließung neuer Geschäftsfelder ist der Einsatz des sparkasseninternen Crowdfunding-Portals Ideenfabrik hervorzuheben, hier wird die Schwarmintelligenz der Mitarbeiter für eine Dynamisierung des Innovationsmanagements genutzt.

Genossenschaftsbanken

In Europa und insbesondere in Deutschland haben partizipative Finanzierungsmodelle wie das Genossenschaftswesen eine lange Tradition. Der Mensch steht bei den Genossenschaften im Mittelpunkt. Durch den freiwilligen Zusammenschluss mehrerer Menschen können bestimmte Ziele besser erreicht werden. Zu den genossenschaftlichen Prinzipien zählen das Förderungsprinzip der Mitglieder (wirtschaftlich, sozial und kulturell), das Identitätsprinzip und die Grundsätze der Selbstverantwortung, -hilfe und -verwaltung. Das Prinzip der Genossenschaften ähnelt somit dem des Crowdfundings (vgl. Sixt 2014, S. 29 f.).

Als eine der bekanntesten Crowdfunding-Plattformen aus dem genossenschaftlichen Sektor gilt das Portal viele-schaffen-mehr.de. Die Dachplattform ermöglicht deutschlandweit jeder VR-Bank mittels eines Baukastenprinzips, eine eigene Crowdfunding-Plattform zur Förderung regionaler sozialer bzw. gemeinnütziger Projekte zu errichten. Die Mehrheit der Projekte wird oftmals zusätzlich durch die Bank selbst finanziell unterstützt.

Aktuell besitzen beispielweise die VR-Banken Bühl, Rottal-Inn, Magdeburg und Köln eigene Plattformen. Die Betreuung erfolgt durch die jeweilige VR-Bank, und es fallen keine Gebühren für den Kapitalsuchenden an. Das VR-Portal gilt als Crowdfunding-Pionier innerhalb der deutschen Bankengruppen (vgl. Crowdfunding.de o.J. b).

Die *Volksbank Bühl* ging vor circa drei Jahren als erste VR-Bank mit einer eigenen Crowdfunding-Plattform online. Bis heute wurden darüber mehr als 21 Projekte erfolgreich finanziert. Unterstützung erhielt sie durch circa 1700 Personen, wobei im Durchschnitt 43,21 € als finanzielle Unterstützung gespendet wurden (vgl. Ziegler 2015).

Über die Crowdfunding-Portale aller VR-Banken konnten bis heute insgesamt 3,1 Mio. Euro für knapp 901 gemeinnützige Projekte gesammelt werden. Die Crowdfunding-Plattformen der Volksbanken Raiffeisenbanken in Deutschland fördern auf erfolgreiche Weise die genossenschaftlichen Prinzipien (vgl. Viele-schaffen-mehr.de o.J.).

Weitere Beispiele aus der Bankenbranche

Die *Baden-Württembergische Bank* beispielsweise hat in Zusammenarbeit mit der Firma *fairplaid GmbH* eine eigene Crowdfunding-Plattform bw-crowd.de erfolgreich gegründet. Damit sollen gemeinnützige Vorhaben unterstützt werden, die ihren Finanzierungsbedarf nicht durch Kredite oder Sponsoren abdecken können. Unterstützt werden Finanzierungsvorhaben aus Baden-Württemberg bis maximal 15.000 €. Als zusätzliche Unterstützung für die Projekte stellt die BW-Bank einen monatlichen Betrag von bis zu 1000 € zur Verfügung. Für eine erfolgreiche Finanzierung muss eine vorher festgelegte Investitionsschwelle erreicht werden. Wird diese verfehlt, fließt das Geld an die Kapitalgeber zurück oder geht in einen speziellen Fonds zur Unterstützung anderer Projekte ein. Die Kapitalgeber können sich ab einer Mindestunterstützung von einem Euro beteiligen und haben als zusätzlichen Anreiz die Möglichkeit, Rabatte oder Gutscheine bei ausgesuchten Kooperationspartnern zu erhalten (vgl. Mack 2014, S. 1 f.).

Ein ähnliches Prinzip verfolgt die seit dem Jahr 2015 bestehende Crowdfunding-Plattform der *Investitionsbank Schleswig-Holstein*. Im Mittelpunkt steht, die Förderung von sozialen und kulturellen Projekten in Schleswig-Holstein über eine zentrale Spendenplattform zu sichern. Die Nutzung der Plattform ist für die Kreditnehmer und -geber mit keinen Kosten verbunden. Es können jedoch die durch PayPal erhobenen Transaktionskosten bei der Auszahlung der Spendengelder anfallen. Weiterhin besteht bei jedem Projekt eine Investitionsschwelle, welche in einem festgelegten Zeitraum erreicht werden muss. Ist dies nicht der Fall, so erhalten die Kapitalgeber ihre Spendengelder zurück. Unterstützt wird das Portal durch das Land Schleswig-Holstein, welches für die ersten drei Jahre die Betriebskosten in Höhe von 365.000 € übernimmt (vgl. IB.SH 2015).

FinTechs

FinTechs sind junge Start-up-Unternehmen im Finanzdienstleistungsbereich. Sie heben sich durch höchst kundenorientierte Produktlösungen ab, die zudem meist innovative und digitale Technologien nutzen (vgl. Mihm 2016, S. 54). Die Besonderheit liegt darin, dass sich FinTechs auf einen einzelnen Bereich der Wertschöpfungskette im traditionellen Bankgeschäft konzentrieren und einfache, hoch automatisierte Prozesse in der Abwicklung nutzen. Für etablierte Finanzinstitute stellen FinTechs laut Brock und Bieberstein (2015, S. 102) eine ernstzunehmende Konkurrenz dar.

Zu diesem Ergebnis kommt auch Oliver Mihm, der in einem Fachbeitrag die Bedrohung der aktuellen Bankgeschäftsfelder durch FinTechs näher untersucht hat. Er schätzt, dass nur circa fünf Prozent der FinTechs eine wirkliche Konkurrenz für Finanzinstitute darstellen werden. Besonders im Bereich des Zahlungsverkehrs sieht er die Gefahr einer disruptiven Innovation (zum Beispiel durch PayPal). Daneben wird im Bereich der P2P-/

Konsumentenkredite eine hohe Marktreife und Potenzial für FinTechs prognostiziert (vgl. Mihm 2016, S. 54 ff).

Derzeit existieren in Deutschland circa 300 dieser FinTech-Unternehmen, deren Wachstum durch das veränderte Kundenverhalten, die Digitalisierung und nicht zuletzt durch die aktuelle Niedrigzinsphase weiterhin gestärkt wird. FinTechs können in mehreren Bereichen einen Wettbewerbsvorteil gegenüber etablierten Finanzinstituten aufweisen. Beispielsweise können aufgrund der geringeren Grenzkosten Produkte in kleineren Losgrößen kostendeckend angeboten werden (zum Beispiel Kredite). Des Weiteren werden durch die angebotenen Produkte hauptsächlich internetaffine Zielgruppen angesprochen, wodurch FinTechs nicht auf den Filialvertrieb angewiesen sind. Ein weiterer wesentlicher Wettbewerbsvorteil ergibt sich aus den eingesetzten Scoring-Modellen zur Beurteilung der Zahlungsfähigkeit des Kreditnehmers. In der Kundenbeziehung der FinTechs steht die Sammlung von Datenmengen im Vordergrund, dadurch kann eine bessere Beurteilung und Bepreisung von Kreditrisiken erfolgen, und Kredite können an tendenziell schlechtere Ratingklassen vergeben werden (vgl. Wieandt 2016, S. 59 f.). Zu den deutschlandweit bekanntesten Crowdfunding-Plattformen im Bereich der FinTechs zählen neben Auxmoney.de auch Bergfürst.com und Lendico.com.

7.4.3 Rechtliches Umfeld In Deutschland

In diesem Abschnitt wird ein Überblick über die wesentlichen rechtlichen Rahmenbedingungen am deutschen Crowdfunding-Markt gegeben. In Deutschland bedarf es derzeit, gemäß der aktuellen Rechtsprechung des Kreditwesengesetzes (KWG), keiner Erlaubnis durch die BaFin zum Betreiben (Plattformanbieter) und Nutzen (Kapitalgeber/-nehmer) einer internetbasierten Kreditvermittlungsplattform. Eine Kreditvermittlungsplattform unterliegt damit derzeit nicht der Aufsicht durch die BaFin. Diese Einschätzung bestätigte die BaFin in einer Stellungnahme aus dem Jahr 2007. In Einzelfällen kann allerdings eine Prüfung vorgenommen werden, ob sich dennoch eine Erlaubnispflicht aus der Tätigkeit der Nutzer oder des Betreibers ergeben könnte.

Das Erfordernis zur Einholung einer Zustimmung durch die BaFin haben grundsätzlich die Geschäfte gem. § 32 Abs. 1 Satz 1 KWG, also Geschäfte, die gewerbsmäßig betrieben werden oder deren Umfang einen kaufmännischen Geschäftsbetrieb erfordert. Außerdem zustimmungswürdig sind solche Projekte, die als Bankgeschäfte betrieben werden oder Finanzdienstleistungen erbringen wollen. Hierunter fallen unter anderem Einlagen- und Kreditgeschäfte (vgl. Bundesanstalt für Finanzdienstleistungsaufsicht 2007).

Eine Gewerbsmäßigkeit ist bei den meisten Crowdfunding-Plattformen gegeben, da diese eine entgeltliche Dienstleistung erbringen und dies mit Gewinnerzielungsabsicht betreiben. Ein in kaufmännischer Weise eingerichteter Geschäftsbetrieb ergibt sich ebenfalls durch die Rechtsform der Crowdfunding-Plattformen. Nach der derzeitigen Auffassung der BaFin werden jedoch bei den aktuellen Crowdfunding-Modellen regelmäßig keine Bankgeschäfte erbracht. Die Finanzdienstleistungen umfassen die Anlage- und

Abschlussvermittlung sowie das Platzierungsgeschäft von Finanzinstrumenten. Hierunter fallen neben den Wertpapieren auch Vermögensanlagen und Anteile an Investmentvermögen. Sollte eine Crowdfunding-Plattform solche Finanzinstrumente vermitteln, so bedarf es der Zustimmung durch die BaFin (vgl. Sixt 2014, S. 165 ff.).

Im Rahmen der Einführung des Kleinanlegerschutzgesetzes im Jahr 2015 wurden einzelne Regelungen des VermAnlG zum Schutz der Kleinanleger präzisiert (Artikel 2 des Kleinanlegerschutzgesetzes) (vgl. Bundesanzeiger Verlag GmbH 2015). Mit dem § 2a VermAnlG wurden nunmehr Befreiungen für die Schwarmfinanzierungen von Vermögensanlagen aufgenommen. Demnach ist eine Internet-Dienstleistungsplattform, die ausschließlich Vermögensanlagen im Rahmen einer Anlagevermittlung oder -beratung vermittelt, von den Regelungen des VermAnlG (zum Beispiel Prospektpflicht, Mindestlaufzeiten der Vermögensanlagen, Erfordernis zur Einholung eines geprüften Jahresabschlusses, Lageberichterstellung) teilweise ausgenommen, sofern festgelegte Kriterien nicht überschritten bzw. erfüllt werden (zum Beispiel max. Verkaufspreis aller angebotenen Vermögensgegenstände) (vgl. Bundesministerium der Justiz und für Verbraucherschutz o.J.).

Bei Investitionen von mehr als 250 € muss dem Anleger ein Vermögensanlagen-Informationsblatt ausgehändigt werden (vgl. Bußalb 2015). Durch die Einführung des Kleinanlegerschutzgesetzes wurde ein wichtiger Schritt zum Schutz von Kleinanlegern getroffen. Insbesondere können im Bereich des Crowdinvestings durch die geltenden Anforderungen an die Prospektpflicht zusätzliche Transparenzpflichten entstehen. Inwieweit eine Erlaubnispflicht einer Crowdfunding-Plattform durch die BaFin erforderlich ist, muss jedoch im Einzelfall zwingend geprüft werden.

7.5 Erkenntnisse bezüglich Ausprägung und Nutzen des Crowdfundings

Mittels einer Online-Umfrage und einer Befragung verschiedener Experten wurde der ideelle und materielle Nutzen von Crowdfunding näher untersucht. Weiterhin konnten wesentliche Rahmenbedingungen zur Nutzung von Crowdfunding hervorgehoben werden. Hierfür wurden verschiedene Annahmen aufgestellt, die mittels Experteninterviews und einer Online-Umfrage untersucht wurden. Nachfolgend werden die wesentlichen Erkenntnisse vorgestellt.

- Beim Crowdfunding werden durch die potenziellen Kapitalgeber vorrangig Projekte unterstützt, welche die persönlichen Wertevorstellungen (zum Beispiel persönlicher Bezug zum Projektinitiator, Regionalität) am ehesten erfüllen.
- Daneben ist die Aussicht auf eine positive Rendite und die Rückzahlung des eingesetzten Kapitals von hoher Bedeutung. Im Fall eines Zinsanstiegs an den Kapitalmärkten

müsste der ideelle Wert stärker in den Vordergrund der Vorteilsargumentationen für Crowdfunding rücken. Vor allem beim Donation-based Crowdfunding steht allein die Erfüllung des ideellen Nutzens im Vordergrund. Bei den weiteren Ausprägungen des Crowdfundings (vgl. Abschn. 7.3.2) ist die Erfüllung des ideellen Nutzens abhängig vom jeweiligen Projektziel.

- Für den Kapitalnehmer steht vorrangig die Kapitalaufnahme mittels Crowdfunding im Vordergrund. Eine hohe Anzahl von Unterstützern und die damit verbundenen möglichen Zusatzeffekte wie Marketing/Marktforschung sind zweitrangig.
- Weiterhin ist für den Kapitalnehmer zwar der zu leistende Gegenwert für die Unterstützung ein wichtiger Punkt (unter anderem volle oder teilweise Rückzahlung; Zinshöhe), jedoch ist dies für eine mögliche Nutzung von Crowdfunding zur Kapitalaufnahme nicht entscheidend.
- Weiterhin wurde deutlich, dass Crowdfunding vor allem für Projekte genutzt wird, die sonst über keine alternative Finanzierungsquellen verfügen (beispielsweise wegen schlechter oder schwer bewertbarer Bonitäten).
- Betrachtet man die einzelnen Ausprägungen des Crowdfundings hinsichtlich ihres vorrangigen Nutzens, so kann durch Projekte im Bereich des Donation-based Crowdfundings der **ideelle Nutzen** für den Kapitalnehmer und -geber am ehesten erfüllt werden.
- Beim Reward-based Crowdfunding ist ebenfalls die Projektidee wichtiger als die Rendite und besitzt damit einen höheren **ideellen Nutzen.**
- Blickt man auf den **materiellen Nutzen** von Crowdfunding, so ist dieser beim Equitybased Crowdfunding für die Beteiligten am höchsten.
- Beim Lending-based Crowdfunding steht die **mögliche Rendite** im Vordergrund der Investition. Somit besitzt dieses einen höheren materiellen als ideellen Nutzen für die Beteiligten.
- Inwieweit der ideelle Nutzen für den Kapitalnehmer in Zusammenhang mit der Höhe der finanziellen Gegenleistung (zum Beispiel Darlehenszinsen, Tilgungssatz) steht, konnte nicht eindeutig bewertet werden. Für den Kapitalgeber ist hingegen der ideelle Nutzen von Crowdfunding abhängig von der Erfüllung seiner persönlichen Wertevorstellungen.
- Weiterhin konnte festgestellt werden, dass die Reputation des Intermediärs einen wesentlichen Einfluss auf den Erfolg eines Crowdfunding-Projekts ausübt. Der Umfang des angebotenen Projektportfolios hat keinen Einfluss auf die Plattform-Nachfrage. Der Intermediär sollte vorrangig „Market-Maker" sein, das heißt, er schafft die Plattform, auf der Angebot und Nachfrage zusammentreffen.
- Die Überwachung der konkreten Mittelverwendung sollte nach Möglichkeit prozessual unterstützt werden.
- Weiterhin sollten Maßnahmen zur Risikoeinschätzung (unter anderem Bonitätseinschätzungen) und ein Frühwarnsystem zur Geldwäscheabwehr eingerichtet werden.

7.6   Fazit

Aktuell befindet sich der gesamte Crowdfunding-Markt in Deutschland auf einem Wachstumspfad und erfreut sich zudem wachsender Bekanntheit in der Bevölkerung. Betrachtet man die aktuellen Plattformanbieter, so fällt schnell auf, dass bisher nur wenige etablierte deutsche Finanzinstitute eine eigene Plattformlösung anbieten. Als Gründe können bestehende regulatorische Unsicherheiten, das noch geringe Marktvolumen, geringe Profitabilität, die möglichen Risiken sowie die Schwerfälligkeit der bankinternen Entscheidungsprozesse beispielhaft angeführt werden.

Dennoch ist Crowdfunding für Kapitalnehmer und -geber eine digitale Alternative zu herkömmlichen Finanzdienstleistungen. Crowdfunding zeichnet sich insbesondere durch einen verstärkten ideellen Charakter aus. Die persönlichen Wertevorstellungen des Kapitalgebers beispielsweise können durch eine Vielzahl verschiedener Investitionsalternativen in unterschiedlichen Ausprägungen erfüllt werden. Daneben ist aber auch die zu erwartende Rendite aus der Unterstützung für den Kapitalgeber ein wichtiges Investitionskriterium. Für den Kapitalnehmer hingegen existiert zusätzlich eine interessante Möglichkeit zur klassischen Finanzierung über die Hausbank. Zusätzlich kann der Kapitalnehmer die sich aus der Nutzung von Crowdfunding ergebenden Effekte nutzen, zum Beispiel kostenlose Werbung durch Unterstützer oder erste Abschätzungen hinsichtlich der Marktakzeptanz.

Bei der Frage nach den relevanten Rahmenbedingungen, die zur Nutzung von Crowdfunding erforderlich sind, muss weiterhin zwischen der Sichtweise des Kapitalgebers und der des -nehmers unterschieden werden. Für den Kapitalgeber ist eine hohe Transparenz über das Projekt von enormer Bedeutung, daneben sollte unter anderem die in Aussicht gestellte Rendite höher sein als bei vergleichbaren Geldanlagen, und sollten geringe Investitionskosten anfallen. Für den Kapitalnehmer steht die Kapitalaufnahme im Vordergrund seiner Nutzung von Crowdfunding. Aber auch geringe Darlehenszinsen, die Bekanntheit des Plattformanbieters, geringe Kosten und ein guter Kundenservice der Plattformanbieter sprechen den Kapitalnehmer an. Jedoch unterscheidet sich die Wichtigkeit der Rahmenbedingungen nach der jeweiligen Ausprägungsform des Crowdfundings.

Nur ein geringer Anteil der im Rahmen der durchgeführten Online-Umfrage befragten Experten hat bislang Crowdfunding selbst aktiv genutzt. Es wurde deutlich, dass vorrangig traditionelle Finanzprodukte in Anspruch genommen werden.

In Zeiten knapper Budgets und sinkender Zinserträge entsprechen Geschäftsfeldinnovationen im Bereich des Crowdfundings wohl nicht den gewünschten Renditeerwartungen der Shareholder.

Allerdings: Sollten das Marktvolumen und die Akzeptanz dieser disruptiven Innovation weiterhin steigen, so könnte dies Folgen für etablierte Märkte haben. Eine mögliche Fokussierung der Geschäftstätigkeit kann auf verschiedene Weise erfolgen – zum Beispiel mittels Stärkung der eigenen Unternehmensreputation oder mittels eines zusätzlichen Engagements im Bereich Corporate Social Responsibility (CSR). Weiterhin könnten wertvolle Erfahrungen im Bereich digitaler Geschäftsmodelle gesammelt werden und entsprechendes Know-how aufgebaut werden, das einer möglichen Bedrohung entgegenwirken könnte.

Literatur

Anzeigen-Echo (2015). *Freibad gerettet! – Sparkasse zeigt Flagge.* 8. Oktober 2015. http://www. anzeigen-echo.de/rag-oae/docs/365886/bergneustadt. Zugegriffen: 13. März 2016.

Bauer, W., Praeg, C.-P., & Schmidt, C. (2015). *Trendstudie Bank und Zukunft 2015. Aufbruch zu neuen Kundenerlebnissen und Services in der digitalen Ökonomie.* Stuttgart: Fraunhofer-Verlag. F.-I. f. (IAO), Hrsg

Brock, H., & Bieberstein, I. (2015). *Multi-und Omnichannel-Management in Banken und Sparkassen: Wege in eine erfolgreiche Zukunft.* Wiesbaden: Springer Gabler.

Bundesanstalt für Finanzdienstleistungsaufsicht (2007). *Merkblatt – Hinweise zur Erlaubnispflicht der Betreiber und Nutzer einer internetbasierten Kreditvermittlungsplattform nach dem KWG.* 14. Mai 2007. https://www.bafin.de/SharedDocs/Veroeffentlichungen/DE/Merkblatt/ mb_070514_kreditvermittlungsplattform.html. Zugegriffen: 27. Februar 2016.

Bundesanzeiger Verlag GmbH (2015). Kleinanlegerschutzgesetz. 7. Juli 2015. http://www.bgbl.de/ xaver/bgbl/start.xav?startbk=Bundesanzeiger_BGBl&start=%252F%252F*%255B%2540attr_ id='bgbl115s1114.pdf'%255D#__bgbl__%2F%2F*%5B%40attr_id%3D%27bgbl115s1114. pdf%27%5D__1457778098095. Zugegriffen: 12. März 2016.

Bundesministerium der Justiz und für Verbraucherschutz (o.J.). *Gesetz über Vermögensanlagen (Vermögensanlagengesetz – VermAnlG) – § 2a Befreiungen für Schwarmfinanzierungen.* https:// www.gesetze-im-internet.de/vermanlg/__2a.html. Zugegriffen: 11. März 2016.

Burgmaier, S., & Hüthig, S. (2015). *BANKMAGAZIN – Jahrgang 2013 Für Führungskräfte der Finanzwirtschaft.* Wiesbaden: Springer Fachmedien Wiesbaden.

Bußalb, J.-P. (2015). Kleinanlegerschutzgesetz: Mehr Transparenz auf dem Grauen Kapitalmarkt. 5. Januar 2015. https://www.bafin.de/SharedDocs/Veroeffentlichungen/DE/Fachartikel/2015/ fa_bj_1501_kleinanlegerschutzgesetz.html. Zugegriffen: 11. März 2016.

Capellmann, W., Peverelli, R., & De Feniks, R. (2012). *Wie sich die Finanzbranche neu erfindet: Was Kunden von Finanzdienstleistern wirklich erwarten* (1. Aufl.). München: FinanzBuch Verlag.

Carstens, J., & Schramm, D. (2014). *Startup-Crowdfunding und Crowdinvesting: Ein Guide für Gründer: Mit Kapital aus der Crowd junge Unternehmen online finanzieren.* Wiesbaden: Springer Gabler.

Crowdfunding.de (2016). Crowdinvesting Deutschland Marktreport 2015 Marktdaten: Volumen, Wachstum und Marktanteile. 18. Februar 2016. www.crowdfunding.de/crowdinvesting-marktreport-2015. Zugegriffen: 26. Februar 2016.

Crowdfunding.de. (o.J.a). *Crowdfunding Plattformen – Übersicht und Links zu deutschen und internationalen Crowdfunding Plattformen.* http://www.crowdfunding.de/plattformen. Zugegriffen: 23. Dezember 2015.

Crowdfunding.de. (o.J.b). *Plattform Profil: Viele Schaffen Mehr – Crowdfunding der Volksbanken Raiffeisenbanken.* http://www.crowdfunding.de/viele-schaffen-mehr. Zugegriffen: 19. März 2016.

Gassmann, O. (2012). *Crowdsourcing-Innovationsmanagement mit Schwarmintelligenz. Interaktiv Ideen finden. Kollektives Wissen effektiv nutzen. Mit Fallbeispielen und Checklisten* (2. Aufl.). München: Carl Hanser.

Gierczak, M., Bretschneider, U., Haas, P., Blohm, I., & Leimeister, J. M. (2016). Crowdfunding: outlining the new era of fundraising. In D. Brüntje & O. Gajda (Hrsg.), *Crowdfunding in Europe – state of the art in theory and practice* (S. 7–23). Cham: Springer International Publishing.

Hemer, J., Schneider, U., Dornbusch, F., Frey, S., Dütschke, E., & Brakde, C. (2011). *Crowdfunding und andere Formen informeller Mikrofinanzierung in der Projekt- und Innovationsfinanzierung*. Stuttgart: Fraunhofer Verlag.

IB.SH. (2015). Mit Crowdfunding gemeinsam ans Ziel – Finanzministerium und IB.SH starten landesweite Online-Spendenplattform. 3. März 2015. http://www.ib-sh.de/aktuell/presse/detailseite/detail/News/mit-crowdfunding-gemeinsam-ans-ziel-802/?sword_list%5B0%5D=wirbewegen.sh&cHash=b771ec01d1b670a69f6e1b91b672855b. Zugegriffen: 19. März 2016.

Mack, I. (2014). Finanzierung gemeinnütziger Kleinprojekte in Baden- Württemberg Crowdfunding der BW-Bank läuft erfolgreich an. 1. August 2014. *Presseinformation*. (B.-W. Bank, Hrsg.). Stuttgart: Baden-Württembergische Bank.

Meybom, P. (2016). Strategie auf Megatrends ausrichten. die bank. *Zeitschrift für Bankpolitik und Praxis, 1,* 45–49.

Mihm, O. (2016). FinTechs – Nur wenige werden überleben. *die bank – Zeitschrift für Bankpolitik und Praxis, 2,* 54–57.

Moritz, A., & Block, J. (2014). Crowdfunding und Crowdinvesting: State of the Art der wirtschaftswissenschaftlichen Literatur. *ZfKE–Zeitschrift für KMU und Entrepreneurship, 62*(1), 57–90.

Presseportal.de (2015). *Strategische Partnerschaft: Haspa und betterplace.org starten regionales Online-Spendenportal*. 30. Juni 2015. http://www.presseportal.de/pm/56912/3058321. Zugegriffen: 3. Mai 2016.

Ronsdorf, M. (2014). *Crowdfunding*. Deutsches Institut für Bankwirtschaft – Schriftenreihe, Bd. 11 c

Schmeisser, W., Geißler, J., & Schütz, K. (2008). *Zum Wandel der Finanzdienstleistungsmärkte* (1. Aufl.). Mering: Rainer Hampp.

Sixt, E. (2014). *Schwarmökonomie und Crowdfunding: Webbasierte Finanzierungssysteme im Rahmen realwirtschaftlicher Bedingungen*. Wiesbaden: Springer Gabler.

Tableofvisions.com (2013). Sparkassen-Finanzportal und TABLE OF VISIONS entwickeln die interne Crowdfunding-Plattform IDEENFABRIK. 13. April 2013. http://tableofvisions.com/sparkassen-finanzportal./. Zugegriffen: 18. März 2016.

Viele-schaffen-mehr.de (o.J.). *Aktuelle Übersicht*. https://www.viele-schaffen-mehr.de. Zugegriffen: 22. Mai 2016.

Wardrop, R., Zhang, B., Rau, R., & Gray, M. (2015). *Moving Mainstream: The European Alternative Finance Benchmarking Report*. London: University of Cambridge and Ernst & Young.

Wieandt, A. (2016). Fintechs – Eine ernste Herausforderung. die bank. *Zeitschrift für Bankpolitik und Praxis, 3,* 59–61.

Ziegler, W. (2015). *Viele schaffen mehr – knapp 2 Jahre Crowdfunding bei der Volksbank Bühl – Infografik*. 19. Februar 2015. (V. Bühl, Herausgeber). http://blog.volksbank-buehl.de/blog/2015/02/19/viele-schaffen-mehr-knapp-2-jahre-crowdfunding-bei-der-volksbank-buehl-infografik. Zugegriffen: 19. März 2016.

Gesunde und authentische Führung in Zeiten des Wandels

8

Sarah Kern

Inhaltsverzeichnis

8.1   Aktuelle Situation in der Finanzbranche

Die Finanzbranche ist momentan durch die zunehmenden Regulierung der Finanzmärkte herausgefordert. Durch verschiedene Behörden (Europäische Bankenaufsicht, Bafin etc.) gibt es neue Vorgaben, welche die Banken umzusetzen haben. Dabei handelt es sich beispielsweise um veränderte Eigenkapital- und Liquiditätsvorschriften (Basel III). Die Umsetzung dieser Vorschriften ist zum Teil mit hohem Aufwand verbunden, und es ergeben sich dadurch erhöhte Anforderungen. Des Weiteren müssen Berater aus Verbraucherschutzgründen ihre Sachkenntnis nach dem Wertpapierhandelsgesetz nachweisen. Zusätzlich zu den regulatorischen Anforderungen gibt es aufgrund der Niedrigzinsphase rückgängige Betriebsergebnisse hinsichtlich des zinstragenden Geschäftes. Dadurch entsteht Druck, in anderen Sparten mehr Erträge zu generieren, was sich auf den Verkaufsdruck der Angestellten auswirkt. Dies hat wiederum Konsequenzen für die Führungskräfte.

S. Kern (✉)
FOM Hochschule
Rotebühlstraße 121, 70178 Stuttgart, Deutschland
E-Mail: sarahkern@web.de

© Springer Fachmedien Wiesbaden GmbH 2017   127
M. Seidel (Hrsg.), *Banking & Innovation 2017*, FOM-Edition,
DOI 10.1007/978-3-658-15785-2_8

Wie funktioniert Führung unter den Bedingungen einer sich schnell verändernden Umwelt? Worauf können Führungskräfte achten, um Mitarbeiter zu fördern, zu inspirieren und zu Leistung anzuspornen, aber sie nicht zu überfordern? Neueste Studien zeigen, dass ein transformierender Führungsstil unter bestimmten Bedingungen erfolgreich sein kann.

Insgesamt zeigt sich ein starker Anstieg von stressbedingten Arbeitsausfalltagen, wovon auch die Bankenbranche nicht ausgenommen ist. Führungskräfte können sich hier für einen „gesunden Führungsstil" und damit leistungsfähige Mitarbeiter einsetzen. Doch wie sieht gesunde Führung praktisch aus? Dieser Beitrag stellt die aktuelle Forschungslage vor und gibt praktische Hinweise, wie dies umgesetzt werden kann.

8.2   Auswirkungen von gesunder Führung

Gesunde Führung wird in Zeiten des Wandels wichtiger, da die psychische Gesundheit der Mitarbeiter von steigender Relevanz ist. Ein gesunder Führungsstil kann nachhaltig die Gesundheit von einzelnen, aber auch die Leistung eines Unternehmens beeinflussen. Die psychische Gesundheit der Mitarbeiter wirkt sich auf deren Wohlbefinden aus. So steigt das Engagement des einzelnen, während destruktives Engagement und Resignation sowie die Kündigungsabsicht sinken. Psychische Gesundheit wirkt nicht nur im Einzelnen für die Mitarbeiter und Führungskräfte, sondern wirkt sich auch insgesamt auf die Unternehmensleistung als Ganzes aus (Bruch und Kowalevski 2013). So wurde beispielsweise in der TOP-JOB-Studie von Prof. Bruch und Kollegen gezeigt, dass die Leistung der Mitarbeiter ebenfalls steigt, wenn ein Unternehmen nach Zeiten erhöhter Anstrengung Zeiten der Regeneration ermöglicht.

Gesundheit ist laut WHO „ein Zustand des vollständigen körperlichen, geistigen und sozialen Wohlergehens und nicht nur das Fehlen von Krankheit oder Gebrechen" (WHO 2014, S. 1). Somit bezieht sich gesunde Führung auf die Verhaltensweisen und Einstellungen, die der Führungskraft selbst und den Mitarbeitern Gesundheit ermöglichen.

Die Gesundheit von Mitarbeitern und Führungskräften ist ein hohes Gut und rückt aufgrund der steigenden Anzahl an stressbedingten Arbeitsausfalltagen mehr und mehr in den Fokus. Belastungsreaktionen beziehen sich dabei beispielsweise sowohl auf Depressionen und Burnout als auch auf Erkrankungen des Bewegungsapparates, wie Rückenschmerzen, die stressbedingt entstehen (vgl. zum Beispiel Diestel und Schmidt 2011; Sprigg et al. 2007). Belastungen treten durch verschiedene Quellen auf. Dies sind zum einen Belastungen aufgrund der Arbeit an sich, beispielsweise durch Zeitdruck oder die Arbeitsmenge, aber auch durch Kontextfaktoren wie mangelnde Arbeitsorganisation oder soziale Konflikte. Erste Untersuchungen zeigen auch, dass die ständige Erreichbarkeit eine Belastung darstellt, die nicht unterschätzt werden sollte. Belastungsreaktionen der Mitarbeiter und der Führungskräfte haben auch in der Bankenbranche kostspielige Konsequenzen, denen mit gesunder Führung entgegengewirkt werden kann.

Gesunde Führung besteht aus zwei Teilen: Sie basiert auf der Wahl von positiven Führungsinstrumenten/-mitteln, die die Leistung fördern, dabei aber die Mitarbeiter nicht überfordern, sowie auf einer gesunden Interaktion zwischen der Führungskraft und dem Mitarbeiter. Als zweiten Aspekt gründet sich gesunde Führung auch auf die Einstellungen und das Gesundheitsverhalten der Führungskraft selbst. Gesunde Führung wird definiert als Aspekte des Führungsstils, der Interaktion mit Mitarbeitern und des Achtens auf die eigene Gesundheit.

8.3 Führungsstil im Fokus

Die Basis des Führungsstils bietet die ergebnisorientierte oder auch die transaktionale Führung. Hier stellt eine Führungskraft einen Rahmen mit Aufgaben zur Verfügung. Der Mitarbeiter erhält für die Erfüllung dieser Aufgaben im Tausch – in der Transaktion – sein Gehalt. Diese Austauschbeziehung, welche auch die Grundlage eines jeglichen Führungsstils ist, bezieht sich vom Führungsverhalten her auf klare sowie transparente Kommunikation und auf Rückmeldungen für die Mitarbeiter je nach Leistungsniveau. So ist im ergebnisorientierten Führungsstil enthalten, dass ein Mitarbeiter darauf aufmerksam gemacht wird, wenn seine Leistung nicht der Norm entspricht, jedoch auch gelobt wird, wenn die Leistung außerordentlich gut ist.

Darauf aufbauend gibt es die inspirierende Führung, die auch transformationale Führung genannt wird. Transformationale Führung gehört zu den am meisten beforschten Führungsstilen in den letzten 25 Jahren und hat verschiedene positive Auswirkungen. Transformationale Führung wirkt sich auf die Mitarbeiterleistung aus, auf die Arbeitszufriedenheit und auf das Vertrauen, das die Mitarbeiter in die Führungskraft haben (Judge et al. 2004).

Innerhalb der transformationalen Führung inspiriert eine Führungskraft, sie appelliert an die Emotionen und motiviert die Mitarbeiter beispielsweise durch attraktive Zukunftsvisionen. Neueste Studien weisen darauf hin, dass es auch negative Konsequenzen für die Mitarbeiter haben kann, wenn eine Führungskraft sich zu vorbildlich zeigt und hohe Anforderungen hat (Menges et al. 2015).

Wie kann es dazu kommen? Eine Hauptkomponente von transformationaler Führung ist Charisma, oder auch ein inspirierendes Vorbild zu sein. Darin ist enthalten, dass die Führungskraft die Mitarbeiter begeistert und sie mitreißt. Wenn Führungskräfte dieses Verhalten zeigen, so fühlen Mitarbeiter Bewunderung gegenüber der Führungskraft (Waldman und Yammarino 1999). Die Mitarbeiter schauen zu ihrer Führungskraft auf. Das geht damit einher, dass die Mitarbeiter ihren Emotionsausdruck einschränken und der Führungskraft gegenüber weniger von ihren Gefühlen zeigen. Mitarbeiter unterdrücken also ihre Emotionen, wenn eine Führungskraft zu vorbildlich wirkt.

Das Unterdrücken von Emotionen findet immer dann statt, wenn Personen versuchen, ihre Emotionen zu kontrollieren und den Gesichtsausdruck willentlich zu verändern. Die Emotionsunterdrückung ist jedoch mit vielen Problemen verbunden: So kommt es beispielsweise zu vermindertem allgemeinem Wohlbefinden, höheren Belastungsreaktionen und einer reduzierten Arbeitszufriedenheit.

Wenn Emotionen innerhalb von Beziehungen zu stark unterdrückt werden, beeinflusst das sowohl den Informationsaustausch als auch die Beziehungsqualität. Auf der kognitiven und der physiologischen Seite wurden schon viele negative Konsequenzen von Emotionsunterdrückung gezeigt: So verbraucht Emotionsunterdrückung mentale Ressourcen und verschlechtert die Leistung, da sie Auswirkungen auf die Erinnerung hat.

Im Jahr 2016 wurde in einer Studie (Tackman und Srivastava 2016) gezeigt, inwiefern das Unterdrücken von Emotionen direkte Auswirkungen auf die Beziehungen zwischen einer Führungskraft und einem Mitarbeiter haben kann. Das Unterdrücken von Emotionen unterbricht zum einen die Beziehung zwischen zwei Individuen und zum anderen die Verbundenheit zum eigenen Selbst, was mit dissoziativem Verhalten einhergeht. Dissoziieren bedeutet vom Ursprung her „trennen oder lösen". Man steht neben sich, kann sich „getrennt" von sich selbst oder vom eigenen Körper fühlen, eine Person ist nicht „bei sich". Dissoziation geht daher mit einem Mangel an Integration einher. Durch diese Trennung innerhalb der eigenen Personen, aber auch innerhalb einer Beziehung kann sich emotionale Erschöpfung, die Hauptkomponente von Burnout, entwickeln.

Die Empfehlung für Führungskräfte ist daher, sich authentisch zu verhalten und zu Schwächen oder Fehlern zu stehen. Das Ziel von gesunder Führung ist eine vertrauensvolle Beziehung, innerhalb derer Raum für authentische Emotionen besteht. Ziel ist es dabei nicht, alle vorhandenen Emotionen zu zeigen, sondern sich in einem gesunden Maße selbst zu regulieren, wobei Frustration oder Zufriedenheit innerhalb der Kommunikation ausgedrückt werden sollten.

Dem negativen Effekt von zu stark inspirierender Führung und zu hohen Leistungsanforderungen kann entgegengewirkt werden, indem die Mitarbeiter einzeln berücksichtigt werden. Wenn jeder Mitarbeiter individuell gesehen wird und Mitarbeiter ermutigt werden, ihre Bedürfnisse auszudrücken, dann neigen sie weniger dazu, ihre Emotionen zu unterdrücken. Im Allgemeinen lässt sich festhalten, dass außerhalb von klaren Zielvorgaben und Absprachen auch Feingefühl für die Mitarbeiter relevant ist.

In den aktuellen Entwicklungen der Führungsforschung, die sich laufend weiterentwickelt, gibt es zwei aktuelle Trends, die sich zum einen auf „Servant Leadership", also dienende Führung, und zum anderen auf authentische Führung beziehen. Auch diese Führungsstile berücksichtigen stark die Mitarbeiterperspektive und sehen die Authentizität der Führungskraft als essenziell an. Gesunde Führung wird gelebt, wenn Führungskräfte die Mitarbeiter individuell berücksichtigen. Sie hängt auch damit zusammen, als Führungskraft zu seinen Schwächen zu stehen und sich damit authentisch zu zeigen. Führungsverhalten muss demzufolge nicht nur große Visionen und Ideen enthalten, obwohl diese auch ihren Platz haben, sondern kann auch im alltäglichen Berufsleben gestaltet werden.

8.4   Psychologische Prozesse zwischen Führungskraft und Mitarbeiter

Eine Führungskraft ist bezüglich ihres Einflusses die wichtigste Person am Arbeitsplatz (Manzoni und Barsoux 1998). Als Hauptperson hat eine Führungskraft viele Möglichkeiten, das Arbeitsumfeld zu gestalten. Sie kann aufgabenbezogene und materielle Gestaltungsspielräume nutzen, um die Leistung und das Wohlbefinden der Mitarbeiter positiv zu beeinflussen. Eine Führungskraft hat jedoch nicht nur Einfluss auf die äußerlichen Arbeitsbedingungen oder die Gesundheit der Mitarbeiter, indem sie die Rahmenbedingungen gut und angenehm gestaltet und Lösungsmöglichkeiten für aktuelle subjektive Schwierigkeiten bietet, sondern sie kann auch mit ihren Einstellungen und Haltungen Einfluss ausüben. Auch wenn dieser Einfluss nicht immer bewusst ist, kann er dennoch vorhanden sein.

Innerhalb der pädagogischen Psychologie wurde gezeigt (Dweck 1986), dass bei Lehrern verschiedene Zielorientierungen vorliegen. Es gibt zwei unterschiedliche Zielorientierungen: Eine Zielorientierung wird Lernzielorientierung genannt. Von dieser wird gesprochen, wenn eine Person eher an dem Lernziel, an den Entwicklungsaspekten und an der Verbesserung interessiert ist. Die zweite Art der Zielorientierung ist die Leistungsorientierung, die besagt, inwiefern eine Person eher an der Leistung beziehungsweise dem tatsächlichen Ergebnis interessiert ist. Diese Zielorientierung kommt durch eine naive Theorie über die eigene Intelligenz bzw. über Kompetenzmerkmale zustande. Wenn eine Person denkt, dass Kompetenzen und Intelligenz veränderbar sind, wird eher eine Lernzielorientierung vorliegen. Wenn eine Person hingegen davon überzeugt ist, dass Merkmale wie Intelligenz und Fähigkeiten nicht veränderbar, sondern konstant sind, zeigt sie eine Leistungsorientierung.

Führungskräfte könnten von dieser Theorie ebenfalls profitieren, da innerhalb der Theorie gezeigt wurde, dass es verschiedene Vorteile gibt, wenn man davon ausgeht, dass Kompetenz veränderbar ist. Dies hat zum einen zur Folge, dass Explorationsverhalten erlaubt ist und dass es eine Orientierung am Dazulernen gibt, was mit einer Freude am Lernen oder einer Freude an Kompetenzzuwachs einhergeht. Wenn eine Führungskraft in der Interaktion mit Mitarbeitern eine Lernzielorientierung im Hinterkopf hat, also davon ausgeht, dass Kompetenzen sich bei Mitarbeitern verändern können, hat dies Konsequenzen für den Umgang mit den Mitarbeitern. Die Lernzielorientierung bietet auch weitere Vorteile, was den Umgang mit Misserfolgen betrifft. So wurde gezeigt, dass Personen auch nach Misserfolgen positives Verhalten zeigen können, unabhängig von ihrem Fähigkeitsselbstkonzept. Ein Fähigkeitsselbstkonzept ist die Sicht, die eine Person über ihre eigenen Fähigkeiten in einem bestimmten Bereich hat. Das bedeutet, dass eine Person eine Aufgabe mit Motivation und Elan angeht, wenn man Aspekte der Entwicklung und des Dazulernens betont, unabhängig davon, wie diese Person sich selbst sieht. Auf Führungskräfte übertragen könnte das heißen, dass die Einstellungen der Führungskraft sich darauf auswirken, wie Mitarbeiter, besonders nach Misserfolgen, ihre Arbeit angehen.

Eine Führungskraft kann allein mit dem Betonen von Entwicklungsaspekten nachhaltige Motivationsmöglichkeiten für Mitarbeiter schaffen.

Eine andere Möglichkeit, wie eine Führungskraft Einfluss auf die Mitarbeiter haben kann, ist durch die Erwartungen der Führungskräfte an die einzelnen Mitarbeiter. So wurde beispielsweise gezeigt, dass Schüler abhängig von den Erwartungen der Lehrer am Ende eines Schuljahres bessere Leistungen zeigten, wenn der Lehrer annahm, der Schüler wäre begabt. Dies wird auch als Pygmalion-Effekt bezeichnet. In den Studien von Rosenthal und Jacobson (1968) wird davon ausgegangen, dass diese Erwartungen sich auf unterschwellige Art und Weise auf den Schüler übertragen können. Dies kann beispielsweise durch Zuwendung, Geduld, innerliche Leistungsanforderungen oder die Häufigkeit von Lob oder Kritik geschehen.

Da man davon ausgehen kann, dass eine Führungskraft gemäß der Statustheorie einen größeren Einfluss auf den Mitarbeiter hat als der Mitarbeiter auf die Führungskraft, kann gefolgert werden, dass mentale Einstellungen der Führungskraft sich auch auf die Leistung der Mitarbeiter auswirken können.

8.5 Gesunde Selbstführung

Führung bezieht sich definitionsgemäß auf die Interaktion mit und das Führen von Mitarbeitern. Dies ist aber nicht die einzige Art der Führung, weil Führung auch mit Selbstführung zusammenhängt. Wie geht eine Führungskraft mit sich selbst um? Durch gutes Verhalten kann eine Führungskraft vorbildlich sein, wobei jegliches Verhalten der Führungskraft als „Modell" dienen kann. Dies bezieht sich auch darauf, wie Führungskräfte mit ihrer Gesundheit und gesundheitsrelevanten Aspekten umgehen.

Eine Führungskraft ist permanent im Dialog mit sich selbst und kann mit sich als Person entweder freundlich oder feindlich umgehen. Diese Facette wird Selbst-Mitgefühl (Neff 2003) genannt und bezieht sich darauf, wie eine Person ihre eigenen Handlungen, Leistungen, aber auch Fehler kommentiert. Selbstmitgefühl ist eine gute Grundlage für Achtsamkeit sich selbst gegenüber, aber auch eine Grundlage für Achtsamkeit gegenüber der Arbeit und des Belastungsniveaus. Achtsame Führungskräfte achten auf Körpersignale und wissen, wann Zeiten für Pausen sind. Hier geht es wohlgemerkt nicht darum, auf kleinste Zeichen von Unwohlsein zu achten, verstärkt eine Arbeitslast wahrzunehmen oder sich „gestresst" zu fühlen, sondern es geht darum, aufmerksam gegenüber Warnsignalen zu sein.

Generell können sich auch andere Eigenschaften der Führungskräfte wie Persönlichkeitsmerkmale auf deren eigene Gesundheit auswirken. Wenn eine Führungskraft in ihrer Arbeitsweise bemüht ist und Projekte strukturiert angeht, also einen hohen Grad an Gewissenhaftigkeit aufweist, so kann sie mit sich selbst zufriedener sein. Es wurde auch gezeigt, dass Gewissenhaftigkeit mit der Arbeitsleistung und der Wirksamkeit sowie der Professionalität in Verbindung steht (Barrick und Mount 1991). Die Gewissenhaftigkeit ist ein Persönlichkeitsmerkmal, kann aber auch durch eine stringente und gewissenhafte

Arbeitsweise gebildet werden. Diese Arbeitsweise kann sich über die Zeit hinweg darauf auswirken, wie eine Führungskraft sich selbst im Hinblick auf ihre Arbeit sieht. Dies ist auch als Arbeitsselbstkonzept bekannt. Das gewissenhafte Arbeiten kann sich auf das Arbeitsselbstkonzept und auch auf die Zufriedenheit mit der eigenen Arbeit auswirken.

Wenn eine Führungskraft ein positives Arbeitsselbstkonzept hat und demzufolge eine Zufriedenheit gegenüber sich selbst empfinden kann, so steht dies höchstwahrscheinlich mit intrinsischer Motivation im Zusammenhang. Es ist von Vorteil, wenn eine Führungskraft aus sich heraus, intrinsisch, motiviert ist, weil dies im Gegensatz zur Fremdmotivation positiv mit Gesundheit einhergeht. Auch diese Einstellungen der Führungskraft können sich auf die Mitarbeiter übertragen.

Ein weiterer Punkt der gesunden Selbstführung hängt mit der guten Gestaltung von Pausen und Regenerationszeiten zusammen. Eine gesunde Führungskraft kennt unabhängig von der Arbeitsbelastung gute Regulationsmechanismen innerhalb und außerhalb der Arbeit und gestaltet Pausen und Regenerationszeiten aktiv. Für die Arbeitsleistung ist es relevant, dass sich Regenerationszeiten und Konzentrationsphasen abwechseln.

Die Konzentrationsfähigkeit und somit auch die Fehlerfreiheit ist ebenfalls ein zu beachtender Aspekt. Wenn viele Prozesse gleichzeitig die Aufmerksamkeit fordern, ist das Gehirn oftmals mit Gedanken über das beschäftigt, was unmittelbar bevorsteht. Das hat zur Folge, dass eine Führungskraft sich weniger Gedanken über den größeren Rahmen und strategische Entscheidungen machen kann. Eine neue Studie zeigt eindrücklich interessante Funktionsweisen des menschlichen Gehirns auf (Baror und Bar 2016). Zwei Gehirnforscher zeigten, dass die Kapazität für originelles und kreatives Denken durch Unfokussiertheit verhindert wird und dass das Grübeln und andere Formen der mentalen Überlastung ebenfalls keine Vorteile für das Denken aufweisen. Die Ergebnisse zeigen, dass strukturiertes und auch innovatives Denken besonders dann möglich ist, wenn der Kopf klar ist.

In einer Serie von verschiedenen Experimenten wurden Teilnehmer dazu aufgefordert, frei zu assoziieren und zu brainstormen, was ihnen zu verschiedenen Begriffen einfällt. Gleichzeitig wurde die mentale Arbeitsbelastung variiert, indem beispielsweise Zahlenreihen mit unterschiedlicher Länge erinnert werden mussten. Wenn Teilnehmer höher belastet waren, waren ihre Beiträge weniger originell und kreativ. Das heißt, die ausgelasteten Teilnehmer taten sich schwerer damit, neue Gedanken zu generieren, und sie brauchten insgesamt länger dafür. Baror und Bar (2016) schlussfolgerten, dass bei höherer Arbeitslast das Gehirn dazu tendiert die ihm bekannteste und vertrauteste, und damit auch die uninteressanteste Lösung zu präsentieren.

Verschiedene Gedankenmuster wie Alltagssorgen, depressive Gedanken und Grübeln nehmen ebenfalls viel Kapazität in Anspruch und können auch dazu führen, dass Führungskräfte weniger im Moment sein können.

Da die Denkfähigkeit und Klarheit der Gedanken für Führungskräfte ein hohes Gut ist, lohnt es sich, in die Entspannung von Führungskräften zu investieren. Es wäre vorteilhaft, eine gute Umgebung mit nicht allzu vielen Reizen zur Verfügung zu stellen. Im Zuge der Modernisierung werden oftmals auch Führungskräfte in Großraumbüros untergebracht, was für die Kommunikation mit den Mitarbeitern sicherlich Vorteile bietet. Auf der anderen Seite kommt es in Großraumbüros vermehrt zu vielen Geräuschen wie Telefonklingeln oder Gesprächen. Diese Geräusche sind nicht von Vorteil für die Konzentration. Es gibt viele Studien, welche die Zusammenhänge zwischen Lärm und physiologischen Reaktionen belegen (siehe Tomei et al. 2010). Für die Gesundheit von Führungskräften könnte man demzufolge ableiten, dass es von Vorteil ist, Einzelbüros für konzeptuelle Denk- und Überblicksarbeit zur Verfügung zu stellen, damit Führungskräfte die Möglichkeit haben, sich zurückzuziehen, falls die Arbeit dies erfordert.

Generell lässt sich beobachten, dass auch die Mitarbeiter davon profitieren, wenn eine Führungskraft gut auf sich selbst achtgeben kann. Gesunde Mitarbeiter sind vom modellhaften Vorgehen der Führungskraft inspiriert.

8.6 Ausblick

Gesunde Führung ist ein interessantes und neues Themenfeld, von dem Unternehmen, Mitarbeiter und Führungskräfte in der Umsetzung profitieren können. Besonders dann, wenn angedeutet ist, dass Belastungen gleichbleibend oder steigend sein werden, wird es darum gehen, welche Einflussmöglichkeiten überhaupt vorhanden sind, um die kostspieligen Auswirkungen der Stressoren zu verringern. Da Führungskräfte als Vorbilder für Mitarbeiter und andere Teams agieren und somit auch die Organisationskultur prägen, lohnt es sich, in sie zu investieren.

Die Förderung der Führungskräfte ist ein weit gefasster Begriff, der mit Trainingsmaßnahmen anfängt und Aspekte wie gute Arbeitsmaterialien sowie eine gute Raumgestaltung einschließt. Führungskräfte profitieren davon, wenn sie ausreichend mit notwendigen Ressourcen wie Rückzugsräumen ausgestattet sind und zudem exzellente persönliche Entwicklungsmöglichkeiten haben. Da Führungskräfte agil sind und ihr Verhalten stetig verbessern können, ist die Förderung von Führung ein exzellenter Ansatzpunkt, um eine Organisation nachhaltig zu stärken und den Herausforderungen der Zukunft entgegenzutreten.

Literatur

Baror, S., & Bar, M. (2016). Associative activation and its relation to exploration and exploitation in the brain. *Psychological Science*, 27(6), 776–789. doi:10.1177/0956797616634487.

Barrick, M. R., & Mount, M. K. (1991). The Big Five personality dimensions and job performance: A meta-analysis. *Personnel Psychology*, 44(1), 1–26. doi:10.1111/j.1744-6570.1991.tb00688.x.

Bruch, H., & Kowalevski, S. (2013). *Gesunde Führung. Wie Unternehmen eine gesunde Performancekultur entwickeln*. Überlingen: compamedia.

Diestel, S., & Schmidt, K.-H. (2011). Costs of simultaneous coping with emotional dissonance and self-control demands at work: Results from two German samples. *Journal of Applied Psychology*, 96, 643–653. doi:10.1037/a0022134.

Dweck, C. S. (1986). Motivational processes affecting learning. *American Psychologist*, *41*(10), 1040–1048. doi:10.1037/0003-066X.41.10.1040.

Judge, T. A., Piccolo, R. F., & Ilies, R. (2004). The forgotten ones? the validity of consideration and initiating structure in leadership research. *Journal of Applied Psychology*, *89*(1), 36–51.

Manzoni, J.-F., & Barsoux, J.-L. (1998). The set-up-to-fail syndrome. *Harvard Business Review*, *76*(2), 101–113.

Menges, J. I., Kilduff, M., Kern, S., & Bruch, H. (2015). The awestruck effect: Followers suppress emotion expression in response to charismatic but not individually considerate leadership. *The Leadership Quarterly*, *26*(4), 626–640. doi:10.1016/j.leaqua.2015.06.002.

Neff, K. D. (2003). Self-compassion: An alternative conceptualization of a healthy attitude toward oneself. *Self and Identity*, *2*(2), 85–101. doi:10.1080/15298860309032.

Rosenthal, R., & Jacobson, L. (1968). *Pygmalion in the classroom: Teacher expectation and pupils' intellectual development*. New York, NY, US: Holt, Rinehart & Winston.

Sprigg, C. A., Stride, C. B., Wall, T. D., Holman, D. J., & Smith, P. R. (2007). Work characteristics, musculoskeletal disorders, and the mediating role of psychological strain: A study of call center employees. *Journal of Applied Psychology*, *92*, 1456–1466. doi:10.1037/0021-9010.92.5.1456.

Tackman, A. M., & Srivastava, S. (2016). Social responses to expressive suppression: The role of personality judgments. *Journal of Personality and Social Psychology*, *110*(4), 574–591. doi:10.1037/pspp0000053.

Tomei, G., Fioravanti, M., Cerratti, D., Sancini, A., Tomao, E., Rosati, M. V., & Tomei, F. (2010). Occupational exposure to noise and the cardiovascular system: A meta-analysis. *Science of The Total Environment*, *408*(4), 681–689. doi:10.1016/j.scitotenv.2009.10.071.

Waldman, D. A., & Yammarino, F. J. (1999). CEO charismatic leadership: Levels-of-management and levels-of-analysis effects. *The Academy of Management Review*, *24*(2), 266–285. doi:10.2307/259082.

WHO (2014). Verfassung der Weltgesundheitsorganisation. Übersetzung. https://www.admin.ch/opc/de/classified-compilation/19460131/201405080000/0.810.1.pdf. Zugegriffen: 2. September 2016.

Simone Hager und Sarah Kern

Inhaltsverzeichnis

9.1   Einleitung

9.1.1   Problemstellung

Die Veränderung unserer Gesellschaft von einer Industrie- zu einer wissens- und kommunikationsbasierten Dienstleistungsgesellschaft führt zu einem zunehmenden Wandel von der körperlichen hin zur psychischen Arbeitsbelastung (Rütgers und Schüchter 2014).

S. Hager (✉)
Kleiststr. 7, 76199 Karlsruhe, Deutschland
E-Mail: simone.hager@outlook.de

S. Kern
FOM Hochschule
Rotebühlstraße 121, 70178 Stuttgart, Deutschland

© Springer Fachmedien Wiesbaden GmbH 2017
M. Seidel (Hrsg.), *Banking & Innovation 2017*, FOM-Edition,
DOI 10.1007/978-3-658-15785-2_9

Als eine mögliche Ursache für psychische Erkrankungen wird aktuell die ständige Erreichbarkeit von Berufstätigen unter dem Schlagwort „Always online" in Politik und Medien diskutiert (dpa 2014). Sei es das eingeschaltete Mobiltelefon, welches eine permanente Kommunikation mit Kollegen, Vorgesetzten und Mitarbeitern erlaubt, oder das häufige Abrufen beruflicher E-Mails – die dienstliche Erreichbarkeit außerhalb der eigentlichen Arbeitszeiten kennt durch neue Technologien keine Grenzen mehr.

Arbeitsministerin Andrea Nahles plädierte im Jahr 2014 für eine gesetzlich vorgeschriebene Anti-Stress-Verordnung, da sie „einen Zusammenhang zwischen Dauererreichbarkeit und der Zunahme von psychischen Erkrankungen" (dpa 2014) sieht. Ablehnende Stimmen kritisieren die bislang nicht fundierte Datenlage (Neuerer et al. 2014).

9.1.2 Zielsetzung

Ziel dieses Beitrags ist es, den Einfluss einer ständigen arbeitsbezogenen Erreichbarkeit auf psychische Belastungen zu identifizieren und zu untersuchen. Folgende Fragestellungen bilden die Kernthemen der Studie: Kann der Trend der ständigen Erreichbarkeit in der heutigen Arbeitswelt als pathogener (krankmachender) Faktor identifiziert werden? Sind Arbeitnehmer mit mobilem Endgerät tatsächlich außerhalb der Arbeitszeiten ständig erreichbar? Welche möglichen negativen Auswirkungen auf die psychische Gesundheit sind mit der ständigen Erreichbarkeit verbunden und welche Empfehlungen zum verantwortungsvollen Umgang mit der ständigen Erreichbarkeit gibt es?

9.1.3 Begriff und Entwicklung des Phänomens der ständigen Erreichbarkeit in der Arbeitswelt

In der Literatur wird die ständige Erreichbarkeit im beruflichen Kontext verstanden und bezeichnet eine „weitestgehend unregulierte Form einer erweiterten Verfügbarkeit für dienstliche Belange außerhalb der regulären Arbeitszeiten" (Strobel 2013, S. 6).

Die Verbreitung innovativer Endgeräte sowie die zunehmende zeitliche und räumliche Flexibilisierung der Arbeit führen dazu, dass „Always online" heute nicht nur auf die Geräte, sondern auch zunehmend auf deren Anwender zutrifft. Laut Umfrage des BITKOM im Jahr 2012 nutzen knapp 80 % der Berufstätigen für ihre Arbeit mobile Endgeräte wie Notebooks, Tablets, Smartphones oder Handys. Auch die Art des Arbeitens hat sich im letzten Jahrzehnt stark verändert. Die Erbringung der Arbeitsleistung – insbesondere im Bereich der Wissensarbeit – wird zunehmend unabhängig von Zeit und Ort. Abb. 9.1 veranschaulicht diese Entwicklung, indem sie anhand der drei Achsen „mobil", „flexibel" und „dezentral" den Trend von der „Arbeit am fixen Ort zur fixen Zeit" zur „Arbeit wo und wann du willst" darstellt (Spath et al. 2013).

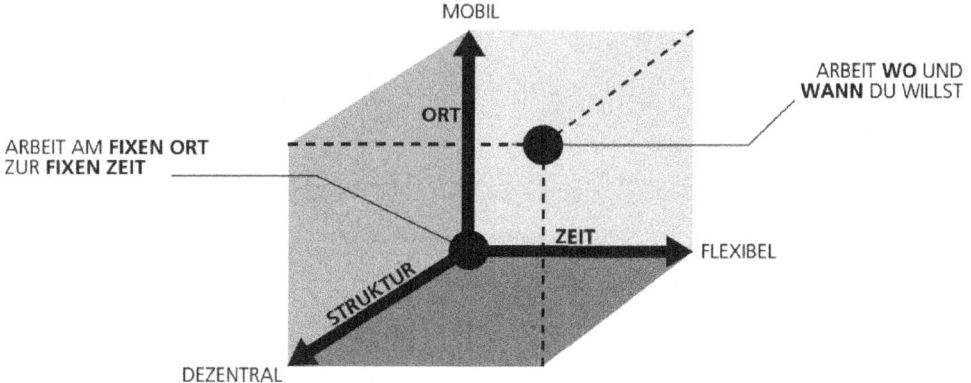

Abb. 9.1 Die räumliche und zeitliche Flexibilisierung von Wissensarbeit. (Quelle: Spath et al. 2013, S. 9)

Folge dieser Entwicklung ist eine räumliche und zeitliche Entgrenzung der Arbeit. Dies bedeutet, dass die Grenzen zwischen Arbeits- und Privatleben immer mehr verschwimmen. Spürbar werden jedoch allmählich die „Grenzen der Entgrenzung" (Spath et al. 2011, S. 11). Der Einfluss der schnellen Kommunikationsmittel und die daraus resultierende ständige Erreichbarkeit können – wie Experten vermuten – zu Stress und psychischer Belastung führen (Spath et al. 2011). Mögliche psychische Beanspruchungen, die gegebenenfalls durch das Phänomen der erweiterten arbeitsbezogenen Erreichbarkeit begünstigt werden, erläutert Abschn. 9.2.

9.1.4 Psychische Belastung und Erkrankungen

Im Sprachgebrauch werden die Begriffe „psychische Belastung" und „Beanspruchung" vorwiegend in einem negativen Kontext verwendet. Grundsätzlich wird eine Belastung jedoch definiert als „jene Einflüsse, die von außen auf einen Menschen wirken, zum Beispiel Aufgaben, Verantwortung, Zeitregime, Organisation ..." (Nagel und Petermann 2012, S. 21). Eine Belastung im Sinne einer Herausforderung bezeichnet also zunächst nicht zwangsläufig etwas „Krankmachendes". Die Höhe und die Dauer einer Belastung sind maßgeblich für die Einflussnahme auf die körperlichen und psychischen Ressourcen. Unter Ressourcen versteht man unter anderem die Kraft, Energie, Motivation, das Selbstbewusstsein sowie die körperlichen und geistigen Fähigkeiten einer Person (Nagel und Petermann 2012). Wenn eine Belastung psychisch und körperlich unangemessen scheint und zu einem Abbau der Ressourcen führt, wird sie als Fehlbelastung bezeichnet. Ob eine Belastung angemessen ist, hängt stark von der Person ab, die mit der Anforderung konfrontiert wird. Über die Angemessenheit der Belastung für eine Person entscheiden in der Regel zwei Faktoren (Nagel und Petermann 2012):

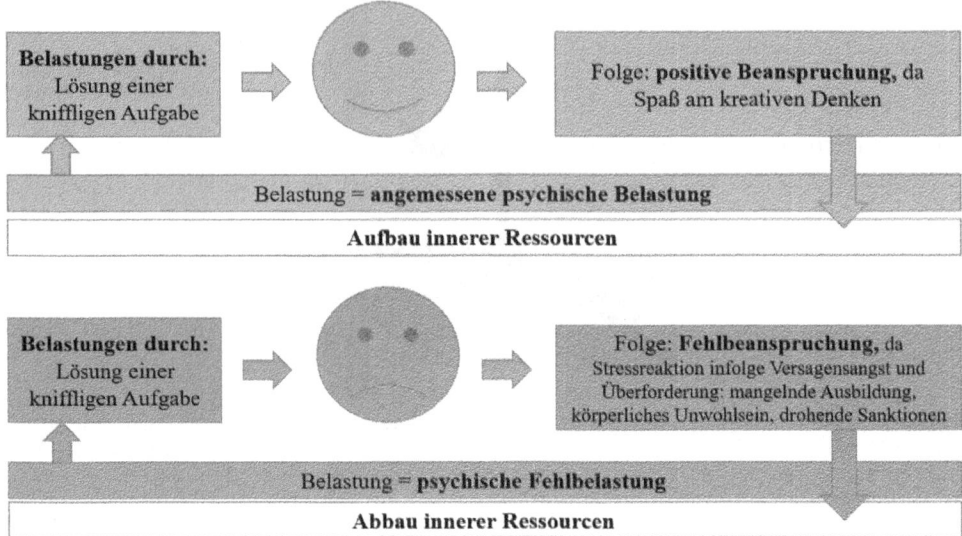

Abb. 9.2 Aufbau und Abbau innerer Ressourcen in Abhängigkeit von persönlichen Voraussetzungen. (Quelle: Nach Nagel und Petermann 2012, S. 22)

1. Genetische Anlagen
2. Körperlicher und psychischer Zustand

Eine Aufgabe kann beispielsweise für die eine Person eine positive Beanspruchung darstellen, während sie bei einer anderen Person eine Fehlbeanspruchung darstellt beziehungsweise Überforderung auslöst. Als Beanspruchung bezeichnet man die körperliche und psychische Reaktion auf eine Belastung. Je nach Belastungs- und Beanspruchungsniveau werden innere Ressourcen auf- oder abgebaut. Bezeichnet wird dieses Konzept als Belastungs-Beanspruchungs-Modell, und es ist in der Norm DIN EN ISO 10075 verankert (Lohmann-Haislah 2012). Den Zusammenhang zwischen Belastung, Beanspruchung und der Angemessenheit der Anforderung veranschaulicht Abb. 9.2.

Die verbreitetste Form der psychischen Beanspruchungsfolgen ist das Erleben von Stress. Der Begriff „Stressoren" beschreibt sämtliche Stress hervorrufende Faktoren und fasst sowohl innere als auch äußere Belastungsfaktoren zusammen, zum Beispiel Zeitdruck (äußerer Faktor) oder Angst um Termineinhaltung (innerer Faktor) (Nagel und Petermann 2012).

9.1.4.1 Kurzfristige Fehlbeanspruchungsfolgen

Tritt eine Unausgeglichenheit zwischen den Anforderungen und den Ressourcen zur Bewältigung nur kurzfristig auf, dann sind die Fehlbeanspruchungsfolgen meist durch kurze Erholungsphasen in den Griff zu bekommen (Nagel und Petermann 2012). Beispiele dieser Fehlbeanspruchungsfolgen sind (Nagel und Petermann 2012; Poppelreuter und Mierke 2005):

1. *Monotonie*: Als Monotonie bezeichnet man zunehmende Müdigkeit und nachlassende Aufmerksamkeit, welche durch wenig Abwechslung bei der Tätigkeit verursacht wird.
2. *Psychische Sättigung*: Unter diesem Begriff versteht man den Zustand von Anspannung und Gereiztheit, der beispielsweise durch Tätigkeiten entsteht, deren Sinnhaftigkeit nicht erkennbar ist.
3. *Akuter Stress*: Akuter Stress tritt in sogenannten „Kampf- oder Fluchtsituationen" durch Ausschüttung von Adrenalin und Noradrenalin auf.

Da diese Reaktionen meist nur temporär auftreten, sind sie nur der Vollständigkeit halber in diesem Beitrag aufgeführt.

9.1.4.2 Langfristige Fehlbeanspruchungsfolgen

Kann der Stresszustand über Wochen hinweg auch durch längere Erholungspausen nicht mehr abgebaut werden, leidet ein Mensch unter Dauerstress. Hierbei steht der Körper durch Adrenalin- und Noradrenalinausschüttung dauerhaft „unter Strom". Da die betroffene Person nicht zur Ruhe kommt, bleibt der Erregungszustand bestehen. Diese Form von Stress kann erhebliche Auswirkungen auf die physische und psychische Gesundheit haben.

Physisch können unterschiedliche Arten von Autoimmunerkrankungen oder Entzündungsarten durch Dauerstress hervorgerufen werden. Auch die stressbedingten Auswirkungen auf das Herz-Kreislauf-System, wie Bluthochdruck oder Herzinfarkte, sind gravierend (Nagel und Petermann 2012). Bezüglich der psychischen Auswirkungen ist zu bemerken, dass diese Erkrankungen in der Regel nicht monokausal sind. Das bedeutet, dass sie nicht auf nur eine Ursache wie beispielsweise Dauerstress zurückzuführen sind. Die Psychiatrie bezieht sich heute auf ein dreistufiges Erklärungsmodell zur Entstehung seelischer Erkrankungen (vgl. Abb. 9.3). Demnach gibt es mehrere Faktoren, die die Entstehung von psychischen Leiden begünstigen. Die genetische Disposition und die individuelle Empfindsamkeit spielen ebenso eine Rolle wie die psychosoziale Entwicklung der Person.

Das komplexe Geflecht einer psychischen Erkrankung sowie deren vielschichtige Ursachen machen es schwierig, diejenigen Erkrankungen zu identifizieren, die im direkten Bezug zum Stress im Arbeitsalltag beziehungsweise einer Belastung durch erweiterte Erreichbarkeit stehen. Die Ausführungen in diesem Beitrag legen den Fokus auf die hinsichtlich der Verursachung von Arbeitsunfähigkeiten am häufigsten vorkommenden Erkrankungen, nämlich die Depression, Anpassungs- und Angststörungen (DAK-Gesundheit 2015). Weiterhin wird das Burnout-Syndrom als eine in der Arbeitswelt bekannte Erscheinung erläutert, welche jedoch keine eigenständige medizinische Diagnose darstellt.

Abb. 9.3 Entstehung psy-
chischer Erkrankungen: Das
Diathese-Stress-Modell.
(Quelle: Nach Rütgers und
Schüchter 2014, S. 14)

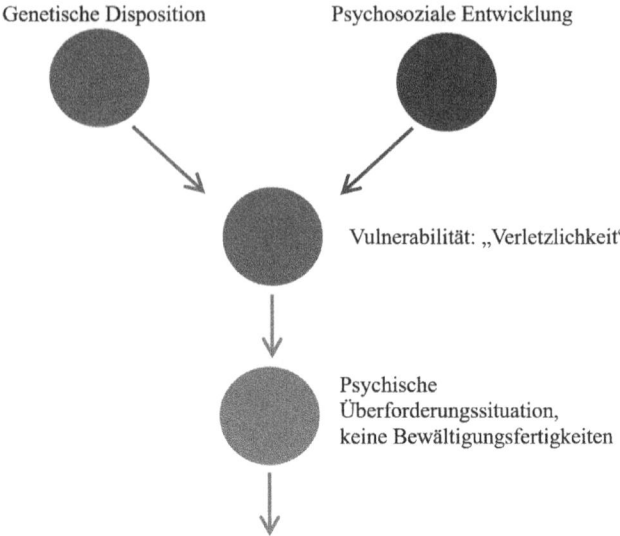

Genetische Disposition   Psychosoziale Entwicklung

Vulnerabilität: „Verletzlichkeit"

Psychische
Überforderungssituation,
keine Bewältigungsfertigkeiten

Psychische Erkrankung als Lösungsform

Depression

Die Wurzel des Wortes „Depression" ist das lateinische Wort „deprimere", was übersetzt
„niederdrücken" heißt (Troger 2014). Menschen, die unter einer Depression leiden, fühlen
sich folglich niedergeschlagen und bedrückt (Troger 2014). Die Depression ist die am
häufigsten diagnostizierte psychische Erkrankung in Deutschland. Im Jahr 2014 entfielen
47 % der durch psychische Erkrankungen verursachten Fehltage auf Depressionen (DAK-
Gesundheit 2015).

Typische Symptome beziehungsweise Verhaltensmuster von Betroffenen sind (DAK-
Gesundheit 2015; Rütgers und Schüchter 2014; Troger 2014):

- gedrückte Stimmung/Niedergeschlagenheit,
- Konzentrationsstörungen,
- Gewichtsverlust und sexuelle Unlust,
- verringerte Fähigkeit zu Freude und Interesse,
- Schlaf- und Appetitstörungen,
- negatives Selbstbild und anhaltende Schuldgefühle,
- Antriebslosigkeit,
- ständige Müdigkeit,
- Rückzug vom sozialen Umfeld.

Bei der bipolaren affektiven Störung oder manisch-depressiven Erkrankung, die auf
Platz acht der Fehltage aufgrund psychischer Erkrankungen rangiert, wechseln sich depressive Phasen meist unmittelbar mit manischen Phasen ab. Die manische Phase zeichnet sich durch einen beinahe grenzenlosen Tatendrang aus. Betroffene scheinen maßlos

optimistisch, kreativ und neigen zur Selbstüberschätzung. Einsicht über ein krankhaftes Verhalten haben Patienten in diesem Stadium in der Regel nicht, obwohl ihr unüberlegtes und häufig gereiztes Auftreten oftmals die Grenzen der Normalität sprengt (Rütgers und Schüchter 2014).

Burnout
Eng verwandt mit der Depression ist das sogenannte Burnout-Syndrom. Übersetzt bedeutet Burnout so viel wie „Ausgebrannt sein" (Manz 2014). Allgemein kann man Burnout als ein „Konstrukt zur Beschreibung von Zuständen körperlicher und emotionaler Erschöpfung im Zusammenhang mit der Berufstätigkeit" (Manz 2014, S. 376) beschreiben. Der Begriff ist in der Öffentlichkeit sehr geläufig und wird vielfach als Folge von andauerndem Stress und psychischer Belastung im Beruf diskutiert (Lohmann-Heislah 2012).

Grundproblematik des Burnout-Syndroms ist der fehlende Ausgleich zwischen Belastung und Entspannung. Durch eine anhaltende negative Anspannung wird eine dauerhafte hormonelle Stressreaktion hervorgerufen. Das dadurch verursachte permanente Vorhalten von Energien, die zur Gefahrenabwehr und Flucht gedacht sind, sowie das Ausbleiben der wichtigen Regenerationsphasen können längerfristig weitreichende gesundheitliche Auswirkungen haben (Rütgers und Schüchter 2014).

Begünstigend für die Entstehung von Burnout sind individuelle Persönlichkeitsmerkmale wie beispielsweise ein zu ausgeprägtes Streben nach Perfektion, hohes Anspruchsniveau, Idealismus und überzogenes berufliches Engagement (Manz 2014; Nagel und Petermann 2012; Rütgers und Schüchter 2014). Im beruflichen Kontext können folgende Zustände zu einem „Ausbrennen" führen (Tröster 2013):

1. *Qualitative Überforderung* durch zu große Verantwortung bei meist als zu gering empfundener Anerkennung.
2. *Quantitative Überforderung* durch zu viele Herausforderungen, Termin- und Leistungsdruck sowie ständige Erreichbarkeit.
3. *Autonomieverlust* durch eine als zu gering wahrgenommene Entscheidungskompetenz bei gleichzeitigem Überengagement und übersteigertem Ehrgeiz.

In der Fachliteratur werden die Symptome des Syndroms mit drei Schlagworten umschrieben (Nagel und Petermann 2012; Poppelreuter und Mierke 2005):

1. *„Emotionale Erschöpfung"* als das Gefühl emotionaler Überanstrengung durch Umgang mit anderen Menschen.
2. *„Depersonalisierung"* im Sinne einer Gefühllosigkeit und Distanz beispielsweise gegenüber Kunden.
3. *„Reduzierte persönliche Leistungsfähigkeit"* als das Gefühl, keine Erfolgserlebnisse zu haben und Kompetenz zu verlieren.

Meist wird die chronische Erschöpfung durch den Betroffenen nicht wahrgenommen und verläuft so lange unbemerkt, bis es zu körperlichen Anzeichen oder einem Zusammenbruch kommt. Unspezifische körperliche Symptome bei der Entstehung des Syndroms können sein (Manz 2014; Rütgers und Schüchter 2014):

- Müdigkeit, Kopfschmerzen, Verspannungen,
- Schlafstörungen, Appetitlosigkeit, Konzentrationsschwäche,
- Rückenschmerzen,
- Gereiztheit, Ängstlichkeit,
- Herz- und Kreislaufbeschwerden.

Stand heute existieren keine definierten Diagnosekriterien für das Burnout-Syndrom. Es stellt auch keine eigenständige medizinische Diagnose dar, sondern wird unter dem Schlüssel „Probleme mit Bezug auf Schwierigkeiten bei der Lebensbewältigung" aufgeführt. In der Burnout-Forschung geht der Trend dahin, dass das Syndrom eher als Risikozustand oder als Anzeichen einer anderen psychischen Erkrankung verstanden wird (DAK-Gesundheit 2015; Manz 2014; Rütgers und Schüchter 2014).

Anpassungsstörung

Die Anpassungsstörung erfolgt meist als Reaktion auf ein extrem belastendes Ereignis, wie beispielsweise den Tod eines nahen Angehörigen oder eine schwere Erkrankung. Auch Herausforderungen am Arbeitsplatz können je nach individueller Widerstandsfähigkeit eine Anpassungsstörung hervorrufen. Betroffene fühlen sich überfordert und können depressiv oder ängstlich sein. Die Flucht in Alkohol- oder Drogenkonsum oder ein aggressives Verhalten sind bei dieser Krankheit nicht selten. Körperlich schlägt sich die Diagnose in Beschwerden wie Herz-Kreislauf-Problemen, Rückenschmerzen oder Magen-Darm-Erkrankungen nieder (DAK-Gesundheit 2015).

Unter den Diagnosen liegt die Anpassungsstörung hinter der Depression auf Platz zwei. Die Anzahl der Fehltage aufgrund von Anpassungsstörungen hat sich in den letzten 13 Jahren mehr als verdreifacht (DAK-Gesundheit 2015).

Angststörung

Im Normalfall ist Angst eine lebenswichtige Reaktion, die uns in Gefahrensituationen schützt und unterstützt. Durch körperliche Alarmmechanismen wie Muskelanspannung und die Ausschüttung zusätzlicher Energien können wir in ungewissen und bedrohlichen Umständen besser handeln (DAK-Gesundheit 2015; Nagel und Petermann 2012). Die Angst hat dann eine krankhafte Eigendynamik angenommen, wenn diese Angstzustände auch in unbedenklichen Alltagsszenarien auftreten. Betroffene einer Angststörung werden unkontrolliert von starken Ängsten überfallen, erleben Schwindel, Herzklopfen, ein Engegefühl in der Brust und beginnen zu schwitzen (Rütgers und Schüchter 2014).

Ist die Angst zum permanenten Begleiter geworden, liegen meist psychische Belastungen zugrunde, die auch durch chronischen Stress und Herausforderungen am Arbeitsplatz hervorgerufen werden können (Poppelreuter und Mierke 2005). Die krankhaften Ängste zählen zu den häufigsten psychischen Diagnosen. Die Zahl der durch Angststörungen verursachten Fehltage stieg zwischen den Jahren 2000 und 2015 um 160 % (DAK-Gesundheit 2015).

9.2   „Always online" und psychische Belastung

9.2.1   Stand der Wissenschaft

In den letzten Jahren wurden in Deutschland verschiedene repräsentative Studien durchgeführt, die die Erreichbarkeit von Berufstätigen außerhalb der Arbeitszeit und deren psychische Belastung untersuchten (vgl. Abschn. 9.4). Im Folgenden werden die zentralen Ergebnisse von neun Befragungen bezüglich dreier Gesichtspunkte zusammengefasst. Zunächst werden das Ausmaß der Erreichbarkeit und die Inanspruchnahme der Verfügbarkeit analysiert. Anschließend werden die Studienergebnisse hinsichtlich des Einflusses der Erreichbarkeit auf die psychische Verfassung von Berufstätigen ausgewertet. Zuletzt wird der Forschungsstand im Bereich möglicher Präventionsmaßnahmen im Zusammenhang mit der ständigen Erreichbarkeit beschrieben.

9.2.1.1   Erreichbarkeit von Arbeitnehmern außerhalb der Arbeitszeiten

Sämtliche betrachteten Studien haben die Verfügbarkeit von Arbeitnehmern außerhalb der regulären Arbeitszeiten gemessen. In einem Großteil der Befragungen stand die Frage im Zentrum, ob die Teilnehmer generell außerhalb der regulären Arbeitszeiten erreichbar seien. Zwei Studien beschäftigten sich zudem mit dem Thema, ob und wie häufig von einer theoretischen Erreichbarkeit auch tatsächlich von Vorgesetzten, Kollegen oder Kunden Gebrauch gemacht wird. Einige Studien unterscheiden zwischen einer Erreichbarkeit abends nach Feierabend, am Wochenende oder im Urlaub.

Obwohl die einzelnen Ergebnisse der Studien sowie deren Zielgruppen und Teilnehmerzahlen variieren, lassen sich einige Ergebnisse studienübergreifend zusammenfassen (vgl. Abschn. 9.4):

- Nur knapp zehn bis 20 % der Arbeitnehmer sind überhaupt nicht außerhalb der Arbeitszeiten erreichbar – das bedeutet, dass der Großteil der Berufstätigen generell in der Freizeit für Arbeitsbelange erreichbar ist.
- Auch im Urlaub ist über die Hälfte der Studienteilnehmer generell erreichbar.
- Ein großer Teil der Arbeitnehmer informiert sich abends oder sogar rund um die Uhr über eingehende E-Mails.
- Die Erreichbarkeit bei Berufstätigen in Leitungspositionen ist signifikant höher als die des Durchschnitts.

9.2.1.2 Auswirkung der Erreichbarkeit auf die psychische Verfassung

Ein weiteres Ziel von sechs der neun betrachteten Studien lag darin, die Einflüsse der erweiterten Erreichbarkeit auf die psychische Belastung von Arbeitnehmern zu identifizieren. Trotz der verschiedenen Studiendesigns und Ergebnissen lassen sich einige generelle Schlussfolgerungen ableiten (vgl. Abschn. 9.4):

- Es besteht ein Zusammenhang zwischen psychischen Erkrankungen und ständiger Erreichbarkeit.
- Arbeitsbezogene erweiterte Erreichbarkeit ist ein Stressfaktor.
- Erreichbarkeit über mobile Endgeräte ist nicht nur außerhalb der Arbeitszeiten, sondern auch während der Arbeitszeiten ein Stressfaktor.
- Stress schadet der Gesundheit.
- Insbesondere Schlafstörungen, Burnout und Depressionen können mit der ständigen Erreichbarkeit in Verbindung gebracht werden.

Das Thema der ständigen Erreichbarkeit im Zusammenhang mit psychischen Belastungen hat aktuell in den Medien und in der Politik eine große Präsenz. Fundierte und umfassende wissenschaftliche Erkenntnisse, ob und vor allem welche psychische Erkrankungen durch das „Always online"-Phänomen begünstigt werden, existieren jedoch – wie die Auswertung der bisherigen Studien zum Thema zeigt – nur teilweise.

9.2.1.3 Präventionsmöglichkeiten und Handlungsempfehlungen

Die Befragung der DAK-Gesundheit (2013) zielte darauf ab, Präventionsaktivitäten des Arbeitgebers zu identifizieren und in Bezug zu den psychischen Erkrankungen zu bringen. 15,7 % der befragten Arbeitnehmer geben an, einen ausdrücklichen Hinweis vom Arbeitgeber erhalten zu haben, nach Feierabend nicht erreichbar zu sein. Ob seitens des Arbeitgebers Maßnahmen zur Stressvermeidung getroffen werden, wird von knapp einem Drittel der Befragten bejaht. Konkrete Maßnahmen sind hier:

- Informationsveranstaltungen/Schulungen zu Stress,
- Versuche, die Arbeit weniger stressig zu gestalten,
- Betriebsarzt/Sicherheitsfachkraft.

In 44 % der Fälle ist den Beschäftigten nicht bekannt, dass der Arbeitgeber sich um die psychische Belastung kümmert.

Bezüglich der Wirksamkeit von Präventionsmaßnahmen kommt die Studie zu dem Ergebnis, dass Arbeitnehmer, deren Arbeitgeber konkrete Maßnahmen implementiert haben, weniger häufig wegen psychischer Erkrankungen krankgeschrieben sind als Arbeitnehmer, deren Arbeitgeber diesbezüglich nichts unternehmen (DAK-Gesundheit 2013).

In der qualitativen Erhebung der iga (Strobel 2013) wurden 16 Experten nach einem guten Umgang mit der ständigen Erreichbarkeit gefragt. Ihrer Meinung nach sollten Beschäftigte auf keinen Fall das Signal geben, ständig erreichbar zu sein. Weiterhin sehen die Experten vor allem den Arbeitnehmer auf persönlicher Ebene in der Verantwortung, klare Grenzen zu ziehen und sich Freiräume zu schaffen. Da die Thematik aber nicht individuell ist, sei es auch erforderlich, auf Unternehmensebene Strategien zum Umgang mit der ständigen Erreichbarkeit zu definieren. Die befragten Unternehmen und Experten teilen größtenteils die Ansicht, dass das Thema der ständigen Erreichbarkeit transparent gemacht und in der Unternehmenskultur aufgegriffen werden müsse.

9.2.2 Informationen zur Studie

Ergänzend zu den in Abschn. 9.1 dargestellten Erkenntnissen der Sekundärforschung wurde eine eigenständige Studie durchgeführt.

Eine Kernfrage der Untersuchung besteht darin, die tatsächliche Verfügbarkeit von Berufstätigen außerhalb der eigentlichen Arbeitszeiten zu identifizieren. Zum anderen stellt sich die Frage, ob eine ständige arbeitsbezogene Erreichbarkeit belastend wirkt und zu chronischem Stress und somit auch zu psychischen Erkrankungen führen kann. Ob und wie Arbeitgeber, Arbeitnehmer oder der Gesetzgeber möglichen negativen Konsequenzen vorbeugen können, bildet einen weiteren Gegenstand der Untersuchung. Aussagen über den Verbreitungsgrad der dienstlichen Geräte stehen nicht im Fokus dieser Studie. Zielgruppe sind daher Personen, die von Seiten ihres Arbeitgebers mit einem dienstlichen mobilen Endgerät ausgestattet sind beziehungsweise ihr privates Mobilgerät für dienstliche Zwecke nutzen. Da die Studie sowohl Zusammenhänge zwischen Variablen entdecken als auch die Stichprobe hinsichtlich bestimmter Merkmale beschreiben soll, handelt es sich um eine Mischung aus explorativer und deskriptiver Untersuchung.

Die benötigten Daten wurden einmalig zeitpunktbezogen beziehungsweise zugunsten der praktischen Umsetzung innerhalb eines bestimmten Zeitraums erhoben. Die Studie kann demnach als eine Querschnittsuntersuchung kategorisiert werden. Die Grundgesamtheit der Untersuchung ist die Menge aller berufstätigen Personen, die außerhalb der Arbeitszeiten durch mobile Endgeräte für dienstliche Angelegenheiten erreichbar ist. Die Auswahl der Vertreter dieser Grundgesamtheit erfolgte durch eine Zufallsstichprobe aus verschiedenen Unternehmen, Berufs- und Altersgruppen. Um hinreichend interpretierfähige Ergebnisse zu erhalten, muss die Analyse auf einer ausreichend großen Stichprobe basieren. Aus diesem Grund bietet sich eine schriftliche oder webbasierte Befragung besonders an, da die Reichweite im Vergleich zu persönlichen und telefonischen Interviews sehr hoch ist. Aufgrund der Intimität des Themas und der Informationen über die psychische Verfassung ist auch Anonymität ein wichtiges Kriterium für die Befragung, weshalb die notwendigen Daten mithilfe einer webbasierten Befragung gewonnen wurden.

Die Datenerhebung fand in einem fest definierten achtwöchigen Zeitraum vom 12.10.2015 bis 07.12.2015 statt. Der Link zur webbasierten Umfrage wurde breit gestreut und in verschiedenen Gruppen des Online-Netzwerks XING, der Plattform der FOM Hochschule für Ökonomie & Management, einer mittelständischen Firma und über private Netzwerke und Kontakte verteilt. Die Reichweite war somit vergleichsweise groß. Nachteile hierbei sind, dass keine Rückschlüsse über die tatsächliche Rücklaufquote gezogen werden können, da es keine Informationen darüber gibt, wie viele Personen der relevanten Grundgesamtheit mit der Umfrage tatsächlich in Kontakt gekommen sind. Im Zeitraum der Befragung haben insgesamt 136 Personen an der Untersuchung teilgenommen.

9.2.3 Ergebnisse der Studie

9.2.3.1 Erreichbarkeit von Arbeitnehmern außerhalb der Arbeitszeit

Unter den 136 Teilnehmern befanden sich 94 männliche und 42 weibliche Personen. Mit knapp 70 % gab es demnach einen deutlichen Überhang an männlichen Befragten. Resultieren könnte dies aus der Verteilung der Umfrage in zwei technischen Abteilungen eines Unternehmens mit hauptsächlich männlichen Ingenieuren.

Obwohl die Umfrage konkret an Personen adressiert war, die ein mobiles Endgerät für dienstliche Angelegenheiten nutzen, beantworteten die entsprechende Kontrollfrage nur 111 der 136 Teilnehmer positiv. Ausschließlich die identifizierten 111 Teilnehmer, die ein mobiles Endgerät für dienstliche Korrespondenz nutzen, erhielten die Möglichkeit, die Fragen zum Ausmaß der Erreichbarkeit und der resultierenden psychischen Belastung zu beantworten.

Nur acht der 111 Teilnehmer gaben an, überhaupt nicht nach Feierabend und/oder am Wochenende telefonisch erreichbar zu sein. Alle anderen sind in mehr oder weniger ausgeprägter Form verfügbar. Der größte Teil der Befragten ist sogar so gut wie immer für Anrufe außerhalb der Arbeitszeit empfänglich (vgl. Abb. 9.4).

Die Frage, ob der Vorgesetzte beziehungsweise Kollegen oder Kunden von dieser Erreichbarkeit auch Gebrauch machen, beantworteten 103 Teilnehmer mit „Ja". Diejenigen acht Personen, die angaben, nicht außerhalb der Arbeitszeit erreichbar zu sein, wurden direkt zur nächsten Frage weitergeleitet. Berufstätige, die theoretisch erreichbar sind, werden in sieben von zehn Fällen in wichtigen Angelegenheiten auch außerhalb ihrer Arbeitszeit und am Wochenende kontaktiert. Bei 14 % der Befragten wird die theoretische Erreichbarkeit so gut wie nie in Anspruch genommen. 16 % der Teilnehmer werden sogar regelmäßig in ihrer Freizeit angerufen (vgl. Abb. 9.5)

Die anschließende Frage zielte auf das Lesen dienstlicher E-Mails außerhalb der Arbeitszeiten ab und wurde von 110 Arbeitnehmern beantwortet. Nur vier Teilnehmer gaben an, ihren elektronischen Posteingang nie außerhalb der Arbeitszeiten zu kontrollieren. Über 75 % der Befragten lesen dienstliche E-Mails regelmäßig oder sporadisch auch in der Freizeit (vgl. Abb. 9.6). Knapp ein Viertel der Befragten kontrolliert den Posteingang nur dann außerhalb der Arbeitszeit, wenn eine wichtige Nachricht erwartet wird. Die Einbeziehung der Altersstruktur und der Dauer der Unternehmenszugehörigkeit zeigt auch hier keine Auffälligkeiten. Es lesen anteilig etwas mehr Personen über 50 Jahren in der Freizeit E-Mails, als dies Teilnehmer unter 30 Jahren tun.

110 Befragte gaben Auskunft darüber, ob sie ihr dienstliches mobiles Endgerät in den Urlaub mitnehmen. Nur 28 % dieser Personengruppe lassen das Gerät während des Ur-

TELEFONISCHE ERREICHBARKEIT

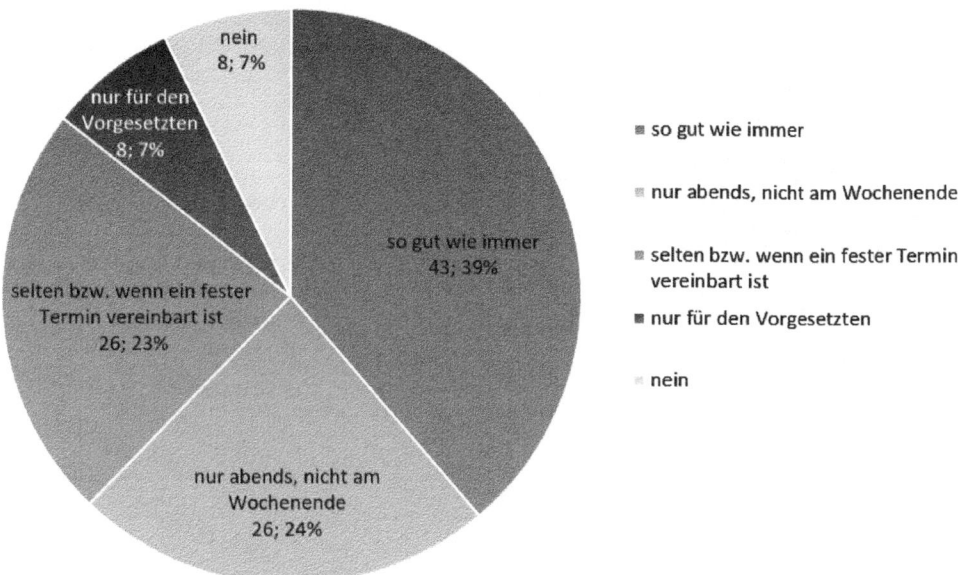

Abb. 9.4 Ausprägung der telefonischen Erreichbarkeit der Studienteilnehmer

INANSPRUCHNAHME DER ERREICHBARKEIT

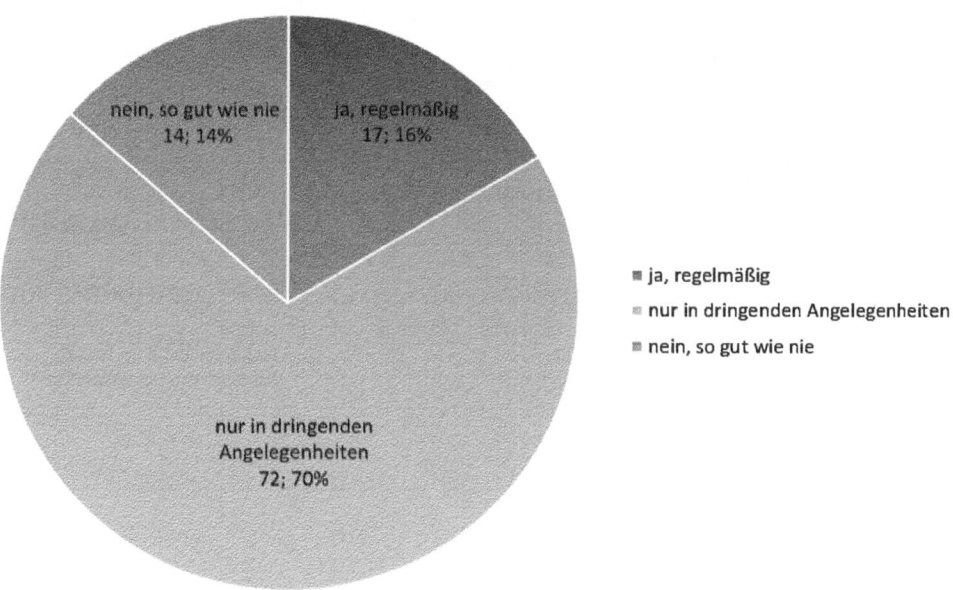

Abb. 9.5 Tatsächliche Inanspruchnahme der Erreichbarkeit

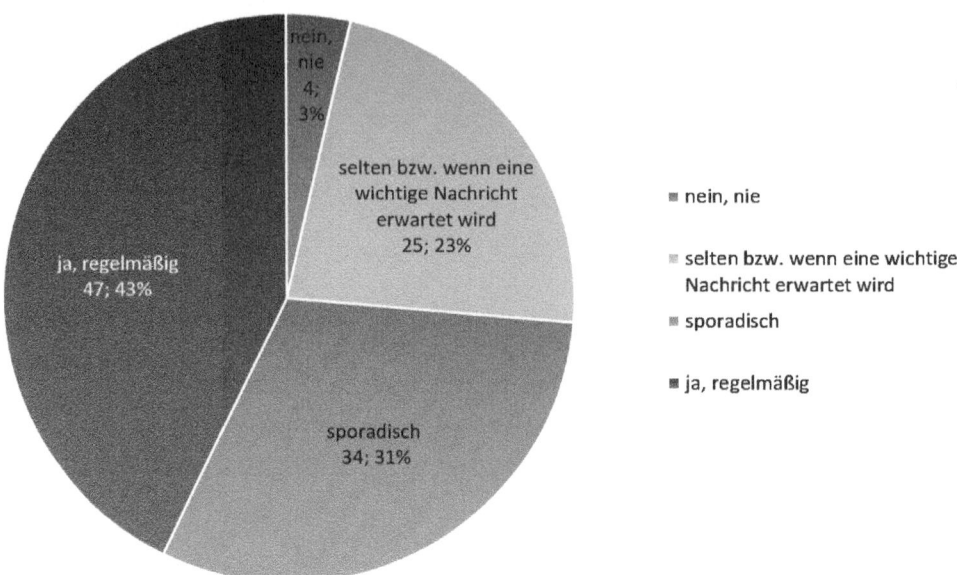

Abb. 9.6 Lesen von E-Mails außerhalb der Arbeitszeit

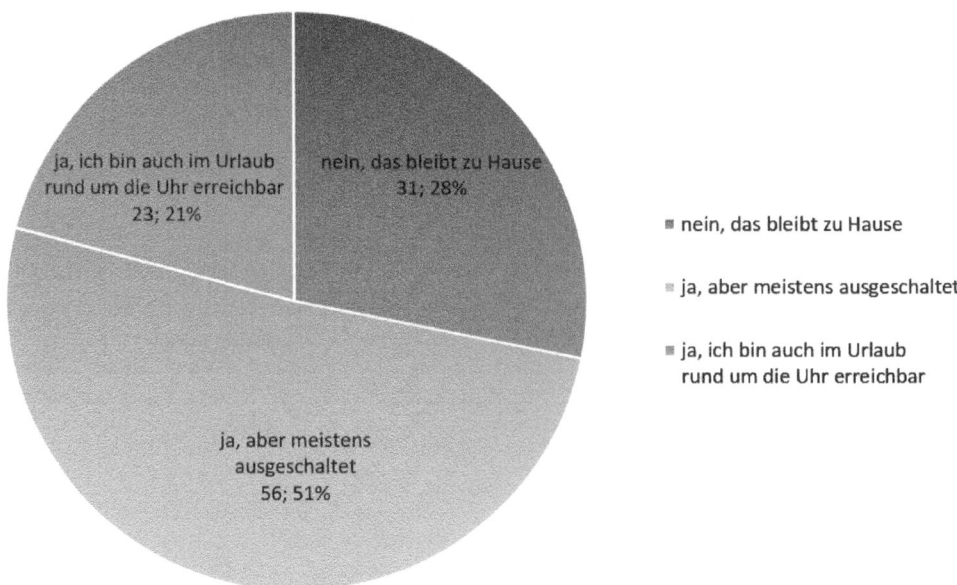

Abb. 9.7 Dienstliches Endgerät und Erreichbarkeit im Urlaub

laubs zu Hause (vgl. Abb. 9.7). Die Hälfte der Teilnehmer hat das Gerät zwar im Urlaub dabei, versucht aber, dieses weitestgehend ausgeschaltet zu lassen. Mehr als ein Fünftel der Teilnehmer sagt aus, auch im Urlaub beinahe rund um die Uhr erreichbar zu sein. Von den 23 Personen, die auch im Urlaub immer verfügbar sind, geben knapp 80 % an, dies auch am Wochenende und nach Feierabend zu sein sowie regelmäßig den elektronischen Posteingang außerhalb der Arbeitszeit zu kontrollieren.

Aus den gewonnenen Daten lassen sich folgende Rückschlüsse auf die Erreichbarkeit von Arbeitnehmern außerhalb ihrer Arbeitszeiten feststellen:

1. Nur sieben Prozent der Befragten sind außerhalb der Arbeitszeit nie telefonisch erreichbar.
2. Die telefonische Erreichbarkeit während der Freizeit wird in über 85 % der Fälle zumindest bei wichtigen Themen auch in Anspruch genommen.
3. Nur drei Prozent der Befragten lesen nie außerhalb der Arbeitszeiten E-Mails.
4. Ein Fünftel der Teilnehmer ist auch im Urlaub rund um die Uhr erreichbar.

9.2.3.2 Auswirkung der Erreichbarkeit auf die psychische Verfassung

Ein Großteil der Befragten sieht das mobile Endgerät und die damit verbundenen Möglichkeiten als Unterstützung im beruflichen Alltag (vgl. Abb. 9.8). Elf Prozent geben an,

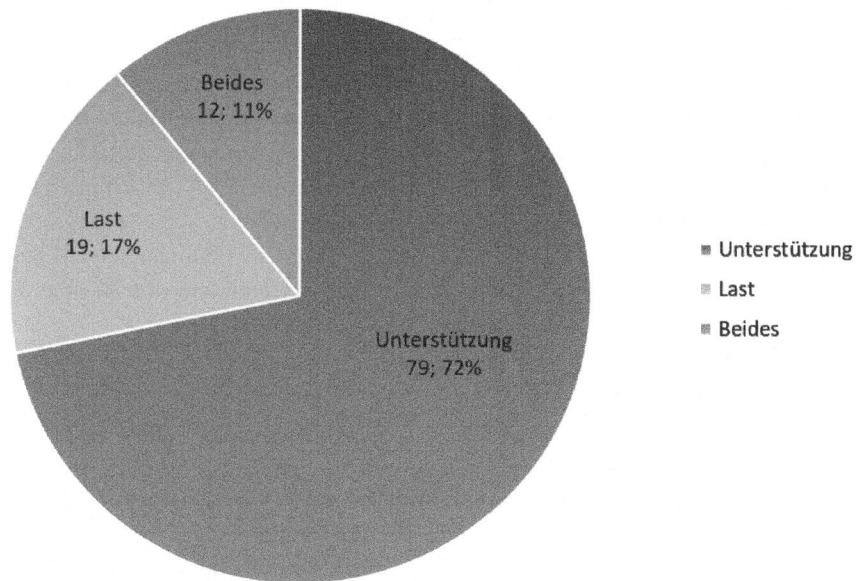

Abb. 9.8 Mobiles Endgerät als Last oder Unterstützung

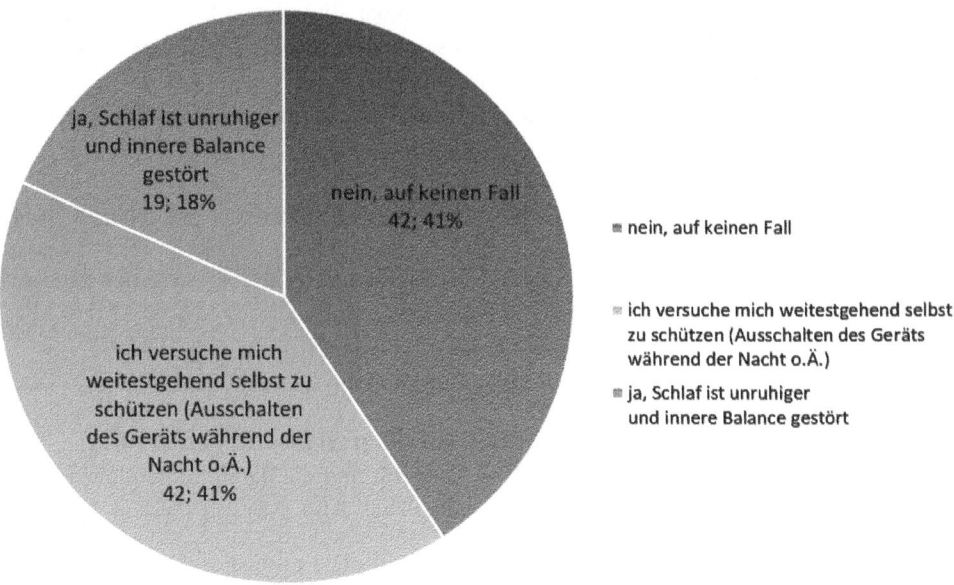

Abb. 9.9 Schlafstörungen und Auswirkungen auf die innere Balance

das Gerät sowohl als Belastung als auch als Unterstützung zu empfinden, und gaben hier eine entsprechende freie Antwort. Für 17 % der Befragten stellt das Gerät eine Last dar.

103 Teilnehmer beantworteten die Frage, ob sie durch die ständige Erreichbarkeit unter Schlafstörungen leiden beziehungsweise das Gefühl haben, dass ihre innere Balance gestört sei. 42 Befragte geben an, dass sie keine Schlafprobleme haben, während 19 Personen unter Schlafproblemen leiden und unausgeglichen sind. Die restlichen 42 Teilnehmer versuchen, sich durch Ausschalten des Gerätes während der Nacht selbst zu schützen (vgl. Abb. 9.9).

Anschließend sollten die Befragten in sechs verschiedenen Punkten jeweils gegensätzliche Ansichten bezüglich ihrer Arbeitspräferenzen gewichten wie zum Beispiel fester vs. mobiler Arbeitsplatz oder feste vs. flexible Arbeitszeiten.

In diesem Fragenbereich lassen sich folgende Erkenntnisse zusammenfassen:

1. Fast ein Fünftel der Befragten fühlt sich durch die ständige Erreichbarkeit innerlich unruhig und leidet unter Schlafstörungen.
2. Beinahe jeder Dritte sieht das mobile Endgerät und die permanente Verfügbarkeit als Last beziehungsweise als Unterstützung und Belastung gleichzeitig.
3. Der Mehrheit der Teilnehmer sind ein ungestörter Feierabend und eine ungestörte Freizeit wichtig.

4. Das mobile Arbeiten und flexible Arbeitszeiten werden entsprechend des in Abschn. 9.1.3 beschriebenen Trends der Entgrenzung der Arbeit bevorzugt.
5. Mehr als die Hälfte der Befragten legt Wert darauf, auch außerhalb der Arbeitszeiten arbeiten zu können.

9.2.3.3 Präventionsmöglichkeiten und Handlungsempfehlungen

Die Teilnehmer konnten abschließend ihre Vorschläge für arbeitgeberseitige, gesetzliche sowie individuelle Präventionsmaßnahmen bei psychischen Belastungen durch eine ständige Erreichbarkeit beschreiben.

Auf individueller Basis sollte man gemäß der Einschätzung der Befragten vor allem darauf achten, klare Grenzen zwischen Privatem und Beruflichem zu ziehen und auch für Kollegen und Vorgesetzte feste Zeiten zu definieren, in denen man erreichbar ist. Weiterhin sehen die Umfrageteilnehmer sich persönlich in der Verantwortung, die eigenen Belastbarkeitsgrenzen zu erkennen und sich zu schützen. Das Gerät abends und am Wochenende guten Gewissens auszuschalten und sich somit in der Freizeit unerreichbar zu machen, wurde am dritthäufigsten genannt. In der Freizeit einen Ausgleich zu finden und viel Sport zu machen, halten zehn Befragte für einen sinnvollen Schutz vor psychischen Erkrankungen.

Arbeitgeberseitige Maßnahmen können vor allem technische Lösungen sein, wie zum Beispiel die Deaktivierung der Mailserver oder der Push-Funktion nach Feierabend und am Wochenende. Klare Richtlinien des Arbeitgebers zum Umgang mit der ständigen Erreichbarkeit oder eine Regelung zur Ausstattung von Mitarbeitern mit mobilen Endgeräten sind ebenso denkbar. Als dritthäufigste Maßnahme wurde genannt, dass der Arbeitgeber klar kommunizieren sollte, dass eine Erreichbarkeit außerhalb der Arbeitszeiten nicht erwartet wird und nicht erforderlich ist.

9.2.3.4 Grenzen der Untersuchung und Forschungsdesiderate

Aus der gewonnenen Erfahrung durch die durchgeführte Studie lassen sich verschiedene Empfehlungen für die zukünftige Forschung ableiten.

Die Verteilung des Links zur Online-Befragung erfolgte über verschiedene Kanäle des sozialen Internets sowie innerhalb der Vertriebsabteilung eines Unternehmens. Da somit keine exakten Daten über die Reichweite der Untersuchung und die tatsächliche Grundgesamtheit vorliegen, besitzen die durch die Studie gewonnenen Untersuchungsergebnisse nur exemplarischen Charakter. Die Ergebnisse bezüglich der Erreichbarkeit von Mitarbeitern außerhalb der Arbeitszeit decken sich aber größtenteils mit den Erkenntnissen anderer Studien. Für die zukünftige Forschung ist es empfehlenswert, Befragungen innerhalb einer bestimmten Zielgruppe, eines bestimmten Unternehmens oder einer spezifischen Berufsgruppe (zum Beispiel Vertrieb) durchzuführen. Somit können die gewonnenen Daten noch aussagekräftiger interpretiert und Erkenntnisse über potenzielle Risikogruppen der ständigen Erreichbarkeit gewonnen werden. Die webbasierte Umfrage musste aufgrund der Durchführung in der Vertriebsabteilung eines Unternehmens durch den entsprechenden Betriebsrat genehmigt werden. Aus diesem Grund durften keine Fragen formuliert werden, die explizit auf das Vorliegen einer psychischen Erkrankung oder unverhältnismäßigen Stress abzielten. Für die weitere Forschung sollten Fragebögen entwickelt werden, die konkreter auf die Symptome der einzelnen psychischen Erkrankungen eingehen. Somit könnten Rückschlüsse gewonnen werden, welche der Krankheiten und Belastungen am wahrscheinlichsten durch eine ständige Erreichbarkeit verursacht werden. Auch eine Befragung von Personen, die bereits wegen einer psychischen Erkrankung in Behandlung sind, könnte neue Aufschlüsse über die Einflüsse der ständigen Erreichbarkeit ergeben. Für die Zukunft besteht zum Thema psychische Erkrankungen durch ständige Erreichbarkeit noch großes Forschungspotenzial.

9.3 Zusammenfassung

Es kann heute an jedem Ort zu jeder Zeit gearbeitet werden. Mobile Endgeräte mit ständiger Konnektivität ermöglichen es Arbeitnehmern, rund um die Uhr erreichbar – also „Always on" – zu sein. Eine zunehmende zeitliche und räumliche Entgrenzung der Arbeit geht mit dem technologischen Fortschritt einher. Ein Großteil der Berufstätigen sieht in den mobilen Endgeräten eine wertvolle Unterstützung im Arbeitsalltag. Sei es die Möglichkeit, sich abends, am Wochenende oder im Urlaub einen Überblick über den elektronischen Posteingang zu verschaffen oder nach Feierabend eine Telefonkonferenz nach Übersee zu führen – durch die modernen Kommunikationsmittel sind der Erreichbarkeit keine Grenzen gesetzt. Diese permanente Verfügbarkeit birgt jedoch Gefahren für die psychische Verfassung der Arbeitnehmer. Mehrere Studien haben sich mit dem Einfluss der ständigen Erreichbarkeit auf die psychische Gesundheit beschäftigt. Durch die Komplexität der menschlichen Psyche und den Fakt, dass psychische Erkrankungen oft miteinander zusammenhängen, ist eine eindeutige Kausalität von Krankheit zur Ursache nicht herzustellen. Die durchgeführte Befragung und die ausgewerteten Studien belegen jedoch, dass die erweiterte Erreichbarkeit – insbesondere mit steigendem Maß – einen negativen Einfluss auf die psychische Verfassung hat und die Stressentstehung sowie die Entstehung psychischer Krankheiten begünstigt. Zusammenfassend sollte „Always online" deshalb als eine ernstzunehmende Gefährdung gesehen werden, welche bei entsprechenden individuellen Persönlichkeitsmerkmalen chronischen Stress und psychische Krankheiten mitverursachen kann.

Die webbasierte Untersuchung sowie zahlreiche wissenschaftliche Beiträge setzen sich aus diesem Grund mit Maßnahmen auseinander, die den Gefahren von „Always online" vorbeugen sollen. Hier sind insbesondere unternehmensinterne Richtlinien zu empfehlen, die die individuelle Verantwortung und die Vorteile der modernen Endgeräte nicht einschränken. Dennoch sollten sie klar zum Ausdruck bringen, dass eine ständige Erreichbarkeit weder erwartet wird noch erwünscht ist.

Aufbauend auf die durchgeführte Untersuchung und die analysierten Studien sollte sich zukünftige Forschung mit dem Zusammenhang zwischen „Always online" und den

Symptomen einzelner Erkrankungen beschäftigen. Somit kann eine mögliche Verbindung zwischen der einzelnen Diagnose und der ständigen Erreichbarkeit als Ursache hergestellt werden. Um Risikogruppen zu identifizieren, sollten sich zukünftige Befragungen auf bestimmte Personenkreise, zum Beispiel bestimmte Alters- oder Berufsgruppen, Branchen, Geschlechter oder Unternehmensformen konzentrieren.

Unabhängig von der weiteren Forschung sollte es bereits heute Ziel des Arbeitsschutzes und der Politik sein, Unternehmen den dringenden Handlungsbedarf im Bereich der ständigen Erreichbarkeit transparent zu machen. Nur durch eine Sensibilisierung der Berufstätigen sowie arbeitgeberseitiges Engagement können negative psychische Konsequenzen von „Always online" langfristig eingedämmt werden, ohne auf die Möglichkeiten der neuen Technologien zu verzichten.

9.4 Ausgewertete Studien

Nr.	Jahr	Autor/Hrsg., Titel und Fundort	Auftraggeber/ Institution	Art der Studie/ Quelle
1	2010	Symantec. (2010): Emnid-Umfrage: Deutsche rufen selbst im Urlaub geschäftliche E-Mails ab; abrufbar unter http://www.symantec.com/de/de/about/news/release/article.jsp?prid=20100713_01 (04.11.2015)	Symantec	Umfrage unter 600 Berufstätigen in Deutschland
2	2013	DAK-Gesundheit (2013): Gesundheitsreport 2013, Hamburg; abrufbar unter https://www.dak.de/dak/download/Vollstaendiger_bundesweiter_Gesundheitsreport_2013-1318306.pdf (06.11.2015)	DAK Forschung	Online-Befragung von 3090 Erwerbstätigen im Alter von 18 bis 65 Jahren
3	2012	Zok und Dammasch (2012): Flexible Arbeitswelt: Ergebnisse einer Beschäftigtenbefragung, in: Badura, B., Ducki, A., Schröder, H., Klose, J. & Meyer, M. (Hrsg.) (2012): Fehlzeiten-Report 2012. Gesundheit: Chancen nutzen, Risiken minimieren, Berlin, S. 39–52	Wissenschaftliches Institut der AOK (WIdO)	Telefonische Befragung von 2002 abhängig Beschäftigten
4	2012	Paridon und Heise (2012): Ständige Erreichbarkeit: Wie belastet sind wir? Ursachen und Folgen ständiger Erreichbarkeit (IAG Report 01/2012), abrufbar unter http://publikationen.dguv.de/dguv/pdf/10002/2012_01_iag_report.pdf (05.11.2015)	Institut für Arbeit und Gesundheit der Deutschen Gesetzlichen Unfallversicherung	Umfrage unter 430 Bundesbürgern

Nr.	Jahr	Autor/Hrsg., Titel und Fundort	Auftraggeber/ Institution	Art der Studie/ Quelle
5	2012	Mercer (2012): Stressfaktor Smartphone: Ergebnisbericht einer Studie von Mercer und der technischen Universität München 2012; abrufbar unter http://www.mercer.de/content/ dam/mercer/attachments/europe/ Germany/Brosch%C3%BCren%20HQ %20Forum/Stressfaktor-Smartphone-Ergebnisbericht-einer-Studie-von-Mercer-und-der-TU-M%C3%BCnchen. pdf (06.11.2015)	Mercer und Technische Universität München	Befragung von 150 deutschen Führungskräften
6	2013	Roth-Ebner, C. (2013): Mediatisierung von Arbeit. Zur Dynamik von Medien(kommunikation), Raum und Zeit in der Arbeitswelt; Ergebnisse abrufbar unter: http://www.report-psychologie.de/ news/artikel/immer-erreichbar-2013-05-17/ (03.11.2015)	Forschungsprojekt der Alpen-Adria-Universität Klagenfurt	Online-Umfrage von 445 Beschäftigten und 20 qualitative Interviews
7	2013	BITKOM (2013): Arbeit 3.0 – Arbeiten in der digitalen Welt; abrufbar unter https://www.bitkom.org/Publikationen/ 2013/Studien/Studie-Arbeit-3-0/Studie_ Arbeit_30.pdf (07.11.2015)	BITKOM	Telefonische Befragung von 505 Erwerbstätigen und 854 Unternehmen
8	2013	Techniker Krankenkasse (2013): Bleib locker, Deutschland! – TK-Studie zur Stresslage der Nation; abrufbar unter https://www.tk.de/centaurus/servlet/ contentblob/590188/Datei/115474/TK_ Studienband_zur_Stressumfrage.pdf (06.11.2015)	Techniker Krankenkasse	Befragung von 1000 deutschsprachigen Personen
9	2013	Strobel (2013): iga. Report 23: Auswirkungen von ständiger Erreichbarkeit und Präventionsmöglichkeiten; abrufbar unter http://www.iga-info.de/fileadmin/ redakteur/Veroeffentlichungen/iga_ Reporte/Dokumente/iga-Report_23_ Staendige_Erreichbarkeit_Teil1.pdf (05.11.2015)	Initiative Gesundheit und Arbeit (BKK Bundesverband, DGUV, AOK-Bundesverband, Verband der Ersatzkassen e. V.)	Telefonische Befragung von 16 Experten aus der Wissenschaft und 12 Vertretern aus Unternehmen

Literatur

DAK-Gesundheit (2013). *DAK-Gesundheitsreport 2013*. Hamburg: DAK.

DAK-Gesundheit (2015). *Psychoreport 2015. Deutschland braucht Therapie. Herausforderungen für die Versorgung*. Hamburg: DAK.

dpa (2014). Andrea Nahles will eine Anti-Stress-Verordnung. http://www.zeit.de/politik/deutschland/2014-08/nahles-will-anti-stress-verordnung. Zugegriffen: 8. November 2015.

Lohmann-Haislah, A. (2012). *Stressreport Deutschland 2012: Psychische Anforderungen, Ressourcen und Befinden*. Dortmund.

Manz, R. (2014). Burnout. In D. Windemuth, D. Jung & O. Petermann (Hrsg.), *Praxishandbuch psychische Belastungen im Beruf* (2. Aufl. S. 376–385). Stuttgart: Gentner.

Nagel, U., & Petermann, O. (2012). *Psychische Belastungen, Stress, Burnout? So erkennen Sie frühzeitig Gefährdungen für Ihre Mitarbeiter und beugen Erkrankungen erfolgreich vor!* Heidelberg: Ecomed Sicherheit.

Neuerer, D., afp, & dpa (2014). Anti-Stress-Verordnung. http://www.handelsblatt.com/politik/deutschland/anti-stress-verordnung-auch-gabriel-will-kein-gesetz/10731926-2.html. Zugegriffen: 6. November 2015.

Poppelreuter, S., & Mierke, K. (2005). *Psychische Belastungen am Arbeitsplatz. Ursachen – Auswirkungen – Handlungsmöglichkeiten*. Berlin: Erich Schmidt.

Rütgers, G., & Schüchter, W. (2014). *Psychische Erkrankung am Arbeitsplatz. Eine Handlungsleitlinie für Führungskräfte*. Bonn.

Spath, D., Bauer, W., Ganz, W., Tombeil, A., & Klünder, P. (2013). *Arbeit der Zukunft. Wie wir sie verändern. Wie sie uns verändert*. Stuttgart.

Strobel, H. (2013). *Auswirkungen von ständiger Erreichbarkeit und Präventionsmöglichkeiten. Teil 1: Überblick über den Stand der Wissenschaft und Empfehlungen für einen guten Umgang in der Praxis*. Berlin.

Troger, R. (2014). *Globalisierung und Depression. Fördert die moderne Wirtschaft psychische Erkrankungen*. Wiesbaden: Springer Gabler.

Tröster, R. (2013). *Der Weg zu Burnout-freien Arbeitswelten*. Wiesbaden: Springer Gabler.

Neue Wege im Vertrieb: Herausforderungen bei der Ausbildung freier Handelsvertreter

10

Maike Kugler und Marcel Seidel

Inhaltsverzeichnis

10.1   Einführung

Auch im Bankgewerbe ändern sich die Vertriebsstrukturen. Eine Möglichkeit, den Vertrieb erfolgsorientiert auszurichten, ist der Einsatz freier Handelsvertreter. Das Besondere dran ist, dass diese Handvertreter über spezifisches Know-how verfügen müssen. Daher

M. Kugler (✉)
70469 Stuttgart, Deutschland
E-Mail: maike.kugler@gmail.com

M. Seidel
FOM Hochschule für Oekonomie & Management
Stuttgart, Deutschland
E-Mail: marcel.seidel@fom.de

© Springer Fachmedien Wiesbaden GmbH 2017
M. Seidel (Hrsg.), *Banking & Innovation 2017*, FOM-Edition,
DOI 10.1007/978-3-658-15785-2_10

sind manche Unternehmen (zum Beispiel Bausparkassen und Versicherungen) schon seit geraumer Zeit dazu übergegangen, Handelsvertreter selbst auszubilden. Auch für Banken könnte dies ein interessanter Weg sein, um den Vertrieb auf Vordermann zu bringen. Allerdings zeigt sich auch, dass die Rechnung nicht immer aufgeht.

Die Erfahrung zeigt, dass viele Auszubildende, die zunächst Willens waren, eine Karriere als freie Handelsvertreter zu beginnen, dies im Verlauf ihrer Ausbildung als immer weniger attraktiv empfinden. Das ist für die auszubildenden Unternehmen doppelt fatal. Einerseits war die Investition umsonst und andererseits fehlen über kurz oder lang die gewünschten Handelsvertreter.

In diesem Beitrag wird untersucht, worauf es schon bei der Ausbildung ankommt, damit am Ende der Ausbildung möglichst alle Auszubildenden ihre Karriere als freie Handelsvertreter beginnen. Auf Grundlage einer 2016 durchgeführten Analyse werden die wesentlichen Aspekte einer solchen Ausbildung aufgezeigt und die entsprechenden Handlungsfelder aufgezeigt.

10.2 Freie Handelsvertreter

Versicherungen, Bausparkassen und andere Finanzdienstleister haben ihr Vertriebskonzept auf der Beschäftigung von freien Handelsvertretern aufgebaut. Um die Qualität der Beratung auf einem hohen Niveau zu halten, setzen viele Unternehmen auf eine eigene Ausbildung. Je nach Unternehmen bieten sich Ausbildungsberufe wie Versicherungskaufmann, Bankkaufmann oder Kaufmann für Versicherungen und Finanzen an. Um auch für Abiturienten attraktiv zu sein, bieten Unternehmen in den letzten Jahren vermehrt auch Berufsbilder an, die mit einer Zusatzqualifikation versehen sind. Diese Ausbildungsgänge können in zwei Jahren absolviert werden und schließen mit einer zusätzlichen Prüfung zum zugrunde liegenden Ausbildungsberuf ab.

Die Tätigkeit als freier Handelsvertreter nach HGB § 84 ist dadurch gekennzeichnet, dass der Handelsvertreter als „[. . .] selbständiger Gewerbetreibender ständig damit betraut ist, für einen anderen Unternehmer Geschäfte zu vermitteln oder in dessen Namen abzuschließen". Charakteristisch ist, dass der freie Handelsvertreter seine Arbeitszeit selbst festlegen kann. Tab. 10.1 zeigt die Pflichten des Handelsvertreters und des Unternehmens auf.

Anfangs, während der Ausbildung, erhält der Auszubildende ein normales Angestelltengehalt. Beim Übergang in ein freies Handelsvertreterverhältnis aus einem Angestelltenverhältnis müssen jedoch verschiedene Dinge beachtet werden. Beispiel: Der freie Handelsvertreter erhält seine Provisionen brutto überwiesen, die Versteuerung und das Zahlen von Versicherungen und Ähnlichem obliegen ihm selbst.

Tab. 10.1 Pflichten des freien Handelsvertreters und des vertretenen Unternehmens

Pflichten des Handelsvertreters	Pflichten des Unternehmens
Vermittlungs- und Abschlusspflicht Ständiges Bemühen um den Abschluss von Geschäften	Provisionszahlungspflicht Zahlung einer Provision für jedes abgeschlossene und vermittelte Geschäft
Interessenswahrnehmungspflicht Wahrnehmung der Interessen des vertretenen Unternehmens	Informationspflicht Unverzügliche Information über Annahme oder Ablehnung der vermittelten Geschäfte
Berichtspflicht Unverzügliche Meldung von Vermittlungen und Abschlüssen an das vertretene Unternehmen	Überlassungspflicht Überlassung sämtlicher Unterlagen, die zur Ausübung des HV-Verhältnisses notwendig sind
Verschwiegenheitspflicht Wahrung des Betriebsgeheimnisses auch nach Beendigung des Vertragsverhältnisses	Unterstützungs- und Treuepflicht Keine unmittelbare Konkurrenz zum eigenen Handelsvertreter durch das Unternehmen
Konkurrenzverbot Keine Tätigkeit im Geschäftszweig des vertretenen Unternehmens für eine Konkurrenzfirma	

10.3   Zentrale Herausforderung Mitarbeiterbindung

Typisch für Unternehmen, die freie Handelsvertreter ausbilden, ist, dass sie dem ehemaligen Auszubildenden nach der Ausbildung einen Vertrag als freier Handelsvertreter anbieten. Oft bieten sie den Berufseinsteigern in den ersten zwei bis drei Jahren ein Fixum, das dann durch Provisionen ergänzt wird. Es wird davon ausgegangen, dass die Vermittler nach Ablauf dieser Zeit ihren Lebensunterhalt gänzlich aus den Provisionen bestreiten können.

Gerade hier kommt es aber oft zum Bruch: Die Auszubildenden kehren den Ausbildungsbetrieben den Rücken. Die Mitarbeiterbindung hat nicht ausgereicht, um sie langfristig an das Unternehmen zu binden.

10.3.1   Definition Mitarbeiterbindung

Die Relevanz von Mitarbeiterbindung steigt durch die demografische Entwicklung und wird als eine der wichtigsten personalwirtschaftlichen Aufgaben der Zukunft gesehen. In der Forschung handelt es sich aber noch um ein Feld, in dem weiterer Forschungsbedarf besteht. In der Literatur finden sich verschiedene Definitionen für Mitarbeiterbindung. Synonym wird auch der Begriff Retentionmanagement verwendet (vgl. Becker 2010, S. 395).

Verschiedene Autoren legen den Fokus auf die Vermeidung betriebswirtschaftlicher Verluste durch Fluktuation. Grundlage hierfür ist das Bewusstsein über den Zeit- und Kostenaufwand, der für die Wiederbesetzung zu erbringen ist (vgl. Berthel und Becker 2010, S. 302). Dabei wird auf die Bleibebereitschaft oder die Nicht-Kündigungsabsicht der Mitarbeiter abgezielt.

Ein weiterer Ansatz zur Definition von Mitarbeiterbindung legt den Schwerpunkt auf die emotionale Verbundenheit der Mitarbeiter zu ihrem Unternehmen. Dabei wird die Notwendigkeit des Gefühls der Verbundenheit und der Identifikation für den Verbleib in der Organisation betont (vgl. Felfe 2008, S. 25).

Ein dritter Ansatz sieht Mitarbeiterbindung als strategisches Managementziel. Hier wird der Ansatz des Talentmanagements betont, der davon ausgeht, dass die Leistungsträger eines Unternehmens gehalten werden sollten. Es geht also darum, diejenigen Mitarbeiter zu halten, die dem Unternehmen einen Mehrwert bringen. Hier spielt auch der Gedanke der Knowledge Retention eine Rolle. Das Ziel ist nicht die Bindung der Personen, sondern die Erhaltung des Wissens und der Kompetenzen (vgl. Prinz und Wollsching-Strobel 2012, S. 4).

Ein vierter Ansatz bezieht zusätzlich zur Bleibeabsicht die Leistungsbereitschaft ein. Dieser Definitionsansatz bringt die Forderung nach einem aktiven Beitrag des Mitarbeiters zur Erreichung der Unternehmensziele ins Spiel. Nach dieser Definition soll ein leistungsbereites und loyales Verhalten durch freiwillige Verbundenheit und nicht durch Zwang erfolgen (vgl. Schirmer 2013, S. 32).

Aus den vorangegangenen Definitionen werden folgende Kernelemente der Mitarbeiterbindung definiert:

▶ **Mitarbeiterbindung** ist ein andauernder Prozess mit dem Ziel des freiwilligen Verbleibs von Mitarbeitern, die das Unternehmen halten möchte. Dies wird durch die Schaffung eines Gefühls von Verbundenheit, Zugehörigkeit und Identifikation der Mitarbeiter gegenüber dem Unternehmen erreicht, das dann zu einem loyalen und leistungsbereiten Verhalten führt.

10.3.2 Einflussfaktoren auf die Mitarbeiterbindung

10.3.2.1 Organisationales Commitment

Die in der Definition genannte Freiwilligkeit der Bindung des Mitarbeiters an das Unternehmen wird durch das organisationale Commitment, also eine Einstellung gegenüber der Organisation, erreicht. Diese Einstellung beschreibt, inwiefern sich ein Mitarbeiter seinem Unternehmen zugehörig und verbunden fühlt. Organisationales Commitment ist ein mehrdimensionales Konstrukt, das auf affektiven, kalkulatorischen und normativen Aspekten basiert (vgl. Wolf 2013, S. 37).

Unter **affektivem Commitment** versteht man die emotionale Verbundenheit gegenüber dem Unternehmen. Diese entsteht, wenn Erwartungen an die Arbeit und das soziale

Umfeld im Unternehmen erfüllt werden. Die durch diese positive Erfahrung entstehende Arbeitszufriedenheit trägt zusammen mit der Übereinstimmung von persönlichen Werten und Normen mit denen des Unternehmens zu einer hohen emotionalen Verbindung mit dem Unternehmen bei. Als Folge des affektiven Commitments wollen Mitarbeiter von sich aus im Unternehmen bleiben (vgl. Felfe und Franke 2012, S. 13).

Normatives Commitment beschreibt die Verbundenheit eines Mitarbeiters auf der Grundlage moralischer Verpflichtungen. Es entsteht durch den Aufbau von Pflichtbewusstsein, wenn das Unternehmen den Mitarbeiter in der Vergangenheit gut behandelt hat. Der Mitarbeiter hat das Gefühl, dass er wertgeschätzt wird und dass Interesse daran besteht, dass er in dem Unternehmen bleibt (vgl. Felfe und Franke 2012, S. 13).

Unter **kalkulatorischem Commitment** versteht man den Verbleib in der Organisation aufgrund der Kosten, die durch das Verlassen des Unternehmens entstehen würden. Es handelt sich also um eine rationale Kosten-Nutzen-Überlegung, in deren Folge die Mitarbeiter glauben, bleiben zu müssen. Diese Überlegung hat das Menschenbild des Homo oeconomicus als Grundlage, der seine Entscheidungen auf Basis der Nutzenmaximierung trifft (vgl. Felfe und Franke 2012, S. 14).

Affektives Commitment hat von diesen drei Aspekten den stärksten Einfluss auf das gesamte Commitment und somit auf die Bindung des Mitarbeiters an das Unternehmen.

Commitment kann gegenüber der Gesamtorganisation, aber auch gegenüber arbeitsbezogenen Teilaspekten wie der Führungskraft, der Arbeitsgruppe, der Karriere oder der Beschäftigungsform oder gegenüber der beruflichen Tätigkeit an sich gebildet werden. Diese Ziele werden Foci genannt. Abb. 10.1 gibt einen Überblick über das organisationale Commitment.

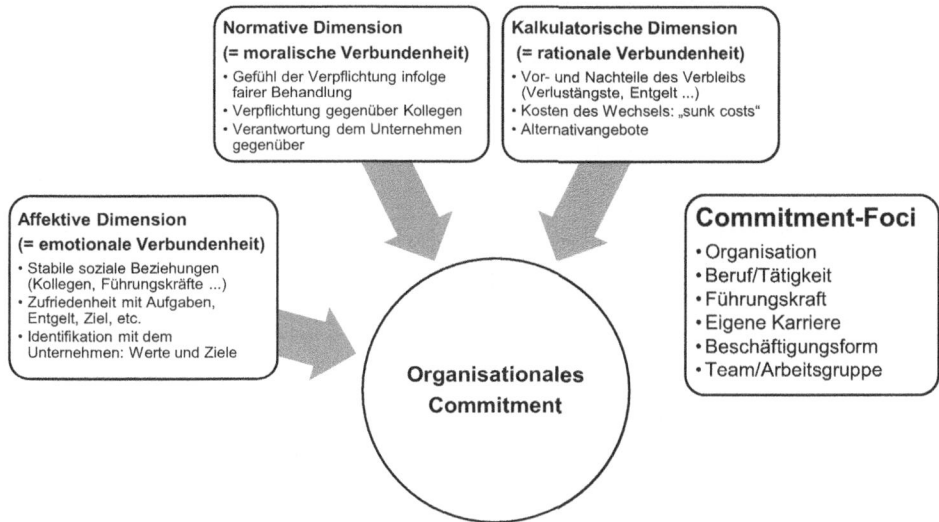

Abb. 10.1 Dimensionen und Foci von Commitment

Organisationales Commitment ist Voraussetzung für die Bindung von Mitarbeitern. Daraus ergibt sich ein konkretes Verhalten, das sich durch Loyalität, Bleibeabsicht, Engagement und Organisational Citizenship Behaviour ausdrückt (vgl. Schirmer 2013, S. 37).

Bei der Bindung von ehemaligen Auszubildenden geht es um zielgruppenspezifisches Retentionmanagement. Die Zielgröße ist die Fluktuation. Ziel ist es, die Handlungsfelder des operativen Retentionmanagements zu definieren.

Fluktuation entsteht aus der freiwilligen Aufgabe der Zugehörigkeit zu einer Organisation durch den Mitarbeiter. Je höher die Gesamtheit des affektiven, normativen und kalkulatorischen Commitments ist, umso geringer ist die Wahrscheinlichkeit, dass Mitarbeiter die Organisation verlassen. Unter die Definition von Fluktuation fallen nur diejenigen Mitarbeiter, die selbst kündigen. Fluktuation kann auch positive Konsequenzen haben. Weniger leistungsstarke Mitarbeiter werden freigesetzt, wodurch die Organisation insgesamt ihre Innovationsbereitschaft, Flexibilität und Anpassungsfähigkeit erhöht. Dementsprechend müssen die Zielgruppen so gewählt werden, dass die Leistungsträger gebunden werden (vgl. Felfe 2008, S. 14).

Es kann also festgehalten werden, dass die Qualität der Bindung je nach Art des Commitments unterschiedlich ist. Erstrebenswert ist sowohl für das Unternehmen als auch den Mitarbeiter affektives Commitment. Häufig werden kalkulatorische Gründe für den Wechsel des Arbeitgebers angegeben. Da der Mensch jedoch nicht nur auf Basis rationaler Überlegungen Entscheidungen fällt, gilt es, die emotionalen Faktoren herauszufinden, da diese einen stärkeren Einfluss auf die tatsächliche Bindung haben.

10.3.2.2 Zufriedenheit

In der Literatur ist umstritten, ob Commitment zu Zufriedenheit führt oder ob Zufriedenheit das Commitment beeinflusst (vgl. Felfe 2008, S. 160). In verschiedenen Studien wurden Anhaltspunkte für beide Wirkrichtungen gefunden. Die Anhaltspunkte häufen sich, dass Zufriedenheit eine Auswirkung auf das Commitment hat. Insbesondere wird vermutet, dass die Qualität der Ausbildung, die den Beginn des Arbeitslebens darstellt,

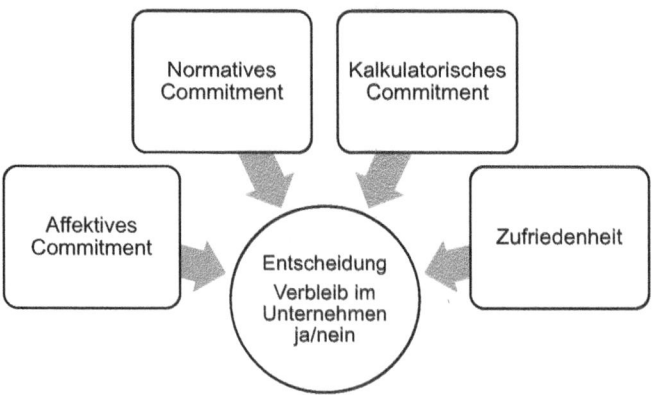

Abb. 10.2 Einflüsse auf die Entscheidung für oder gegen den Verbleib im Unternehmen

und damit die Zufriedenheit mit dem Ausbildungsverhältnis und mit den Perspektiven im Unternehmen einen Einfluss auf das Commitment gegenüber dem Ausbildungsunternehmen und damit auch auf die Entscheidung für oder gegen einen Verbleib nach der Ausbildung hat.

Somit ergeben sich die in Abb. 10.2 dargestellten Einflüsse auf die Entscheidung.

10.4   Ermittlung von Bindungskriterien

Um Bindungskriterien zu ermitteln, wurden sieben Experteninterviews mit insgesamt zehn Personen geführt. Bei der Auswahl der Experten wurde darauf geachtet, dass unterschiedliche Erfahrungen einbezogen werden. So wurden zum Beispiel aktuelle und ehemalige Auszubildende, Führungskräfte im Vertrieb und Ausbilder befragt.

Als Methode wurde das problemzentrierte Interview gewählt. Dieses ermöglicht, mit Ad-hoc-Fragen von dem vorbereiteten Leitfaden abzuweichen und somit stärker auf die einzelnen Befragten einzugehen. Die Interviews wurden nach Witzel (2000) ausgewertet und codiert. Auf Grundlage der Anzahl der Nennungen ergaben sich dann Bindungskriterien (Abb. 10.3).

Bezüglich des Bindungskriteriums **Team** spielen die Unterstützung durch das Team vor Ort sowie die Einstellung des Vorgesetzten eine große Rolle.

Im Bereich der **Qualität** hat die Ausbildung im Vertrieb den höchsten Stellenwert. Die Ausbildung durch das Unternehmen hat etwas weniger Nennungen, ist aber ebenfalls relevant. Es besteht eine Querverbindung zur Kategorie Team, da hier wieder der Ausbilder vor Ort ausschlaggebend ist.

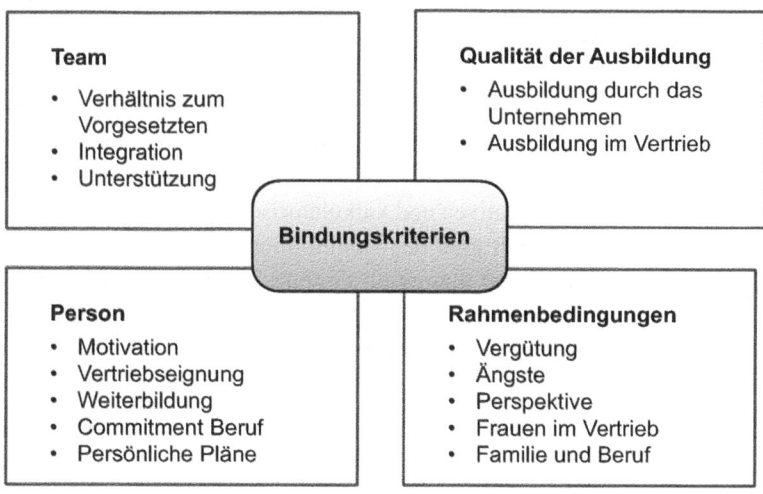

Abb. 10.3 Übersicht über die Bindungskriterien

Im Bindungskriterium der **Person** wurden die Motivation und andere Pläne nach der Ausbildung am häufigsten genannt. Die kurze Ausbildungszeit in den Abiturientenausbildungen ist ebenso ein Thema wie die Kriterien zur Auswahl inklusive der Vertriebseignung.

Bei den **Rahmenbedingungen** wird die Vergütung in jedem geführten Gespräch kontrovers diskutiert. Der Einstieg in den Beruf des Handelsvertreters, einhergehend mit Ängsten und Unsicherheit, ist ebenso von hoher Bedeutung wie die Perspektiven im Vertrieb. Mögliche Unsicherheiten im Zusammenhang mit einer Tätigkeit als freier Handelsvertreter stehen auch mit der Person in Zusammenhang, hier besteht wiederum eine Querverbindung.

Um die Relevanz der qualitativ erhobenen Bindungskriterien zu überprüfen, wurde in einem zweiten Schritt eine quantitative Befragung mit rund 40 Auszubildenden im Ausbildungsberuf Bankkaufmann/-frau bzw. Finanzassistent/in durchgeführt. Hierbei kamen die COMMIT-Skala nach Felfe und Franke (2012) zur Messung der Bindung und der Servqual-Ansatz zur Messung der Zufriedenheit zum Einsatz. Der Servqual-Ansatz vergleicht den Anspruch an die Ausbildung mit der empfundenen Wirklichkeit. Die Fragen wurden hierbei so angepasst, dass sie auf die Bindungskriterien Anwendung finden konnten.

Gewichtung

In Ergänzung zum klassischen Servqual-Ansatz wurde in den Fragebogen eine Gewichtungsfrage eingebaut. Dabei wurde neben den in den Servqual-Fragen geprüften Items auch die Kategorie „Persönliche Pläne für die Zukunft" einbezogen. Diese Antwortmöglichkeit erhielt 30 % der zu vergebenden Punkte. Da das Unternehmen auf die persönlichen Zukunftspläne keinen Einfluss hat, muss davon ausgegangen werden, dass ein Teil der Auszubildenden das Unternehmen trotz Zufriedenheit mit der Ausbildung und mit den Rahmenbedingungen verlassen wird. Die Verteilung der Gewichtungen ist in Abb. 10.4 dargestellt.

Bei Betrachtung der Foci zeigt sich, dass insgesamt ein hohes Commitment besteht. Die Abb. 10.5 zeigt, dass dieser Wert nur beim normativen Commitment gegenüber dem Beruf nicht erreicht wurde.

Fasst man die affektiven, normativen und kalkulatorischen Werte weiter unter den verschiedenen Foci zusammen, erhält man das Commitment je Focus. Abb. 10.6 zeigt die Verteilung des Commitments in der befragten Gruppe. Ein hoher Prozentsatz der Auszubildenden weist ein hohes Commitment in allen betrachteten Foci auf. Das geringste Commitment besteht gegenüber dem Vorgesetzten.

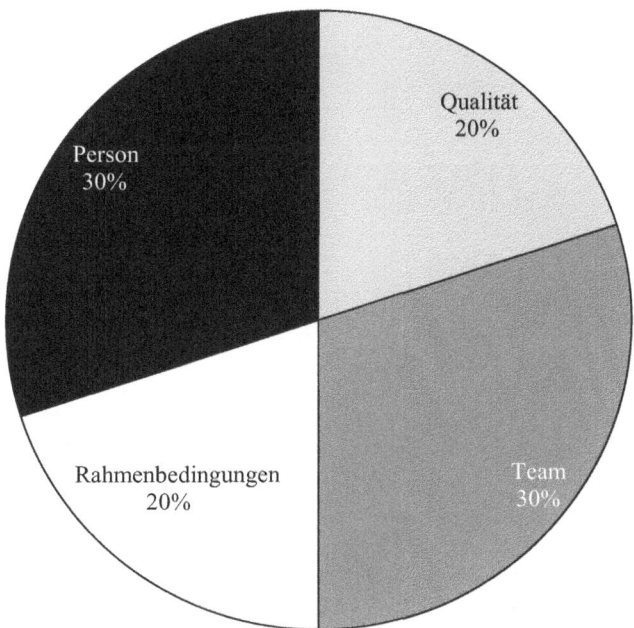

Abb. 10.4   Verteilung der Gewichtungen auf die Bindungskategorien

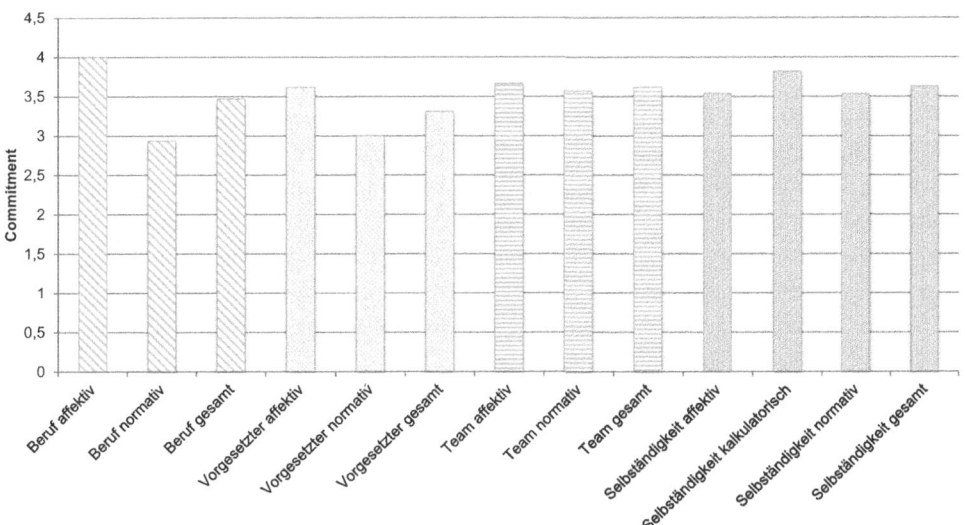

Abb. 10.5   Durchschnittliches Commitment nach Art und Foci

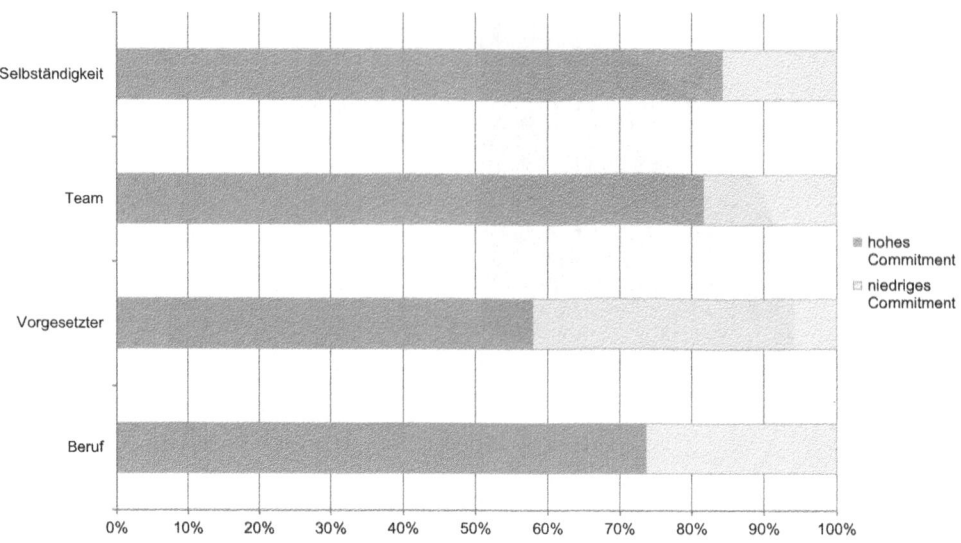

Abb. 10.6 Intensität des Commitments nach Foci

10.5 Ergebnis

10.5.1 Qualität der Ausbildung

▶ **Erkenntnis 1** Die Auszubildenden haben einen hohen Anspruch an die Ausbildung. Dieser wird nur teilweise erfüllt.

Die Ausbildung im Banken- und Versicherungsbereich genießt einen guten Ruf. Obwohl das Image des Berufsstandes der Banker und Versicherer in den letzten Jahren unter der Finanzkrise gelitten hat, ist der Ausbildungsstandard weiterhin hoch. Die befragten Auszubildenden haben dies in den Interviews bestätigt. In einem Vergleich der Anforderung an die Ausbildung mit der Wahrnehmung der Qualität der Ausbildung stellte sich heraus, dass die Auszubildenden einen sehr hohen Anspruch an die Ausbildung haben. Die hohen Erwartungen können kaum erreicht werden, sodass es zu einer leichten Unzufriedenheit mit der Ausbildung kommt.

Abb. 10.7 zeigt, dass alle gewichteten Werte negativ sind, also eine Unzufriedenheit vorliegt. Durchschnittlich liegt der Wert bei $-0{,}73$. Damit ist der Soll-Wert höher als der Ist-Wert. Es kann also von einer leichten Unzufriedenheit ausgegangen werden. Bei der Betrachtung dieses Ergebnisses ist es von besonderer Wichtigkeit, die einzelnen Komponenten zu betrachten. Es wird deutlich, dass die Vorbereitung auf die Besonderheiten des Handelsvertreterverhältnisses das Ergebnis stark beeinflusst.

Die Verteilung der Antworten zeigt, dass es nur einige wenige extreme Abweichungen gibt, so dass die Auszubildenden durchgehend ähnlich bewerten.

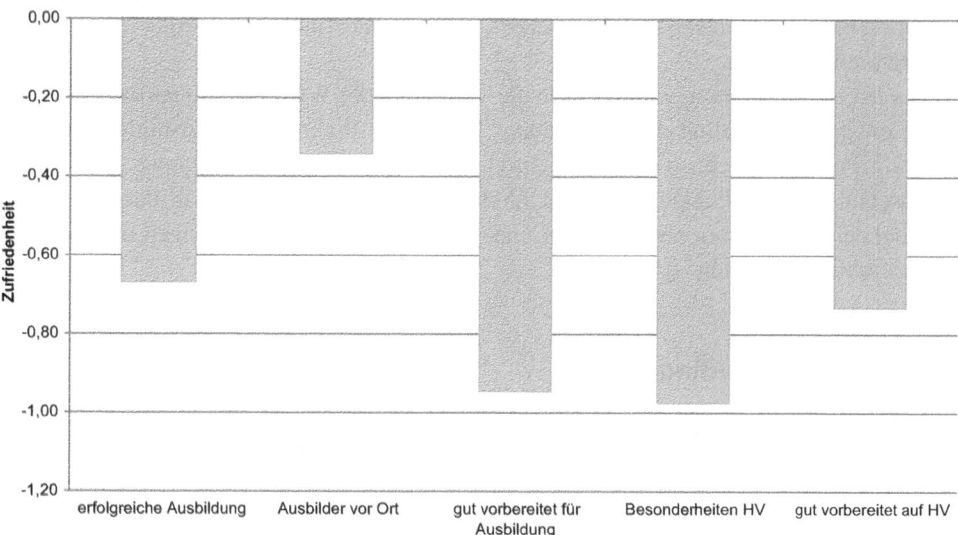

Abb. 10.7 Zufriedenheit mit der Ausbildung insgesamt

▶   **Erkenntnis 2** Den Auszubildenden ist die Qualität der Ausbildung im Vertrieb
    wichtiger als die Qualität der Ausbildung im Betrieb.

Die Auszubildenden werden darauf vorbereitet, in Zukunft als freier Handelsvertreter
tätig zu sein. Da ihr Einkommen maßgeblich von einer guten Verkaufsleistung abhängt,

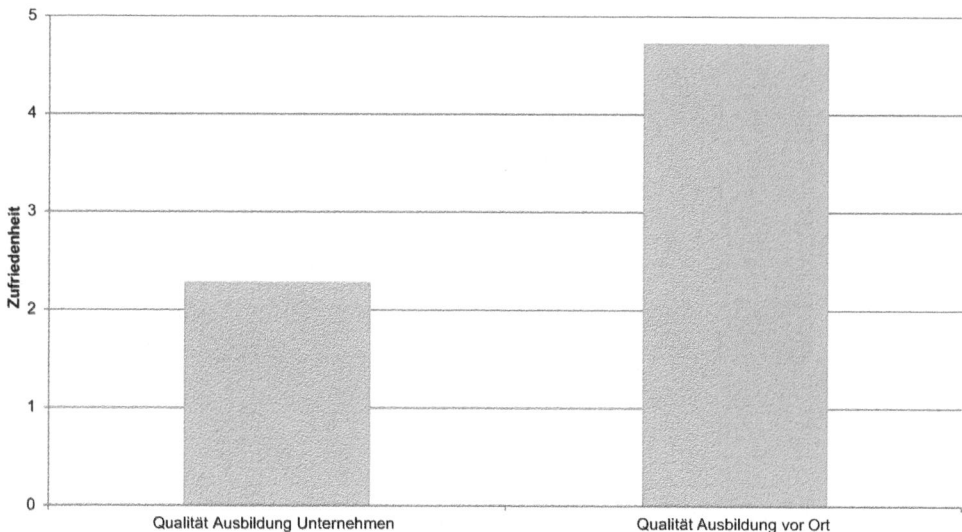

Abb. 10.8 Gewichtung der Wichtigkeit innerhalb der Bindungskategorie Qualität

haben sie ein starkes Interesse daran, bereits während der Ausbildung möglichst viel über den Verkauf zu lernen.

Durch eine Gewichtungsfrage wurde die Verteilung der Wichtigkeit innerhalb der Bindungskategorien „Qualität der Ausbildung" betrachtet. Während die Ausbildung im Betrieb 2,3 Punkte erreicht, wird die Wichtigkeit der Qualität der Ausbildung vor Ort mit durchschnittlich 4,7 Punkten bewertet (Abb. 10.8). Hier wird deutlich, dass die Auszubildenden zukunftsorientiert denken und gut auf die Herausforderungen der Zukunft vorbereitet sein möchten.

10.5.2 Rahmenbedingungen

▶ **Erkenntnis 3** Die Auszubildenden empfinden die Vergütung nach der Ausbildung nicht als ausreichend hoch.

Viele Vertriebsmitarbeiter lassen sich durch monetäre Anreize motivieren. In vielen Fällen erhalten die Handelsvertreter in der Phase mit Fixum eine geringere Provision. Dies widerspricht der motivierenden Wirkung.

Der Gesamtverdienst nach der Ausbildung wird mit einer Wichtigkeit von 4,0 bewertet, während die Wahrnehmung des Ist-Zustandes mit 3,0 bewertet wird. Es kommt also zu einer negativen Abweichung. Es ist ebenfalls deutlich zu erkennen, dass das Fixum nicht den Ansprüchen genügt.

Das Thema Vergütung wird von den Auszubildenden und ehemaligen Auszubildenden emotional diskutiert. Dieser monetäre Anreiz trägt zu Beginn des Berufslebens zur At-

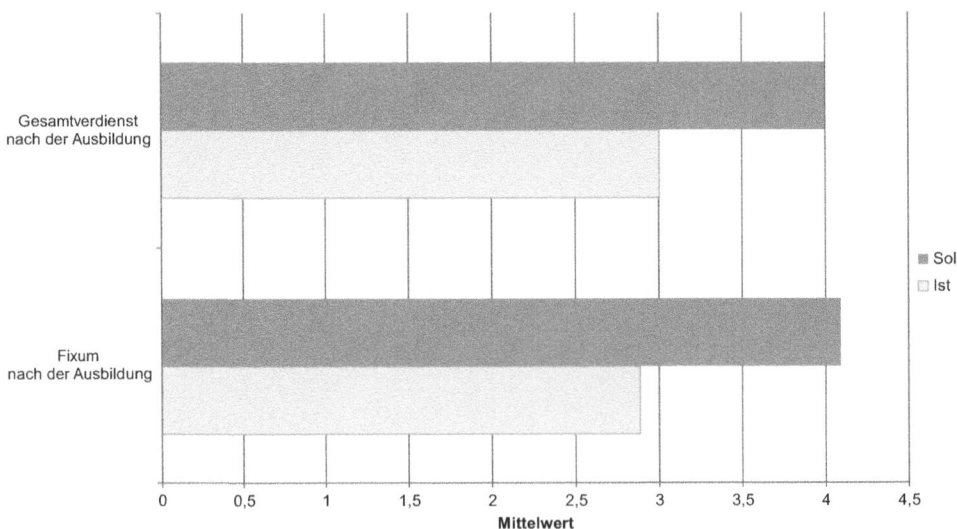

Abb. 10.9 Soll-Ist-Vergleich des Bereichs Verdienst in der Kategorie Rahmenbedingungen

traktivität eines Arbeitgebers bei. Es gilt also, das Vergütungsmodell für Einsteiger in die Selbständigkeit attraktiv zu gestalten (Abb. 10.9).

▶ **Erkenntnis 4** Die Auszubildenden wünschen sich mehr Informationen über die Selbstständigkeit (zum Beispiel Steuern, Versicherungen etc.).

Auszubildende sind in einem sozialversicherungspflichtigen Arbeitsverhältnis und damit kranken- und rentenversichert. Mit Ende der Ausbildung müssen sie sich um viele Themen selbst kümmern. Hierzu gehören neben der Anmeldung eines Gewerbes auch steuerliche Themen. Die Komplexität wird vielen erst mit Beginn der Tätigkeit als freier Handelsvertreter bewusst.

Der Soll-Ist-Vergleich ergab, dass alle Items für die Vorbereitung auf das freie Handelsvertreterverhältnis negativ sind. Die Auszubildenden sind nicht zufrieden mit den Informationen, die sie über die Besonderheiten der Beschäftigungsform freier Handelsvertreter erhalten. Abb. 10.10 zeigt die deutlich negativen Werte.

Besonders auffällig ist, dass in der Frage mit der Möglichkeit zur freien Nennung über 90 % der Befragten das Thema „Informationen zur Selbstständigkeit" genannt haben. Es bestätigt sich der Eindruck, dass dieses Thema bei offener Befragung einen sehr hohen Stellenwert einnimmt.

An dieser Stelle wiederholt sich der Wunsch der Auszubildenden, gut auf die Selbständigkeit vorbereitet zu sein.

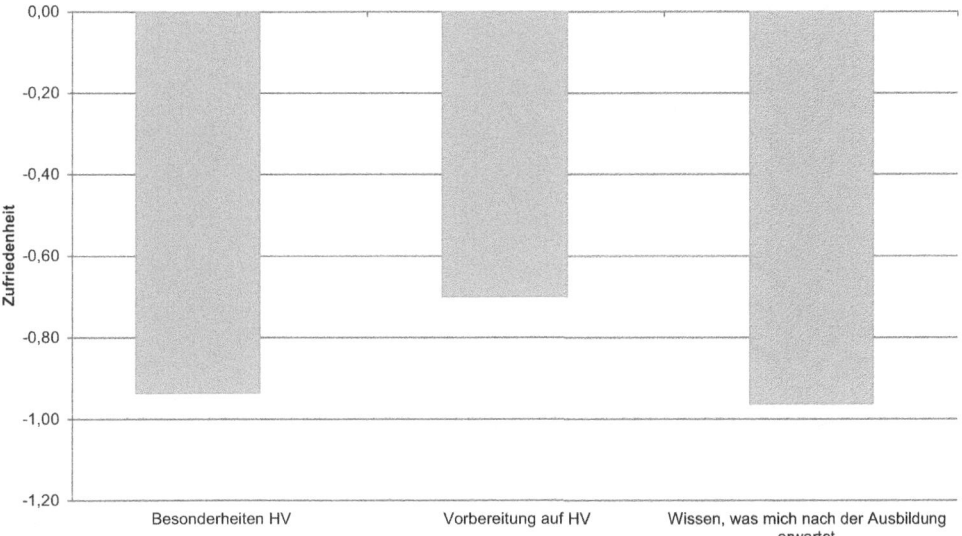

Abb. 10.10 Durchschnittswerte in den Items zur Vorbereitung auf das freie Handelsvertreterverhältnis

10.5.3 Team

▷ **Erkenntnis 5** Das Team hat für die Auszubildenden einen hohen Stellenwert.
Die Auszubildenden empfinden ein affektives und normatives Commitment gegenüber dem Team.

Freie Handelsvertreter arbeiten meist in kleinen Teams vor Ort. Häufig gibt es Büroge-
meinschaften, in denen die Berater tätig sind. In diesen kleinen Teams ist das Zusammenspiel der einzelnen Mitglieder besonders wichtig.

Im Rahmen der Gewichtungsfrage haben die Auszubildenden im Durchschnitt 30 %
der möglichen Punkte für den Bereich Team vergeben. Von den durch den Arbeitgeber
beeinflussbaren Kategorien ist dies die höchste Prozentzahl.

Bei der Betrachtung der durchschnittlichen gewichteten Commitment-Werte der Auszubildenden wird deutlich, dass sowohl ein affektives als auch ein normatives Commitment vorliegt. Beide Werte sind deutlich über 3,0, sodass davon ausgegangen werden
kann, dass sich die Auszubildenden dem Team sowohl affektiv als auch normativ verbunden fühlen. Mit 3,66 Punkten liegt das affektive Commitment über dem normativen Commitment mit 3,57 Punkten. Abb. 10.11 zeigt die durchschnittlichen Commitment-Werte.

18 % der Befragten empfinden gegenüber dem Team ein geringes Commitment. Mit
82 % fühlt sich der Großteil der Auszubildenden dem Team verbunden. Somit kann davon
ausgegangen werden, dass der wichtige Faktor Team eine positive Auswirkung auf die
Bleibewahrscheinlichkeit der Auszubildenden hat.

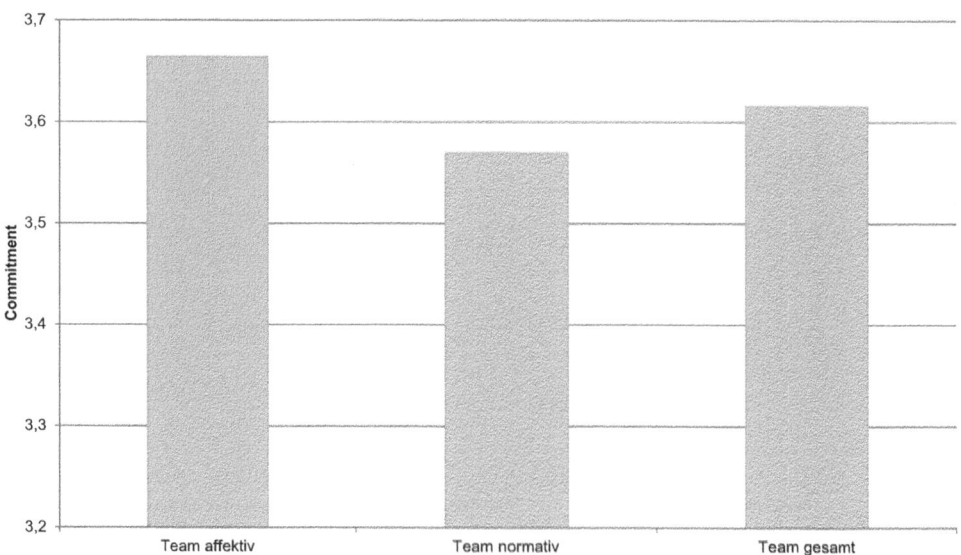

Abb. 10.11 Durchschnittliche Commitment Werte im Focus Team

10.5.4 Person

▶ **Erkenntnis 6** Abiturienten mit verkürzter Ausbildung haben genauso oft konkretere Abwanderungsgedanken wie Auszubildende in den regulären Ausbildungsgängen. Sie sind genauso zufrieden mit der Ausbildung und ähnlich stark gebunden.

Das Angebot an Abiturientenausbildungen hat in den letzten Jahren stark zugenommen. Nach zwei Jahren haben sie einen Berufsabschluss. Aufgrund der Hochschulreife stehen Abiturienten nach der Ausbildung mehr Optionen offen. Viele gehen studieren oder orientieren sich nochmal neu. Aufgrund der verkürzten Ausbildungsdauer ist auch der Zeitraum begrenzt, in dem eine Bindung an das Unternehmen aufgebaut werden kann.

Durch eine Gegenüberstellung der Antworten von Auszubildenden mit und ohne Abiturientenausbildung werden die Antworten verglichen.

Abb. 10.12 stellt die Antworten nach den Zukunftsplänen der Auszubildenden ohne und mit Abiturientenausbildung einander gegenüber. Im Vergleich zu Auszubildenden ohne Abiturientenausbildung kann kein höherer Wert für konkrete Abwanderungsgedanken bei Auszubildenden mit Abiturientenausbildung festgestellt werden. Die Auswertung der Frage nach den Zukunftsplänen muss jedoch mit Vorsicht betrachtet werden. Hier kann es sein, dass viele Auszubildende sozial erwünschte Antworten gegeben haben, obwohl Anonymität zugesichert wurde.

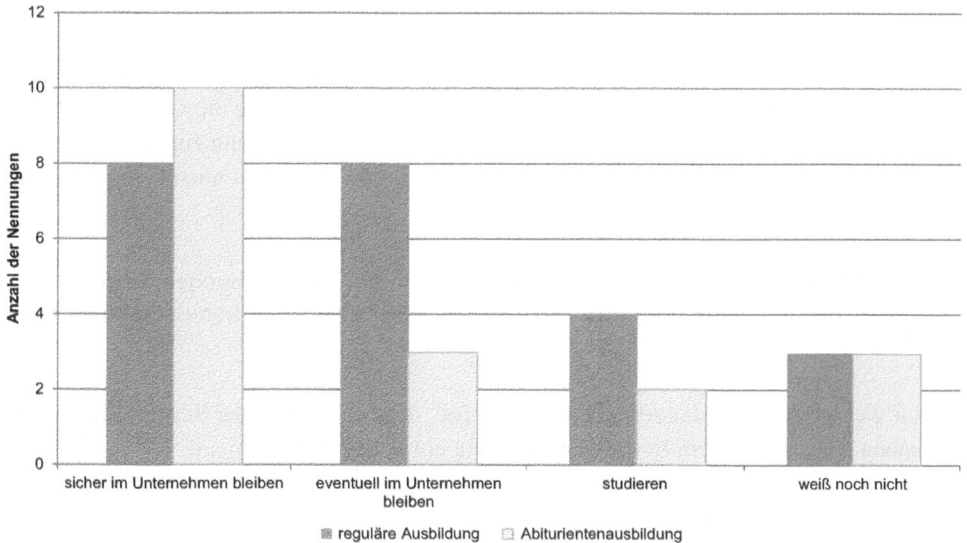

Abb. 10.12 Zukunftspläne von regulären Auszubildenden und Abiturienten im Vergleich

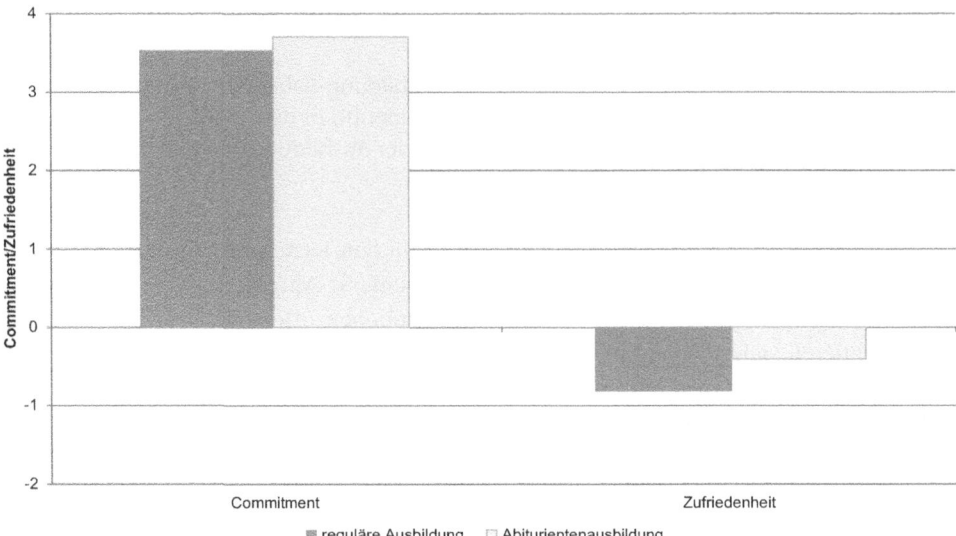

Abb. 10.13 Vergleich des Commitments und der Zufriedenheit bei regulärer Ausbildung und Abiturientenausbildung

Sowohl das durchschnittliche Commitment als auch die durchschnittliche Zufriedenheit von Auszubildenden mit und ohne Abiturientenausbildung ist auf einem ähnlichen Niveau (Abb. 10.13).

Es kann daher nicht durch Zufriedenheit und Commitment erklärt werden, warum weniger Auszubildende mit Abiturientenausbildung bei den Unternehmen bleiben als ohne. Ein Erklärungsansatz könnte sein, dass gegen Ende der Ausbildung die Optionen für die Zeit nach der Ausbildung präsenter werden und das Commitment dann zugunsten anderer Möglichkeiten sinkt. Während der Ausbildung spielen die Optionen noch keine so große Rolle.

▶ **Erkenntnis 7** Die Auszubildenden fühlen sich ihrem Beruf verbunden. Gegenüber der Beschäftigungsform Selbstständigkeit besteht ein hohes Commitment.

Nur wenige Auszubildende stellen für sich fest, dass sie die falsche Berufswahl getroffen haben. Gegenüber dem Beruf besteht häufig ein hohes Commitment.

Die Auswertung des Commitment-Ansatzes zeigt, wie in Abb. 10.14 dargestellt, dass im Mittel ein Commitment-Wert von über 3,0 gegenüber dem Beruf (gesamt) erreicht wird. Damit fühlen sich die Auszubildenden im Durchschnitt mit ihrem Beruf verbunden. Bei genauerer Betrachtung wird deutlich, dass mit einem Wert von 4,0 ein hohes affektives Commitment vorliegt. Das normative Commitment ist mit 2,94 deutlich geringer.

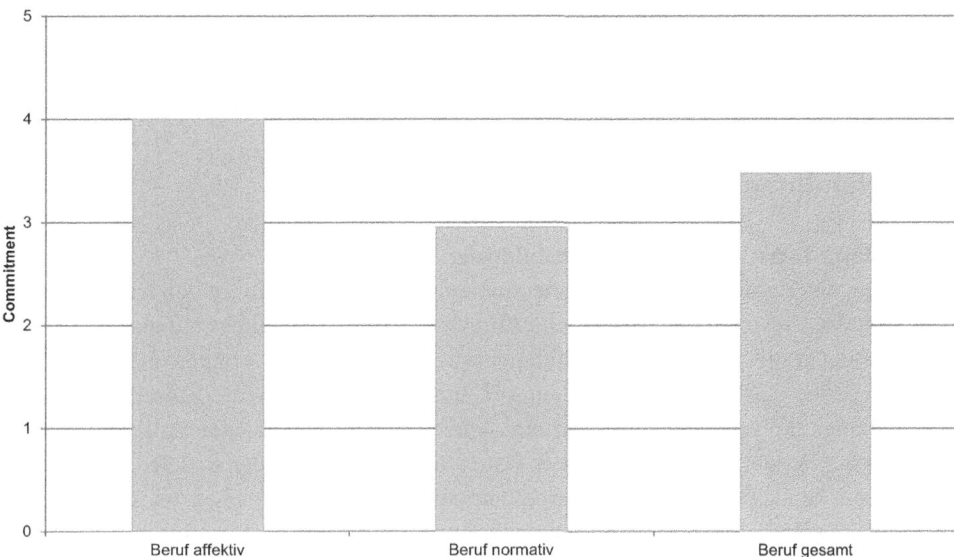

Abb. 10.14 Durchschnittliche Commitment-Werte im Focus Beruf

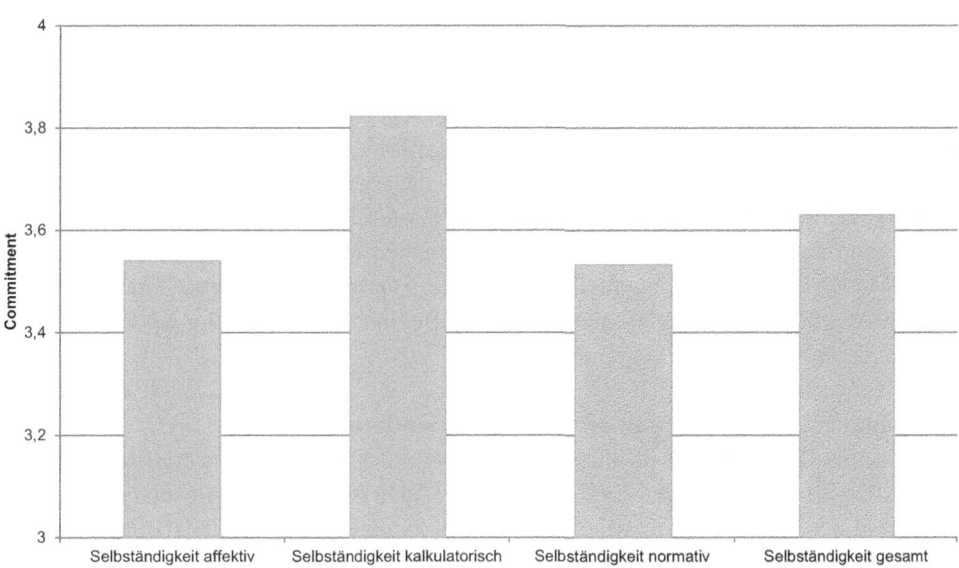

Abb. 10.15 Durchschnittliche Commitment Werte im Focus Beschäftigungsform

Das Commitment gegenüber der Beschäftigungsform Selbstständigkeit liegt, wie in Abb. 10.15 dargestellt, insgesamt bei 3,6. Dabei ist das kalkulatorische Commitment mit 3,8 am höchsten. Das affektive und das normative Commitment verringern den Durchschnittswert.

Die Berufswahl scheint gut überlegt zu sein, sodass nur wenige Auszubildende während der Ausbildung feststellen, dass sie den falschen Beruf gewählt haben. Auch die Selbständigkeit ist für die meisten Auszubildenden ein erstrebenswertes Ziel.

10.6 Handlungsempfehlungen

Empfehlung 1: Attraktivität der Ausbildung
Das Image des Berufs der Bankkaufleute hat durch die Finanzkrise in den letzten Jahren stark gelitten. Umso wichtiger ist es, die Attraktivität des Berufsbildes aufzuzeigen.

Abiturienten mit verkürzten Ausbildungen weisen zwar kein geringeres Commitment und auch keine geringere Zufriedenheit auf, treffen jedoch öfter die Entscheidung, das Unternehmen zu verlassen. Dies liegt möglicherweise an der kürzeren Ausbildungszeit. Es ist auch möglich, dass die erhobenen Daten durch den Effekt der sozialen Erwünschtheit verzerrt sind. Die Ergebnisse der quantitativen Befragung stehen im Widerspruch zu den Aussagen der Befragten in den qualitativen Interviews. In Einzelgesprächen wurde deutlich, dass die verkürzte Ausbildungszeit als ein wichtiger Faktor für die geringen Verbleibquoten gesehen wird. Es ist deshalb wahrscheinlich, dass die Entscheidung, das Unternehmen zu verlassen, zu einem Zeitpunkt getroffen wird, der nach dem Zeitpunkt der Befragung liegt.

Ob der Einsatz von Abiturientenausbildungen in Zukunft weiter sinnvoll ist, muss auf Grundlage der individuellen Verbleibquoten festgelegt werden. Eine Alternative wäre es, Bewerbern mit (Fach-)Abitur und sehr guten Leistungen während der Ausbildung die Möglichkeit zu bieten, die Zusatzprüfung nach zweieinhalb Jahren Ausbildung abzulegen. Das Unternehmen müsste dann die anfallenden Kosten für Vorbereitungskurse übernehmen. Damit entsteht eine Option, die für Abiturienten interessant ist. Nicht attraktiv ist dieses Modell aber für diejenigen, die nur eine schnelle Ausbildung absolvieren möchten, um den Abschluss zu erlangen, und bereits vor Beginn der Ausbildung wissen, dass sie sich im Anschluss umorientieren möchten.

Empfehlung 2: Intensivierung der Vertriebsorientierung
Von enormer Bedeutung ist für die Auszubildenden das Gefühl, den Herausforderungen im Vertrieb als Selbständiger gewachsen zu sein. Auch hierfür ist es notwendig, die Ausbildung in den vorgesehenen zweieinhalb Jahren zu durchlaufen. Im letzten halben Jahr sind die Auszubildenden kaum in der Schule. Dieser Zeitraum kann genutzt werden, um die Auszubildenden den Arbeitsalltag so erleben zu lassen, wie er später sein wird. Damit kommt es zu Erfolgserlebnissen, die das Vertrauen in die eigenen Fähigkeiten stärken. Durch die intensivere Vorbereitung wird auch ein Effekt auf die Zufriedenheit der Auszubildenden mit der Ausbildung erwartet. Der Unzufriedenheit mit der Vorbereitung auf das freie Handelsvertreterverhältnis sowie mit der Vorbereitung auf den Abschluss der Ausbildung kann mit dieser Maßnahme entgegengewirkt werden.

Empfehlung 3: Vorbereitung auf die Selbständigkeit

Es ist deutlich geworden, dass sich die Auszubildenden mehr Informationen über die Rahmenbedingungen der Selbstständigkeit wünschen. Für die Vermittlung des Wissens über die Tätigkeit als freier Handelsvertreter ist eine schriftliche und zielgruppengerechte Aufbereitung der Informationen ebenso denkbar wie eine Einbindung der Informationsvermittlung in die Ausbildung. Die Bausteine könnten an einzelnen Seminartagen, über den Ausbildungszeitraum verteilt, mit Unterstützung von freien Handelsvertretern aus der Praxis vermittelt werden. Die Vorgesetzten vor Ort sollten außerdem darauf hingewiesen werden, dass sie sich mit ihren Auszubildenden zum Thema Selbstständigkeit austauschen sollen. Denkbar ist auch ein Mentorenprogramm, bei dem der Auszubildende einen konkreten Ansprechpartner für Fragen zur Selbständigkeit bekommt.

Empfehlung 4: Vergütungssystem nach der Ausbildung

Ein emotional diskutiertes Thema ist das Vergütungssystem direkt nach der Ausbildung. Es wird empfohlen, diese Thematik nochmals aufzugreifen. In den qualitativen Interviews zeigte sich, dass ein Fixum während der ersten zwei bis drei Arbeitsjahre einen großen Einfluss auf die Entscheidung für eine Tätigkeit im Vertrieb als freier Handelsvertreter hat. Auf den Verbleib im Vertrieb nach der Ausbildung hat jedoch auch das Fixum einen starken Einfluss. Die Auszubildenden möchten fair an den Provisionen beteiligt werden. In einem weiteren Schritt sollte deshalb geprüft werden, welches Vergütungsmodell sowohl für die betreuenden Vertriebsmitarbeiter vor Ort als auch für die ehemaligen Auszubildenden als tragbar bewertet wird. Wichtig ist hierbei die Einbeziehung aller Interessengruppen.

Literatur

Becker, F. (2010). Mitarbeiterbindung: Ein Einblick in ein schwieriges Objekt und den Status quo der Diskussion. In M. Bruhn & B. Stauss (Hrsg.), *Forum Dienstleistungsmanagement: Serviceorientierung im Unternehmen* (S. 230–252). Wiesbaden: Springer Gabler.

Berthel, J., & Becker, F. (2010). *Personal-Management. Grundzüge für Konzeptionen betrieblicher Personalarbeit* (9. Aufl.). Stuttgart: Schäffer-Poeschel.

Felfe, J. (2008). *Mitarbeiterbindung*. Göttingen: Hogrefe.

Felfe, J., & Franke, F. (2012). *Commitment-Skalen (COM-MIT): Fragebogen zur Erfassung von Commitment gegenüber Organisationen, Beruf/Tätigkeit, Team, Führungskraft und Beschäftigungsform*. Bern: Huber.

Prinz, B., & Wollsching-Strobel, P. (2012). Verschenkte Talente – oder die Misere mangelnder Talenterkennung und -förderung. In P. Wollsching-Strobel & B. Prinz (Hrsg.), *Talentmanagement mit System, von Top-Performern lernen – Leistungsträger im Unternehmen wirksam unterstützen* (S. 3–24). Wiesbaden: Springer Gabler.

Schirmer, U. (2013). Retentionmanagement: ein integriertes Handlungskonzept. In R. Bröckermann & W. W. Pepels (Hrsg.), *Das neue Personalmarketing – Employee Relationship Management als moderner Erfolgstreiber* (Bd. 3, S. 29–60). Berlin: BWV.

Witzel, A. (2000). Das problemzentrierte Interview [25 Absätze]. *Forum Qualitative Sozialforschung/Forum: Qualitative Social Research*, *1*(1), Art. 22. http://nbn-resolving.de/urn:nbn:de:0114-fqs0001228.

Wolf, G. (2013). *Mitarbeiterbindung: Strategie und Umsetzung im Unternehmen*. Freiburg: Haufe.

Teil V
Kultur/Unternehmenskommunikation

Kunst und Banken

11

Harald Mertz und Britta Schott

Inhaltsverzeichnis

11.1   Ein Megatrend und seine wirtschaftlichen Folgen

Anfang der 1990er-Jahre gab der damalige Bundesverband der Deutschen Volksbanken und Raiffeisenbanken eine Publikation heraus, die dafür bestimmt war, Kunst als ein Wesenselement von Toleranz zu vermitteln (Weizsäcker 1992, S. 1). Der „Kunstblock" wurde in ganz Deutschland vertrieben und vor allem an Schulen eingesetzt. Zusammen mit der Deutschen Multiple Sklerose Gesellschaft, der ein Teil der Einnahmen aus dem Verkauf

H. Mertz (✉)
FOM Stuttgart
Frankfurter Str. 26, 70376 Stuttgart, Deutschland
E-Mail: harald.mertz@t-online.de

B. Schott
Gehrenwaldstr. 1, 70327 Stuttgart, Deutschland

© Springer Fachmedien Wiesbaden GmbH 2017
M. Seidel (Hrsg.), *Banking & Innovation 2017*, FOM-Edition,
DOI 10.1007/978-3-658-15785-2_11

des „Kunstblocks" zufloss, setzten sich die Volksbanken und Raiffeisenbanken zum Ziel, sich einmal „[f]ür das Leben [und] für die Kunst" zu engagieren (Bundesverband der Deutschen Volksbanken und Raiffeisenbanken 1992, S. 2).

Die Einleitung des „Kunstblocks" handelt von einem „Megatrend und seine[n] wirtschaftlichen Folgen" (Bundesverband der Deutschen Volksbanken und Raiffeisenbanken 1992, S. 4 f.). Die wissenschaftlichen Ergebnisse der US-amerikanischen Trendforscher John Naisbitt und Patricia Aburdene bilden dafür die Grundlage. In deren Veröffentlichung mit dem Titel „Megatrends 2000: Zehn Perspektiven für den Weg ins nächste Jahrtausend" (Naisbitt und Aburdene 1990) postulieren die beiden die Kultur als einen natürlichen Verbündeten für jedes Unternehmen. 25 Jahre nach der Publikation von „Megatrends 2000" wurde eine wissenschaftliche Arbeit veröffentlicht, die an diesen interdisziplinären Ansatz anknüpft (Schott 2015).

In dem vorliegenden Beitrag werden die wichtigsten Erkenntnisse der Untersuchung vorgestellt und anschließend anhand von Praxisbeispielen veranschaulicht. Die Ausführungen zeigen, wie Banken die Kunst als Medium der Unternehmenskommunikation in der heutigen Zeit gewinnbringend einsetzen.

In den letzten 20 Jahren hat die interdisziplinäre Forschung in der Betriebswirtschaft mit Schwerpunkt Unternehmenskommunikation einen festen Stellenwert erhalten (Mast 2016, S. 23 ff.). Kroeber-Riel und Gröppel-Klein (2013, S. 11) zeigen in ihrem Standardwerk „Konsumentenverhalten" ein gutes Beispiel, welches das interdisziplinäre Arbeiten erläutert. Unter dem Oberbegriff „Verhaltenswissenschaften" stellen sie verschiedene Teildisziplinen vor, die jeweils als eigener Bereich Geltung haben und daher als eigener Forschungsgegenstand zu begreifen sind: Psychologie, Soziologie, Sozialpsychologie, Verhaltensbiologie, physiologische Verhaltenswissenschaften und Neurologie. „Kunst als Medium der Unternehmenskommunikation" ist ebenfalls als interdisziplinäres Forschungsgebiet zu verstehen: Die Kunst als Ausdruck der jeweils vorherrschenden Kultur in dem dafür vorgesehenen regionalen Geltungsraum und die Kommunikation in ihrer Spielart der Unternehmenskommunikation (Bruhn 2015, S. 3; Hausmann 2011, S. 9 ff.).

In dem Kapitel „Die Renaissance der schönen Künste" aus „Megatrends 2000" bezeichnen Naisbitt und Aburdene (1990, S. 76, 114) die 1980er-Jahre als zentralen Wendepunkt für die Kultur im „entwickelten Teil der Welt" [sic!]. Gemäß den beiden Autoren entdeckte zu dieser Zeit die entstandene Wohlstands- und Informationsgesellschaft verstärkt Kunst als Interessensfeld für sich (Naisbitt und Aburdene 1990, S. 75 f.). In einer Gesellschaft, in der Informationen die wichtigste Ressource darstellen und materieller Reichtum vorherrscht (Naisbitt 1986, S. 29; Opaschowski 2010, S. 33), gilt der Großteil der berufstätigen Bevölkerung als gebildet und schätzt Kunst als geistige Alternative zum Alltag (Naisbitt und Aburdene 1990, S. 76). Nach Meinung von Naisbitt und Aburdene (1990, S. 114 ff.) bewirkte diese gesellschaftliche Entwicklung, dass Unternehmen das Potenzial von Kunst als Kommunikationsinstrument erkannten und ihre Aufwendungen im Bereich der Kultur steigerten. Darauf aufbauend prognostizieren sie, dass Betriebe sich in den 1990er-Jahren anstelle des Sports verstärkt der Kulturförderung widmen werden.

Naisbitt und Aburdene (1990, S. 77) stellen die These auf, dass „[...] Unternehmen
[...] bei intelligenten und gebildeten Konsumenten mehr an Prestige gewinnen, wenn
sie die Künste unterstützen, als wenn sie nur mit den Vorteilen ihrer Produkte hausieren
gehen". Sie führen dies auf einen Wertewandel in der Gesellschaft zurück (Naisbitt und
Aburdene 1990, S. 75 f.).

Seit den 1970er-Jahren gelten Primärbedürfnisse wie Wohnen oder Nahrungsaufnah-
me in den Industriestaaten als nahezu befriedigt. Immer mehr Menschen streben seitdem
nach höheren Werten wie der Unabhängigkeit oder Selbstverwirklichung (Abbate 2014,
S. 1 f.). In den 1990er-Jahren veröffentlichte Gerhard Schulze das Buch „Die Erlebnisgesellschaft", in dem er einen gesellschaftlichen Wandel beschreibt, der das „Erleben des
Lebens" in den Fokus der Menschen rückt (Schulze 1992, S. 33). Solche gesellschaftlichen Entwicklungen wirken sich unmittelbar auf das Kaufverhalten der Menschen aus.
Das macht es für Unternehmen unabdingbar, diese in ihren strategischen Überlegungen zu
berücksichtigen (Foscht und Swoboda 2011, S. 134 ff.; Kroeber-Riel und Gröppel-Klein
2013, S. 296 ff.). Im Zeitalter des globalen Wettbewerbs unterscheiden sich die meisten
Produkte weder funktional noch qualitativ voneinander. Firmen sind angehalten, über den
Produktnutzen hinaus zusätzlichen Mehrwert zu generieren, um sich von ihren Mitbewer-
bern zu differenzieren. Der Kommunikation kommt dabei eine gesteigerte Bedeutung zu
(Bruhn 2015, S. V). Kunst kann hier nicht nur in Bezug auf den Kunden, sondern auch im
Hinblick auf die Mitarbeiter und die Leistungserbringung einen Beitrag leisten (Blanke
2002, S. 13 ff.).

11.2 Stand der Forschung

Das Thema „Kunst als Medium der Unternehmenskommunikation" hat in den letzten Jahren die zunehmende Aufmerksamkeit der Wissenschaft erfahren. Bereits 1986 setzte sich
Duhme in ihrer Dissertation „Die Förderung Bildender Kunst durch Unternehmen in der
Bundesrepublik Deutschland" mit dem Forschungsbereich auseinander (Duhme 1986).
Ziel der Arbeit ist es, Sinn und Nutzen unternehmerischer Kunstförderung herauszustellen
sowie die Verbindung zwischen Kunst und Wirtschaft aufzuzeigen. Dieser Veröffentlichung folgten einige weitere wissenschaftliche Arbeiten, die die Kunstförderung durch
Unternehmen zu ihrem Gegenstand machten. Um einen Überblick über gegenwärtige
Entwicklungen des Forschungsgebietes „Kunst als Medium der Unternehmenskommunikation" in einem erweiterten Sinne zu erhalten, erfolgt im Nachgang eine Vorstellung
aktueller Forschungsarbeiten.

2010 veröffentlichte Weber ihre Masterthesis mit dem Titel „Kunst im Unternehmen:
Ein Mehrwert in Zeiten des Wandels". Die Arbeit stellt den Nutzen und die Wirkungsweise von Bildender Kunst in Unternehmen heraus und zeigt, in welchen Unternehmensbereichen sie Einsatz findet. Weber (2010) unterscheidet zwischen interner und externer Wirkung von Kunst sowie einer Wirkung, die sowohl nach innen als auch nach außen strahlt.
Sie führt folgende Einsatzbereiche von Kunst auf: Unternehmenskultur, Personalpoli-

tik, Organisationsentwicklung, Kunstevents, Kunstsponsoring, Unternehmensarchitektur und Unternehmensstrategie. Sie veranschaulicht diese jeweils an einem Fallbeispiel. Weber (2010) stützt sich bei ihren Ausführungen auf Sekundärmaterial und erhebt selbst keine eigenen empirischen Daten. Schmidt (2011) beschäftigt sich in ihrer Masterarbeit „Kunst als Kommunikationsmedium und Imageträger für Unternehmen" mit Kunstsponsoring, seinen verschiedenen Gestaltungsmöglichkeiten und seiner Wirkungsweise. Sie beschreibt das Sponsoring der Bildenden Kunst, das Musiksponsoring, das Sponsoring der Darstellenden Kunst, die Filmkunst und auch das Literatursponsoring. Sie führt ebenfalls keine eigene empirische Erhebung durch. In der Masterthesis von Max von Troschke „Unternehmen fördern Kunst: Grundlagen, Analyse, Anwendung" geht es um die Herausstellung der Intentionen unternehmerischer Förderung von Bildender Kunst und ihrer Wirkungsmechanismen. Er bezieht sich dabei auf bestehende theoretische Erkenntnisse und empirische Befunde (Troschke 2012).

Neben den angeführten Masterthesen und der Dissertation von Duhme (1986) liegen auch aktuelle Dissertationen zu diesem Forschungsbereich vor. 2010 publizierte Gerbing (2010) seine Arbeit mit dem Titel „Chancen, Möglichkeiten und Grenzen von Kunst im Unternehmen". Er verfolgt dabei das Ziel, eine Verbindung zwischen bereits bestehenden theoretischen Erkenntnissen und empirischen Befunden herzustellen. Anhand eines Fallbeispiels in einer Bank, im Rahmen dessen er verschiedene Experteninterviews führte, macht er es sich zum Gegenstand, die Wirkungsweise von Kulturförderung in Unternehmen herauszustellen. Gold (2013) beschäftigt sich in ihrer Dissertation „Innovative Ansätze im Feld von Kunst und Wirtschaftsunternehmen – Motive, Chancen und Perspektiven unternehmerischer Kunstförderung" mit Schwerpunkten in der Kunstförderung. Sie unterscheidet dabei innovative Ansätze und tradierte Konzepte. Des Weiteren untersucht sie sowohl die Motive als auch die Auswirkungen unternehmerischer Förderung der Bildenden Kunst. Dazu führte sie eine empirische Studie mit vier Experten aus deutschen Unternehmen durch. Zuletzt ist auf die Veröffentlichung von Mir (2014) hinzuweisen, die sich dem Thema „Kunst Unternehmen Kunst: Die Funktion der Kunst in der postfordistischen Arbeitswelt" widmet. In seinem Werk stellt er zum einen die Funktionen von Bildender Kunst in postfordistischen Unternehmen heraus, zum anderen untersucht er, in welchen Unternehmensbereichen Bildende Kunst Einsatz findet.

Die vorgestellten Forschungsarbeiten zeigen, dass sich die Wissenschaft in der Vergangenheit schon mit unterschiedlichen Aspekten unternehmerischen Kunstengagements innerhalb der Unternehmenskommunikation in einem erweiterten Sinne beschäftigte. In den zugrunde gelegten Untersuchungen finden sowohl Kunstsponsoring und Wirtschaftsästhetik als auch Kunstsammlungen bereits Berücksichtigung. Dabei spielt insbesondere die Frage nach dem Motiv eine Rolle. Die angeführten Forschungsarbeiten greifen häufig auf bereits bestehendes, altes Datenmaterial zurück. Zum Teil beinhalten sie auch eigene empirische Untersuchungen.

Die in diesem Beitrag vorgestellte Untersuchung knüpft an dem beschriebenen Forschungsstand an. Sie erweitert ihn um Daten aus 30 qualitativen Experteninterviews, davon wurden sieben mit Ansprechpartnern aus Banken geführt.

11.3 Kultur und Unternehmenskommunikation

Unternehmen engagieren sich heutzutage in unterschiedlichen Formen für die Kultur (Bea und Haas 2015, S. 465). Dabei erfolgt für gewöhnlich eine Unterscheidung zwischen Mäzenatentum, Spendenwesen und Sponsoring. Sie grenzen sich im Wesentlichen hinsichtlich ihres kommunikativen Nutzens voneinander ab (Bruhn 2010, S. 3 f.; Hermanns und Marwitz 2008, S. 45).

Die Ursprünge der unternehmerischen Kulturförderung reichen bis in die Jahre 70 bis 8 v. Chr. zurück. Zu dieser Zeit setzte sich bereits der Römer Gaius Cilnius Maecenas für die Förderung von Kunst und Kultur ein. Der Begriff „Mäzenatentum" leitet sich aus seinem Namen ab. Mäzenatentum bezeichnet die Förderung kultureller oder anderer Aktivitäten aus selbstlosen Beweggründen. Der Mäzen hegt dabei keine Erwartung an eine konkrete Gegenleistung und fokussiert keinen kommunikativen Nutzen (Bruhn 2010, S. 3 f.). Hinter dem Spendenwesen verbirgt sich meist ein gesellschaftspolitisches Engagement, dem keine konkrete Gegenleistung gegenüberstehen darf. Anreiz hierfür bilden meist steuerliche Gründe. Ein kommunikativer Nutzen steht ebenfalls nicht im Vordergrund (Hermanns und Marwitz 2008, S. 45). Beim Sponsoring unterstützt der Sponsor den Gesponserten beispielsweise mit finanziellen Mitteln und verlangt dafür ausdrücklich eine kommunikative Gegenleistung. Diese kommunikative Zielsetzung grenzt das Sponsoring wesentlich vom Mäzenatentum und Spendenwesen ab (Bruhn 2010, S. 4 f.).

Im Bereich der Bildenden Kunst haben Unternehmen in den letzten Jahren zunehmend neben dem Sponsoring auch den Ankauf von Kunst für eigene Sammlungen in ihre Kunstförderung integriert. Dabei dient die Kunst in vielen Unternehmen vornehmlich als Instrument ihrer Kommunikationspolitik (Beckmann 2014, S. 19).

Die Kommunikationspolitik trifft zielorientierte Entscheidungen, welche die Gestaltung der Unternehmenskommunikation betreffen (Bruhn 2015, S. 3). Sie ist Teil des Marketingmix. Der Marketingmix umfasst das Instrumentarium der operativen Marketingplanung. Er beinhaltet alle Marketingaktivitäten, die zur Erfüllung der Marketingziele eines Unternehmens beitragen (Meffert et al. 2015, S. 22). Ziel ist die optimale Kombination seiner Instrumente (Bruhn 2015, S. 12). Eine Strukturierung des Instrumentariums erfolgt üblicherweise nach den „4 Ps" und gliedert sich klassisch in die Bereiche: Product (Leistungs- und Programmpolitik), Price (Preis- und Konditionenpolitik), Place (Distributionspolitik) und Promotion (Kommunikationspolitik) (Bruhn 2015, S. 10; Meffert et al. 2015, S. 22).

Bruhn (2015, S. 5) zufolge umfasst die Unternehmenskommunikation „[...] die Gesamtheit sämtlicher Kommunikationsinstrumente und -maßnahmen eines Unternehmens, die eingesetzt werden, um das Unternehmen und seine Leistungen den relevanten internen und externen Zielgruppen der Kommunikation darzustellen und/oder mit den Zielgruppen eines Unternehmens in Interaktion zu treten". Ist in dem vorliegenden Beitrag von Kunst als Medium der Unternehmenskommunikation die Rede, verweist dies auf die „Vermittlungsfunktion", welche Kunst in Unternehmen einnimmt. Kunst dient dabei als Mittel, um Botschaften an entsprechende Zielgruppen zu transportieren (Gläser 2014, S. 11).

Die zentrale Forschungsfrage der Untersuchung lautet vor diesem Hintergrund: Welche Bedeutung kommt Kunst als Medium der Unternehmenskommunikation 25 Jahre nach Veröffentlichung von „Megatrends 2000" zu? Für ihre Beantwortung lagen der Arbeit die drei folgenden wissenschaftlichen Theorien zugrunde:

Gemäß Bruhn (2015, S. 3 f.) und Schick (2014, S. 1 ff.) richten Unternehmen ihre kommunikationspolitischen Aktivitäten im Sinne eines ganzheitlichen Ansatzes sowohl an interne als auch externe Zielgruppen. Dabei kommt der externen Marktkommunikation im Hinblick auf die übergeordneten, kommerziellen Unternehmensziele wie Umsatz- und Gewinnsteigerung eine besondere Bedeutung zu. Auch der Stellenwert der internen Kommunikation wächst. Unternehmen erkennen zunehmend, dass sich eine erfolgreiche Mitarbeiterkommunikation positiv auf die Motivation der Belegschaft auswirkt und zu Verhaltensweisen führt, die ebenfalls zur Erreichung der Unternehmensziele beitragen.

Zudem hat nach Meinung von Schick (2014, S. 8 ff.) die Unternehmenskommunikation eine gestaltende Aufgabe in Bezug auf die Unternehmenskultur. Die Kultur eines Unternehmens fördert das positive Erscheinungsbild sowie die Attraktivität eines Betriebes (Wien und Franzke 2014, S. 101 f.; Bea und Haas 2015, S. 480 f.). Den Vorgesetzten kommt dabei eine entscheidende Rolle zu, da sie durch ihr Verhalten wesentlichen Einfluss auf die Unternehmenskultur nehmen (Wien und Franzke 2014, S. 48 f.).

Die dritte Theorie gründet auf den Aussagen von Bruhn (2015, S. 543 f.) und Mast (2016, S. 113), die die Meinung vertreten, dass eingesetzte Kommunikationsinstrumente systematischer Erfolgskontrollen bedürfen, um ihren konkreten Nutzen herauszustellen. Dadurch besteht die Möglichkeit, Auskunft über den Zielerreichungsgrad der einzelnen Kommunikationsmaßnahmen zu geben und Empfehlungen für ihren zukünftigen Einsatz abzuleiten (Bruhn 2015, S. 543–544; Mast 2016, S. 143).

Die vorgestellten Theorien münden schließlich in die folgenden sechs Hypothesen, die in der wissenschaftlichen Arbeit, die diesem Beitrag zugrunde liegt, aufgestellt und beantwortet werden:

- **Hypothese 1:** Engagieren sich Unternehmen heute für Kunst als Medium der Unternehmenskommunikation, dann verfolgen sie damit rein kommerzielle Interessen.
- **Hypothese 2:** Wenn Unternehmen Kunst als Medium der Unternehmenskommunikation zur externen Zielgruppenansprache verwenden, dann stellen sie Kunst als Kommunikationsangebot auch ihren Mitarbeitern zur Verfügung.
- **Hypothese 3:** Setzen Unternehmen Kunst als Medium ihrer Kommunikationspolitik ein, dann herrschen im oberen Management persönliche Neigungen für Kunst vor.
- **Hypothese 4:** Wenn Unternehmen Kunst als kommunikationspolitisches Mittel einsetzen, dann trägt dieser Einsatz zur Gestaltung der Unternehmenskultur bei.
- **Hypothese 5:** Engagieren sich Unternehmen für Kunst als Medium der Unternehmenskommunikation, dann fördern sie damit die Attraktivität ihres Standortes.
- **Hypothese 6:** Wenn Unternehmen Kunst in ihre Kommunikationspolitik integrieren, dann legen sie ihren Aktivitäten systematische Erfolgsmessungen zugrunde.

Für die Beantwortung der Forschungsfrage und Bewertung der Hypothesen wurde auf Experteninterviews als qualitative Forschungsmethode zurückgegriffen. Experten sind Personen, die über besonderes Wissen verfügen. Sie dienen auf der Grundlage von Interviews als Quelle von Spezialwissen über den zu untersuchenden Forschungsgegenstand (Gläser und Laudel 2010, S. 11 f.). Der Untersuchung liegen 30 Vorgänge, bestehend aus 32 Interviews mit 31 Experten, zugrunde. Der Begriff „Vorgang" fasst die Experteninterviews ungeachtet ihrer Form (Einzel- oder Gruppeninterviews) und der Anzahl der vorliegenden Interviews (zwei Experten gaben sowohl schriftliche als auch mündliche Interviews) zusammen.

Die Interviewpartner lassen sich in folgende Samplegruppen einordnen: Kunstengagement von Unternehmen, kunstbezogene Dienstleistungen, Kunstengagement des Staates, institutionelle Kulturförderung und Soziologie. Der Großteil der Experten entstammt der Kategorie „Kunstengagement von Unternehmen", da diese für die Beantwortung der Forschungsfrage eine besondere Relevanz aufweist. Die befragten Betriebe gehören überwiegend unterschiedlichen Branchen an. Sieben der 22 Unternehmen sind dem Finanzdienstleistungssektor zuzuordnen. Zudem weisen sie unterschiedliche Größen auf. Das kleinste Unternehmen umfasst ca. 50 Angestellte, und das größte beschäftigt ca. 280.000 Mitarbeiter.

11.4 Bewertung der Hypothesen

Nachstehend erfolgt die Bewertung der aufgestellten Hypothesen:

- **Hypothese 1:** Auf Grundlage der gewonnen Erkenntnisse ist diese Hypothese zu falsifizieren. Die Expertenaussagen demonstrieren, dass Kunst als Kommunikationsinstrument verschiedene Funktionen wahrnimmt. Diese tragen zur Erreichung der übergeordneten Unternehmensziele wie der Gewinn- oder Umsatzsteigerung bei. Kommerzielle Interessen sind somit nicht von der Hand zu weisen, stellen jedoch nicht den einzigen Aspekt des Einsatzes von Kunst als Medium der Unternehmenskommunikation dar. So lehnt die Mehrzahl der befragten Unternehmen rein kommerzielle Interessen für ihre Kunstaktivitäten ausdrücklich ab. Betriebe setzen sich insbesondere mit ihrem Engagement für die Erhaltung von Kunst als Kulturgut in Deutschland ein.
- **Hypothese 2:** Die Hypothese ist auf Basis der durchgeführten Untersuchung zu bestätigen. Die Ergebnisse lassen erkennen, dass Unternehmen Kunst als Kommunikationsinstrument sowohl zur externen als auch internen Zielgruppenansprache einsetzen. Richtet sich die Kunst nach innen, soll sie bestimmte Fähigkeiten der Belegschaft ausbilden und ihr als wertschätzendes Instrument dienen. Richtet sich die Kunst nach außen, fungiert sie zur positiven Außendarstellung eines Betriebes und nimmt auch gesellschaftliche Funktionen wahr. Den Expertenaussagen ist zu entnehmen, dass die interne Akzeptanz Voraussetzung für einen wirksamen Kunsteinsatz darstellt. Das unterstreicht die Notwendigkeit, die Kunstaktivitäten den Mitarbeitern zugänglich zu machen, um

ein Verständnis innerhalb der Belegschaft herzustellen. Auf Grundlage vorhandener Akzeptanz ist es möglich, dass Mitarbeiter als Botschafter fungieren, um das Unternehmen in Verbindung mit Kunst positiv nach außen zu repräsentieren.

- **Hypothese 3:** Diese Annahme ist tendenziell zu bestätigen. Folgende Anhaltspunkte begründen diesen Schluss: Experten äußern explizit, dass persönliche Vorlieben für Kunst auf oberster Hierarchieebene eine Rolle für unternehmerisches Kunstengagement spielen. Dies geht auch aus den Expertenaussagen hervor, die berichten, dass personelle Wechsel auf oberster Führungsebene möglicherweise zur Abschaffung oder Eingrenzung von Kunstengagements führen. Ein weiteres Indiz für die Verifizierung der Hypothese stellt die Verortung der Kunstaktivitäten in Betrieben dar. Kunstverantwortliche Angestellte berichten häufig direkt an die oberste Hierarchieebene. In bestimmten Unternehmen ist der Geschäftsleiter beziehungsweise Gründungspartner selbst für das Kunstengagement zuständig. Somit stellt Kunst in Unternehmen in der Regel eine Hoheitsaufgabe dar. In Verbindung mit der Erkenntnis, dass Betriebe rein kommerzielle Interessen für ihre Kunstaktivitäten ausschließen, lässt dies auf eine Grundeinstellung im Management schließen, die über eine zweckrationale Beziehung zu Kunst hinausgeht. Um eine Bestätigung der Hypothese zuzulassen, ist es besser, den Begriff „persönliche Neigungen" durch den Begriff „positive Haltung" auszutauschen. Sind keine „persönliche Neigungen" im Topmanagement vorhanden, stellt zumindest eine „positive Haltung" die Grundlage für nachhaltiges Kunstengagement dar.
- **Hypothese 4:** Die Hypothese kann bestätigt werden. Das unternehmerische Engagement dient dazu, Werte und Traditionen zu vermitteln und einen Teil der Unternehmenskultur darzustellen. „Corporate Social Responsibility" bedeutet hier, dass Unternehmen ihr Kunstengagement auch nach außen tragen wollen. Durch ihr Engagement demonstrieren Unternehmen verantwortliches Handeln gegenüber der Gesellschaft. So fördern Kunstaktivitäten die positive Wahrnehmung des Betriebes in der Öffentlichkeit und tragen zur Gestaltung der Corporate Identity bei.
- **Hypothese 5:** Diese Hypothese ist aufgrund unterschiedlicher Expertenaussagen nicht zu bestätigen. Zum einen herrscht die Meinung, dass Kunstangebote Standorte stärken und diese für Menschen und im speziellen Arbeitnehmer attraktiv machen. Zum anderen besteht die Auffassung, dass Menschen andere Faktoren der Kunst bei ihrer Standortwahl vorziehen. Diese Uneinigkeit spiegelt sich auch in den unterschiedlichen Meinungen zum gesellschaftlichen Interesse für Kunst wider. Herauszustellen ist, dass Betriebe die Stärkung ihrer Region durch ihr Kunstengagement anstreben. Dies wirkt sich im günstigen Fall auf die Attraktivität des Unternehmens aus und trägt so zur Bindung und Gewinnung von qualifizierten Mitarbeitern bei.
- **Hypothese 6:** Diese Hypothese ist nicht zu bestätigen. Aus den Ergebnissen geht hervor, dass kein einheitliches Bewertungssystem unter den Unternehmen vorliegt, um den Erfolg der Kunstaktivitäten zu messen. Ein paar Betriebe geben zwar an, Erfolgsmessungen systematisch durchzuführen, die Mehrheit der befragten Unternehmen

bekennt jedoch, ihren Erfolg nicht oder nur unregelmäßig und in geringem Umfang zu messen. Dies liegt insbesondere darin begründet, dass Erfolgsmessungen im Kunst- beziehungsweise Kommunikationsbereich als schwer durchführbar gelten oder keinen Mehrwert im Hinblick auf die Zielsetzungen versprechen.

11.5   Schlüsselaussagen der Experten

Die nachstehende Übersicht gibt Auskunft über verschiedene Schlüsselaussagen aus den Experteninterviews. Ein Fazit fasst die unterschiedlichen Expertenmeinungen abschlie- ßend zusammen.

Verankerung im Unternehmen

- Das Kunstengagement ist den Bereichen Verwaltung/Facility-Management, Gesell- schafterthemen, Marketing, Unternehmenskommunikation oder Personalwesen zuge- ordnet.
- Das oberste Management ist selbst für das Kunstengagement verantwortlich.
- Kunstverantwortliche Angestellte berichten direkt an den Vorstand.
- Die direkten Wege zum Vorstand bewirken schnellere Entscheidungen.
- Die Zuordnung zum Vorstand ist ein Zeichen der Wertschätzung im Unternehmen. Was die Chefetagen befürworten oder ablehnen, wirkt sich auf das ganze Unternehmen aus.

▶   **Fazit** Das Kunstengagement ist in verschiedenen Unternehmensbereichen ver- ankert. Dabei ist es überwiegend im Bereich der Unternehmenskommunikation verortet. Kunstverantwortliche berichten häufig direkt an die Geschäftsleitung. Dies führt zu schnelleren Entscheidungen und spiegelt Wertschätzung gegen- über dem Engagement wider. In manchen Unternehmen ist das Kunstengage- ment eigene Aufgabe der Geschäftsleitung.

Abhängigkeit von Entscheidungsträgern

- In Unternehmen, die sich für Kunst engagieren, besitzen Entscheidungsträger häufig eine persönliche Leidenschaft für Kunst.
- Ein personeller Wechsel auf oberster Hierarchieebene führt möglicherweise zur Redu- zierung oder Abschaffung des Kunstengagements in Unternehmen.

▶   **Fazit** Die Einführung und Nachhaltigkeit von Kunstengagements in Unterneh- men hängt von zwei Faktoren ab: der Haltung gegenüber Kunst im Topmanage- ment sowie personellen Veränderungen auf oberster Hierarchiestufe.

Kunst als ein Teil der Unternehmenskultur

- Kunst vermittelt das Kulturverständnis und die Werte des Unternehmens.
- Kunst ist Bestandteil der Unternehmenskultur.
- Kunst steht für die Geschichte und Traditionen eines Betriebes.

▶ **Fazit** Betriebe begreifen ihr Kunstengagement als Teil ihrer Unternehmenskultur. Kunst transportiert gewisse Werte und repräsentiert die Geschichte, Traditionen sowie das Kulturverständnis von Unternehmen.

Kunst zur Gestaltung des Arbeitsumfeldes und Förderung des Betriebsklimas

- Kunst schafft eine inspirierende Umgebung, welche die Kreativität und die Innovativität im Unternehmen befördert.
- Kunst erzeugt Wertschätzung gegenüber den Mitarbeitern.
- Kunst prägt das Arbeitsumfeld. Sie gibt ihm einen Charakter und schafft Atmosphäre.
- Kunst fördert ein Erfolgsklima, das nach innen und außen strahlt.
- Kunst ist ein Softfaktor, der sich positiv auf Geschäfte auswirkt.

▶ **Fazit** Kunst dient zur Gestaltung des Arbeitsumfeldes und trägt zu einem positiven Betriebsklima bei.

Kunst als Basis der Kommunikation

- Kunstwerke schaffen einen guten Einstieg in Gespräche und fördern Dialoge.
- Mitarbeiter sollen als interessante Gesprächspartner und Botschafter der Kunst fungieren und das Unternehmen dadurch positiv repräsentieren.
- Kunstevents wie Ausstellungen und Vernissagen dienen dazu, mit verschiedenen Zielgruppen in Kontakt zu treten.

▶ **Fazit** Unternehmen setzen Kunst ein, um die Kommunikation anzuregen, Dialoggruppen anzusprechen und das Unternehmen nach außen positiv darzustellen.

Kunst als Bildungsauftrag

- Das Engagement für Kunst dient dazu, Mitarbeiter kulturell zu bilden.
- Verschiedene Angebote in Unternehmen sollen Mitarbeiter animieren, Kunst kennenzulernen und sich mit ihr auseinanderzusetzen. Im besten Fall auch außerhalb des Unternehmens.
- Unternehmen möchten durch die Unterstützung von Institutionen wie beispielsweise Museen die kulturelle Bildung der Gesellschaft fördern.

▶ **Fazit** Unternehmen verstehen ihr Kunstengagement als kulturellen Bildungsauftrag an ihre Mitarbeiter und/oder an die Gesellschaft.

Kunst als ein Teil der Corporate Social Responsibility (CSR)

- Eine systematische Investition in Kunst und damit in die CSR trägt zur Akzeptanz der Gesellschaft für unternehmerisches Handeln bei.
- Mit Kunstengagements übernehmen Unternehmen Verantwortung in der Gesellschaft.
- Unternehmen geben mit Kunstförderung etwas an die Gesellschaft zurück.

▶ **Fazit** Unternehmen betrachten die Förderung von Kunst als gesellschaftliches Engagement, als Element ihrer CSR.

Kunst als Standortfaktor

- Regionale Kunstaktivitäten sind abhängig von der jeweiligen Wirtschaftsleistung.
- Das Engagement für Kunst übernimmt in Städten gewisse Funktionen, ist jedoch nicht primär entscheidend für Wahl des Wohnsitzes.
- Unternehmerische Kunstförderung soll strukturschwache Regionen stärken.
- Kunst und Kultur machen Städte für Menschen/Arbeitnehmer attraktiv.
- Die heutige Generation strebt nicht nur nach einem Job, der ihr gutes Geld bietet, sondern nach einer Arbeit, die eine gute Atmosphäre und Werte vermittelt. Die Kunst in Unternehmen ist diesbezüglich für Mitarbeiter ein Attraktivitätsfaktor.

▶ **Fazit** Zu diesem Punkt liegen differente Expertenaussagen vor. Zum einen besteht die Meinung, dass Kunstförderung Standorte und Unternehmen stärkt und sie für Menschen/Arbeitnehmer attraktiv macht. Zum anderen besteht die Ansicht, dass Menschen andere Faktoren der Kunst bei ihrer Standortwahl vorziehen.

Kunst in den Unternehmensräumen und Büros

- Kunst wirkt nach innen, indem sie in Unternehmensräumen wie Büros ausgestellt ist.
- Kunst wirkt auch nach außen, indem sie in Unternehmensräumen wie Kantinen oder Fluren auch Gästen zugänglich ist.

▶ **Fazit** Kunst richtet sich in Unternehmensräumen sowohl an interne als auch externe Zielgruppen und wirkt somit nach innen und nach außen.

Persönliche Kunstvermittlung

- Unternehmen versuchen, Kunst internen und externen Zielgruppen über Führungen und Workshops zu vermitteln.
- Durch Vermittlungsprogramme bekommen Mitarbeiter ein Verständnis für die Kunst, die sie in den Unternehmensräumen umgibt.

- Mitarbeiter haben die Möglichkeit, Kunstführungen zur Pflege von Kundenbeziehungen zu nutzen.

▶ **Fazit** Unternehmen sind bestrebt, durch Vermittlungsangebote die Kunst den Mitarbeitern und der Öffentlichkeit näherzubringen und ein Verständnis für Kunst zu schaffen.

Bedeutung des Verständnisses der Mitarbeiter

- Um in Unternehmen einen Mehrwert durch Kunst zu generieren, ist das Verständnis seitens der Mitarbeiter unabdingbare Voraussetzung.
- Ein erfolgreicher Kunsteinsatz erfordert intensiven Zeiteinsatz in die Mitarbeiter.
- In wirtschaftlich schwierigen Zeiten ist die Akzeptanz der Belegschaft besonders wichtig.

▶ **Fazit** Unternehmerischer Kunsteinsatz bedarf der Akzeptanz der Belegschaft, um Wirksamkeit zu entfalten.

Integration der Mitarbeiter in Kunstkonzepte und -auswahl

- Betriebe geben ihren Mitarbeitern die Möglichkeit, Kunstwerke für ihre Arbeitsplätze auszusuchen.
- Damit Mitarbeiter einen Bezug zur Kunst am Arbeitsplatz aufbauen, findet eine Verständigung mit ihnen über die Kunst statt.

▶ **Fazit** Unternehmen integrieren ihre Belegschaft in die Kunstauswahl und es erfolgt eine Kommunikation über die Kunst. So wird die Kunst den Mitarbeitern zugänglich.

Reaktionen der Belegschaft auf Kunstaktivitäten

- Die Belegschaft nimmt das Kunstengagement wahr und schätzt es.
- Die Angestellten stehen dem Kunstengagement kritisch gegenüber.
- Das Interesse der Mitarbeiter wächst mit der Ausweitung unterschiedlicher Angebote.
- Die Angestellten identifizieren sich mit den Kunstwerken.
- Kunstwerke lösen auch negative Reaktionen in der Belegschaft aus.

▶ **Fazit** Die unterschiedlichen Expertenaussagen demonstrieren, dass ein Verständnis der Mitarbeiter für das Kunstengagement nicht in allen Unternehmen vorhanden ist und die Mitarbeiter Kunst kontrovers wahrnehmen.

Einladungen

- Unternehmen laden ihre Mitarbeiter ein, an Kunstaktivitäten zu partizipieren.
- Kunstinteressierte Personen erhalten Einladungen zu Kunstveranstaltungen.
- Die Einladungen richten sich an Gäste mit Schnittstellen zu Kultur, Wirtschaft und Gesellschaft.

▶ **Fazit** Unternehmen laden bestimmte Zielgruppen zu ihren Kunstaktivitäten gezielt ein.

Pressearbeit

- Nachhaltiges Kunstengagement fördert die Presseberichterstattung.
- Unternehmen informieren gezielt die Presse zu bestimmten Veranstaltungen.

▶ **Fazit** Unternehmen bedienen sich Presseberichten, um ihr Kunstengagement in der Öffentlichkeit zu kommunizieren.

Internet und Intranet

- Unternehmen kommunizieren ihr Kunstengagement mittels Internet nach außen.
- Unternehmen informieren ihre Mitarbeiter im Intranet über ihre Kunstaktivitäten.

▶ **Fazit** Unternehmen nutzen das Internet und Intranet, um die Öffentlichkeit und die Mitarbeiter über ihre Kunstaktivitäten zu informieren.

Publikationen

- Begleitend zu ihrem Kunstengagement veröffentlichen Betriebe verschiedene Kunstpublikationen.
- In Unternehmen herrscht noch kein ganzheitliches Selbstverständnis für Kunst. Es bedarf der Überzeugungsarbeit, um von Kollegen ernstgenommen zu werden und bei der Außendarstellung in weiteren Kommunikationsmaßnahmen des Unternehmens Berücksichtigung zu finden.

▶ **Fazit** Unternehmen kommunizieren ihr Kunstengagement nach außen über eigene Kunstpublikationen. Fremdinitiierte Publikationen tragen zur öffentlichen Wahrnehmung von Unternehmenssammlungen bei. Ein Selbstverständnis, das Kunstengagement in alle Kommunikationsmaßnahmen eines Unternehmens zu integrieren, ist noch nicht vorhanden.

Chance Kunst als Schnittstelle und verbindendes Element

- Die Kommunikation über Kunst bringt Menschen zueinander.
- Über Angebote wie Kunstführungen lernen sich Mitarbeiter aus verschiedenen Bereichen kennen.
- Kunst stellt unter interessierten Mitarbeitern ein verbindendes Element dar.

▶ **Fazit** Kunst dient in Unternehmen als Schnittstelle, um Menschen zueinander zu führen und Verbindungen zu schaffen.

Chance Image und Darstellung

- Unternehmen erhalten durch die Kunstförderung ein Profil, das sie nicht nur über wirtschaftliche Faktoren definiert.
- Kunstengagements befördern die positive Wahrnehmung des Unternehmens.

▶ **Fazit** Kunst eröffnet die Chance, ein Profil zu erhalten, das über wirtschaftliche Erfolge hinausreicht, und Kunstaktivitäten stärken das Image von Unternehmen.

Chance Mitarbeiterförderung und -entwicklung

- Kunst schult die Wahrnehmung.
- Kunst befördert neue Denkanstöße.
- Kunst bewegt die Mitarbeiter dazu, sich mit Neuem zu befassen und erweitert ihren Horizont.
- Kunst schult Toleranzen.
- Kunst regt die Kreativität an.

▶ **Fazit** Kunst besitzt das Potenzial, Mitarbeiter zu fördern und weiterzuentwickeln.

Risiko durch unpassende Kunst

- Die Auswahl unpassender Kunst schreckt Kunden ab.
- Unternehmen müssen bei der Präsentation von Kunst die Stimmung und Assoziationen, die mit den Kunstwerken einhergehen, berücksichtigen.
- Unpassende Kunst führt zu einer ablehnenden Haltung gegenüber Kunst.

▶ **Fazit** Unternehmen sollten Kunstwerke für kommunikative Zwecke bedacht auswählen, da sonst kein Mehrwert aus dem Kunsteinsatz entsteht, was im schlimmsten Fall sogar zur Ablehnung bei den Zielgruppen führt.

Risiko durch oberflächliches Engagement

• Die Mitarbeiter würdigen Kunst als oberflächliches Marketinginstrument nicht.
• Die Öffentlichkeit nimmt beliebiges Kunstengagement ohne jegliches Konzept nicht ernst.

▶ **Fazit** Weder die Mitarbeiter noch die Öffentlichkeit sollten oberflächliche und konzeptionslose Kunstengagements ernst nehmen.

Keine wissenschaftliche Messung

• Wissenschaftliche Messungen finden keine Anwendung.
• Es gibt wenige Untersuchungsmethoden, die eine Operationalisierung ermöglichen.
• Erfolgsmessungen bringen keinen Nutzen, da die Integration von Kunstsammlungen in Betrieben nicht ökonomischen, sondern gesellschaftlichen Zielen unterliegt.

▶ **Fazit** Wissenschaftliche Messungen der Kunstaktivitäten bleiben häufig aus, da sie schwer durchzuführen sind oder keinen Mehrwert versprechen.

11.6 Beantwortung der Forschungsfrage

Ausgangspunkt der Untersuchung ist die folgende Forschungsfrage:
Welche Bedeutung kommt Kunst als Medium der Unternehmenskommunikation 25 Jahre nach Veröffentlichung von „Megatrends 2000" zu?
Fest steht, dass die Kunst als Medium der Unternehmenskommunikation in vielen Betrieben einen Stellenwert erhalten hat. Dabei kommen ihr verschiedene Aufgaben zu. Diese lassen sich in interne Funktionen, externe Funktionen sowie beides, interne und externe Funktionen, gemäß nachstehender Aufzählung einordnen:

• **Interne Funktionen**
  – Kunst zur Mitarbeitermotivation und Zeichen der Wertschätzung.
  – Kunst als Instrument der Personalentwicklung/Schulung von Softskills.
  – Kunst als Mittel der Horizonterweiterung und Förderung neuer Denkanstöße.
  – Kunst zur Gestaltung des Arbeitsumfeldes und Förderung des Betriebsklimas.
• **Externe Funktionen**
  – Kunst zur Mitarbeitergewinnung.
  – Kunst als Wettbewerbsvorteil, Differenzierungs- und Alleinstellungsmerkmal.
  – Kunst als Mittel der Imagebildung.
  – Kunst zur Steigerung des Bekanntheitsgrades.
  – Kunst zum Abschluss von Geschäften/Kundengewinnung.

- Kunst als ein Teil der Corporate Social Responsibility (CSR).
- Kunst zur Erhaltung des kulturellen Erbes.
• **Interne und externe Funktionen**
  - Kunst als Basis der Kommunikation und Veranstaltungsplattform.
  - Kunst als verbindendes Element und Schnittstelle.
  - Kunst zur Generierung von Multiplikatoren.
  - Kunst als Mittel der Profilbildung/Corporate Identity.
  - Kunst als Mittel des Employer Branding.
  - Kunst als Standortfaktor.
  - Kunst als ein Teil der Unternehmenskultur.
  - Kunst als ein Teil der Unternehmensphilosophie.
  - Kunst als Mittel der Bindung.
  - Kunst als Bildungsauftrag.

11.7 Praxisbeispiele von Banken: Kunst als Medium der Unternehmenskommunikation

Dieser Abschnitt widmet sich der Vorstellung von vier exemplarischen Praxisbeispielen von Genossenschaftsbanken, die sich an der Gesamtstudie beteiligten: Die Volksbank Sandhofen im Norden der Stadt Mannheim, die Volksbank Ammerbuch bei Tübingen und die Volksbank Kirchheim-Nürtingen im Großraum Stuttgart. Hinzu kommt die DZ Bank als Spitzeninstitut der Volksbanken und Raiffeisenbanken in Deutschland mit Sitz in Frankfurt a. M.

11.7.1 Stipendiaten-Programm für Künstler – DZ Bank

Die DZ Bank setzt sich im Rahmen eines Stipendiaten-Programms für die Förderung junger Künstler ein. Vielversprechende Talente erhalten dabei die Möglichkeit, ein Jahr lang eine monatliche Förderung von 1000 € zu erhalten. Im Vorfeld bewerben sich die Künstler mit einer Idee, die sie in diesem Jahr umsetzen möchten. Eine namhafte Jury kürt schließlich zwei Sieger. Am Ende der Projektlaufzeit findet im „Art Foyer" des Kreditinstitutes eine Ausstellung der Arbeiten statt. Auch ausgewählte Werke dreier weiterer Künstler aus der „Shortlist 5" werden präsentiert. Für die ausstellungsbegleitenden Broschüren dürfen sich die Stipendiaten selbst Autoren auswählen. Schließlich kauft die DZ-Bank alle ausgestellten Kunstwerke für ihre eigene Sammlung an (telefonisches Interview mit Vitale 2015). Mit dem Stipendiaten-Programm leistet die DZ Bank einen Beitrag für die Gesellschaft, den sie nach außen transportiert. 1993 gründete das Kreditinstitut seine Kunstsammlung mit Schwerpunkt auf der zeitgenössischen Fotografie (DZ Bank AG 2015). Zu dieser Zeit war diese Kunstform noch nicht so fest wie heute in der Kunstszene etabliert. Die DZ Bank erklärte es zu ihrem Ziel, der Fotografie ihren entsprechenden Platz einzuräumen und sie als eigenständige Kunstgattung zu fördern (telefonisches Interview mit Vitale 2015). So trägt die DZ Bank zum Bewusstsein und Erhalt der Fotografie als kulturelles Gut in Deutschland bei.

11.7.2   Kunstprojekt für Jugendliche – Volksbank Ammerbuch eG

2013 setzte die Volksbank Ammerbuch eG ein spezielles Kreativprojekt in ihrer Region um, bei dem sie als Sponsor und Ausstellungsmacher auftrat. Das Engagement galt der Ansprache junger Menschen zwischen 16 und 25 Jahren, die für die Volksbank eine wichtige Zielgruppe hinsichtlich ihrer zukünftigen Bankverbindungen darstellen (persönliches Interview mit Gamerdinger 2015). In Zusammenarbeit mit der Gemeinde und einer Kunstschule bot sie Nachwuchskünstlern die Möglichkeit, sich in einem dreitägigen Workshop mit dem Thema „Aussichten" auseinanderzusetzen. Die Jugendlichen hatten die Aufgabe, ihre jeweilige Zukunftssicht künstlerisch darzustellen. Dabei unterstützten Kunstlehrer die jungen Maler, indem sie ihnen beratend zu Seite standen (Schwarz 2013, S. 16). Nach der Umsetzung folgte die Ausstellung der Werke in der Hauptstelle Entringen der Volksbank Ammerbuch eG. Vier Wochen lang waren dort die Kunstwerke der Jugendlichen für die Öffentlichkeit zugänglich (persönliches Interview mit Gamerdinger 2015).

Mithilfe des Kunsteinsatzes gelang es der Volksbank, einen persönlichen Kontakt zu ihrer jungen Zielgruppe sowie der regionalen Öffentlichkeit herzustellen und sie über die Ausstellung in ihre eigenen Räumlichkeiten zu bringen. Vernissagen schaffen ein exklusives Umfeld, das dazu beiträgt, Marken emotional aufzuladen und den Austausch mit Zielgruppen zu befördern (Bauer et al. 2012, S. 6 ff.; Lüddemann 2007, S. 58 ff.). Die Ausstellungseröffnung ließ die Volksbank durch einen Laudator begleiten. In der direkten Kommunikation brachte er den Gästen die Kunst näher und erzeugte ein Verständnis für ihre Bedeutung. So schaffte die Bank eine besondere Atmosphäre der Anerkennung gegenüber den Jugendlichen (persönliches Interview mit Gamerdinger 2015).

Banken zeichnen sich durch eine homogene Produktpalette mit komplexen und immateriellen Gütern aus, daher kommt der Marketingkommunikation in dieser Branche eine besondere Relevanz zu (Hermanns und Kiendl 2005, S. 22). Anders als beispielsweise ein Autohersteller, der seinen Kunden bei einer Probefahrt von der Qualität seiner Produkte und der Marke überzeugen kann, stellen Kreditinstitutionen keine anfassbaren Güter her, die das Unternehmen repräsentieren. Über das Engagement für Kunst erhalten Banken die Möglichkeit, sich nach außen darzustellen und ein eigenes Profil zu erhalten. Aktivitäten in diesem Feld, wie die Kunstförderung am Beispiel der Volksbank, spiegeln regionales Engagement und die Übernahme sozialer Verantwortung wider, was bestenfalls zu einem positiven Imagetransfer führt (Hermanns und Kiendl 2005, S. 22).

11.7.3   Lange Nacht der Kunst und Genüsse – Volksbank Sandhofen eG

Für den Einzelhandel ist es heute nicht einfach, sich attraktiv in der Kommune zu präsentieren. Volksbanken und Raiffeisenbanken können hier die natürlichen Partner sein und einen Beitrag dazu leisten.

Im September 2004 begann eine kleine Gruppe von Geschäftsleuten, darunter die Volksbank Sandhofen, damit, die Attraktivität des Mannheimer Stadtteils zu steigern und damit „[…] die Vielfalt des Angebots ins Bewusstsein der Bewohner zu bringen" (Engländer 2014, S. 4.). Sie initiierten die sogenannte „Lange Nacht der Kunst und Genüsse", die heute nicht nur in Sandhofen begangen wird, sondern sich mittlerweile in ganz Mannheim als ein „Event" etabliert hat (persönliches Interview mit Baumann 2015).

Die Volksbank öffnete ihre Pforten mit einem breiten Spektrum an künstlerischen Angeboten. Neben der Bildenden Kunst wurden die Bildhauerei und auch die Musik in das Gesamtprogramm aufgenommen. Der Vorstandssprecher der Volksbank Sandhofen, Manfred Baumann, betont die Rolle seiner Bank, indem er darauf verweist, dass diese „nicht nur in Zahlen und Geld" denke, sondern auch in der Lage sei, über andere Themen zu sprechen, wie über das Kunstengagement deutlich werden soll. Wie nehmen die Kunden das Kunstengagement der Bank in Sandhofen wahr? Und was bewegt die Kundschaft, sich Ausstellungen in einer Bank anzusehen? Speziell für kleinere Banken ist es wichtig, das eigene Profil zu erhalten und zu stärken. Dies deckt sich mit den Zielsetzungen des Einzelhandels. Die Bank versteht sich als eine Institution in der Region und für die Region (persönliches Interview mit Baumann 2015).

11.7.4   Kunstberatung – Eva Mueller und Volksbank Kirchheim-Nürtingen eG

Eva Mueller ist eine selbstständige Kunstberaterin aus München, die ihre Leistungen an Unternehmen richtet. Sie unterstützt Betriebe bei der Anschaffung von Kunst. Dabei handelt es sich meistens um den Aufbau ganzer Sammlungen (persönliches Interview mit Mueller 2015). Zu ihrem Kundenstamm zählt die Volksbank Kirchheim-Nürtingen eG, die die Kunstberaterin im Zuge einer Gebäudesanierung bat, ein individuell auf ihren Standort zugeschnittenes Kunstkonzept zu entwickeln. Daraus entstand eine eigene Sammlung, die sowohl in den Räumlichkeiten der Bank als auch im Außenbereich vorzufinden ist (persönliches Interview mit Weber 2015). Mit unterschiedlichen Stilrichtungen geht die Sammlung auf die Vielfalt der Menschen ein, mit denen das Kreditinstitut tagtäglich zusammenarbeitet (Mauch o.J., S. 3). Auch das Regionalprinzip der Volksbank findet Berücksichtigung, indem die Kunstwerke von über 30 Künstlern aus dem Umfeld der Bank stammen und so einen Bezug zur Gegend herstellen. Zudem begleitet Mueller die Volksbank alljährlich bei einer städtischen Kunstaktion, die alle Einzelhändler der Region sowie die Bank dazu einlädt, ihre Schaufenster mit Kunst zu befüllen. Mueller tritt hier sowohl beratend als auch vermittelnd in Erscheinung. Zum einen unterstützt sie bei der

Auswahl des auszustellenden Künstlers und seiner Werke, zum anderen begleitet sie die Ausstellungsdurchführung und führt in die Kunst ein (persönliches Interview mit Weber 2015).

Die Auseinandersetzung mit Kunst geht für den Rezipienten immer mit einer gewissen geistigen Anstrengung einher, die sich durch Aspekte wie Aufmerksamkeit und Verständnis charakterisieren lässt. Bei den Erfahrungen mit Kunst handelt es sich um Prozesse des Verstehens (Bertram 2005, S. 11 f.). Durch die Einbeziehung einer Kunstberaterin wie Mueller lassen sich diese Prozesse im Rahmen einer Unternehmenssammlung fördern. Sie stellt das Bindeglied zwischen der zu vermittelnden Kunst und der Belegschaft dar. Indem sie mit den Mitarbeitern und Führungskräften spricht, ihnen die Werke erklärt und sie in ihre Arbeit integriert, erhalten diese Zugang zur Kunst (persönliches Interview mit Mueller 2015). Die Belegschaft der Volksbank Kirchheim-Nürtingen erhielt beispielsweise die Möglichkeit, aus einem Bestand an Bildern Kunstwerke für ihre Büros selbst auszusuchen. Dadurch war es ihr möglich, ein Verständnis für die Bilder zu entwickeln, was bestenfalls zur Identifikation mit den Werken führte (persönliches Interview mit Weber 2015).

Der Anklang bei den Mitarbeitern unterstützt die Wirkung der Kunstsammlung nach außen, da sie es sind, die täglich mit den Kunden in persönlichem Kontakt stehen. Schließlich entscheidet die Akzeptanz der Belegschaft darüber, ob die Kunst in den Besprechungsräumen als Instrument der Kundenansprache fungiert oder der bloßen Dekoration der Räumlichkeiten dient. Die Ausführungen zeigen, dass der Einsatz der Kunstberaterin die Wirksamkeit der Kunstsammlung nach innen und außen sicherstellt. Durch die sorgfältige Auswahl der Kunstwerke im Rahmen des ausgearbeiteten Konzeptes, ihre bedachte Platzierung inner- und außerhalb des Unternehmens und die Einbindung der Mitarbeiter entfalten die Kunstwerke ihre kommunikative Wirkung und sorgen für eine spezielle Atmosphäre im Unternehmen, die wie im Beispiel der Volksbank Kirchheim-Nürtingen eG zur Identifikation mit der Region und der Förderung der Unternehmenskultur beiträgt (Mauch o.J., S. 3).

Hinzu kommt, dass die Volksbank Kirchheim-Nürtingen für ihre Mitglieder und Kunden, Kunstliebhaber und Interessierte einen eigenen Kunstband (Volksbank Kirchheim-Nürtingen eG o.J.) entwickelte, der die Kunstkonzeption der Bank der Öffentlichkeit weiter zugänglich macht. Der Vorstandsvorsitzende der Bank, Wolfgang Mauch, stellt darin heraus: „Kunst verbindet!" (Mauch o.J., S. 3)

11.8   Kunstengagement als Ordnung und Prinzip

Werfen wir abschließend einen Blick auf das Thema „Kunst und Unternehmen" aus einer ethisch-moralischen Perspektive.

Kunst steht dabei zunächst als Ordnungsbegriff fest (Pieper 2007, S. 44 f.). Auch in diesem Sinne wirkt Kunst in das Unternehmen hinein und in die Öffentlichkeit hinaus. Kunst definiert sich hier über die vom jeweiligen Unternehmen vorgestellten Produkte und Dienstleistungen und belegt die Kreativität und Schaffenskraft seiner Mitarbeiter. Dies kann die Kunst jedoch nur dann leisten, wenn dieser Ordnung ein Sinn und damit ein Prinzip zugrunde liegt: Das künstlerische Engagement des Unternehmens wird nicht als ein Selbstzweck nach außen verstanden („der schöne Schein") und auch nicht als eine „Zwangskultivierung" nach innen. „Kunst als Medium der Unternehmenskommunikation" kann das Prinzip „Schönheit" nur dann erfüllen, wenn die Ausrichtung des Unternehmens der gesamten Belegschaft verständlich ist. „Schönheit" lässt sich in diesem Fall, neben der ausgestellten Ästhetik der jeweiligen künstlerischen Produkte im Sinne von Artefakten, zum Beispiel als glaubwürdige Dienstleistung interpretieren, die sich an den Kundeninteressen orientiert.

Der Öffentlichkeit muss aber auch klar sein, dass ein Unternehmen das Ausstellen von Kunst nur als ein zusätzliches Feld seiner Öffentlichkeitsarbeit begreift. Die Bank kann nicht als ein dauerhafter „Ersatzraum" für nicht bestehende öffentliche Einrichtungen dienen, um Kunst der Öffentlichkeit nahezubringen. Genauso kann ein Dauersponsoring von Kunstausstellungen nicht erwartet werden. Die Bank definiert ihre Beteiligung in Abständen neu, muss dies jedoch den Partnern rechtzeitig mitteilen. Solche kommunikativen Defizite sind leider an der Tagesordnung. Beispiele wollen wir an dieser Stelle nicht bemühen.

„Kunst als Medium der Unternehmenskommunikation": Es ist an sich schon eine Kunst, diesem Anspruch vollumfänglich, das heißt in der Innen- und Außenwirkung, gerecht zu werden. „Kunst als Medium der Unternehmenskommunikation" kann dabei nicht auf zufälliges Handeln abgestellt sein. Es ist ein strategisches Vorhaben!

Literatur

Abbate, S. (2014). *Authentisch und wertorientiert kommunizieren: Wie Sie Ihre Unternehmenskommunikation an Werten ausrichten.* Wiesbaden: Springer Gabler.

Bauer, H. H., Heinrich, D., & Samak, M. (2012). Eine Einführung in das Konzept der Erlebniskommunikation. In H. H. Bauer, D. Heinrich & M. Samak (Hrsg.), *Erlebniskommunikation: Erfolgsfaktoren für die Marketingpraxis* (S. 3–11). Heidelberg: Springer.

Bea, F. X., & Haas, J. (2015). *Strategisches Management* (7. Aufl.). Konstanz: UVK.

Beckmann, M. (2014). Kunst ist ein unterschätztes Kommunikationsinstrument. *Frankfurter Allgemeine Zeitung, 64*(214), 19.

Bertram, G. W. (2005). *Kunst: Eine philosophische Einführung.* Stuttgart: Reclam.

Blanke, T. (2002). *Unternehmen nutzen Kunst: Neue Potentiale für die Unternehmens- und Personalentwicklung.* Stuttgart: Schäffer-Poeschel.

Bruhn, M. (2010). *Sponsoring: Systematische Planung und integrativer Einsatz* (5. Aufl.). Wiesbaden: Gabler.

Bruhn, M. (2015). *Kommunikationspolitik: Systematischer Einsatz der Kommunikation für Unternehmen* (8. Aufl.). München: Vahlen.

Bundesverband der Deutschen Volksbanken und Raiffeisenbanken (1992). *KunstBlock. Wege zur Kunst 1: Malerei. Kunst verstehen: von der Klassik bis zur Avantgarde. Kunst genießen: vom Schönen und Provokanten.* Berlin: Ed. Schoen.

Duhme, M. (1986). Die Förderung Bildender Kunst durch Unternehmen in der Bundesrepublik Deutschland, Dissertation. Stuttgart: Universität Stuttgart.

DZ Bank AG (2015). Konzept der Sammlung. https://www.dzbankkunstsammlung.de/de/sammlung/konzept-der-sammlung. Zugegriffen: 15. November 2015.

Engländer, G. (2014). Grußworte. Die offizielle Programmzeitung: Lange Nacht der Kunst und Genüsse, o. Jg., 4.

Foscht, T., & Swoboda, B. (2011). *Käuferverhalten: Grundlagen – Perspektiven – Anwendungen* (4. Aufl.). Wiesbaden: Gabler.

Gerbing, C. (2010). *Chancen, Möglichkeiten und Grenzen von Kunst im Unternehmen, Dissertation.* Tübingen: Wasmuth.

Gläser, M. (2014). *Medienmanagement* (3. Aufl.). München: Vahlen.

Gläser, J., & Laudel, G. (2010). *Experteninterviews und qualitative Inhaltsanalyse* (4. Aufl.). Wiesbaden: VS.

Gold, D. E. (2013). Innovative Ansätze im Feld von Kunst und Wirtschaftsunternehmen – Motive, Chancen und Perspektiven unternehmerischer Kunstförderung, Dissertation. Frankfurt a. M.: Universität Frankfurt a. M.

Hausmann, A. (2011). *Kunst- und Kulturmanagement: Kompaktwissen für Studium und Praxis.* Wiesbaden: VS.

Hermanns, A., & Kiendl, S. C. (2005). Sponsoring in Banken: mehr als Mäzenatentum. *bank und markt + technik, 34*(10), 22–25.

Hermanns, A., & Marwitz, C. (2008). *Sponsoring: Grundlagen, Wirkungen, Management, Markenführung* (3. Aufl.). München: Vahlen.

Kroeber-Riel, W., & Gröppel-Klein, A. (2013). *Konsumentenverhalten* (10. Aufl.). München: Vahlen.

Lüddemann, S. (2007). *Mit Kunst kommunizieren: Theorien, Strategien, Fallbeispiele.* Wiesbaden: VS.

Mast, C. (2016). *Unternehmenskommunikation* (6. Aufl.). Konstanz: UVK.

Mauch, W. (o.J.). Liebe Mitglieder und Kunden, liebe Kunstliebhaberinnen und Kunstliebhaber. In Volksbank Kirchheim-Nürtingen eG, Kunstsammlung der Volksbank Kirchheim-Nürtingen eG (S. 3). o.O.: o.V.

Meffert, H., Burmann, C., & Kirchgeorg, M. (2015). *Marketing: Grundlagen marktorientierter Unternehmensführung: Konzepte – Instrumente – Praxisbeispiele* (12. Aufl.). Wiesbaden: Springer Gabler.

Mir, E. (2014). *Kunst Unternehmen Kunst: Die Funktion der Kunst in der postfordistischen Arbeitswelt, Dissertation.* Bielefeld: Transcript.

Naisbitt, J. (1986). *Megatrends: 10 Perspektiven, die unser Leben verändern werden* (2. Aufl.). München: Heyne.

Naisbitt, J., & Aburdene, P. (1990). *Megatrends 2000: Zehn Perspektiven für den Weg ins nächste Jahrhundert.* Düsseldorf: Econ.

Opaschowski, H. (2010). *Wohlstand neu denken: Wie die nächste Generation leben wird* (2. Aufl.). Gütersloh: Gütersloher Verlagshaus.

Pieper, A. (2007). *Einführung in die Ethik* (6. Aufl.). Tübingen: Francke.

Schick, S. (2014). *Interne Unternehmenskommunikation – Strategien entwickeln, Strukturen schaffen, Prozesse steuern* (5. Aufl.). Stuttgart: Schäffer-Poeschel.

Schmidt, S.-M. (2011). *Kunst als Kommunikationsmedium und Imageträger für Unternehmen*. Hamburg: Diplomica.

Schott, B. (2015). *Kunst als Medium der Unternehmenskommunikation: Eine qualitative Studie anhand von 30 Experteninterviews*

Schulze, G. (1992). *Die Erlebnisgesellschaft: Kultursoziologie der Gegenwart*. Frankfurt a. M.: Campus.

Schwarz, R. (2013). Auf surrealer und symbolischer Fährte. *Gäubote*, *75*, 16.

von Troschke, M. (2012). *Unternehmen fördern Kunst: Grundlagen, Analyse, Anwendung*. Berlin: VDM.

Volksbank Kirchheim-Nürtingen eG (o.J.). *Kunstsammlung der Volksbank Kirchheim-Nürtingen eG*. o.O.: o.V.

Weber, B. (2010). *Kunst im Unternehmen: Ein Mehrwert in Zeiten des Wandels*. Hamburg: Diplomica.

von Weizsäcker, R. (1992). Vorwort. In Bundesverband der Deutschen Volksbanken und Raiffeisenbanken (Hrsg.), *KunstBlock. Wege zur Kunst 1: Malerei. Kunst verstehen: von der Klassik bis zur Avantgarde. Kunst genießen: vom Schönen und Provokanten* (S. 1). Berlin: Ed. Schoen.

Wien, A., & Franzke, N. (2014). *Unternehmenskultur – Zielorientierte Unternehmensethik als entscheidender Erfolgsfaktor*. Wiesbaden: Springer Gabler.

Der Herausgeber

Prof. Dr. Marcel Seidel lehrt an der FOM Hochschule für Oekonomie & Management, Stuttgart in den Themenfeldern Strategische Unternehmens- und Organisationsentwicklung, Human Resources und Marketing. Er ist gelernter Bankkaufmann und studierte Wirtschaftswissenschaften an der Universität Stuttgart. Nach mehreren beruflichen Stationen promovierte er 1996 zum Thema Fusionsmanagement in Banken. Er hat fast 20 Jahre Erfahrung in der Organisations- und Strategieberatung. In dieser Zeit hat er zahlreiche Strategieprojekte erfolgreich begleitet. Er ist Co-Gründer und Gesellschafter der BIG – Banking Innovation Group GmbH. Seine Beratungsschwerpunkte sind Strategieentwicklung, Innovationsmanagement, strategisches Marketing und Veränderungsmanagement.

© Springer Fachmedien Wiesbaden GmbH 2017   203
M. Seidel (Hrsg.), *Banking & Innovation 2017*, FOM-Edition,
DOI 10.1007/978-3-658-15785-2

Die Autoren

Dr. Georg Bouché ist als Vertriebsleiter bei einem international agierenden Unternehmen tätig. Er begann seine akademische Ausbildung an der Europa Universität Viadrina in Deutschland und an der Universidad de Almeria in Spanien. Sein Studium zum European MBA schloss er an der University of Birmingham und an der FUNDESEM Business School in Spanien ab. Er promovierte an der Liverpool John Moores University im Bereich internationales Marketing an der Faculty of Business and Law. Vor der Gründung der Beratungsgesellschaft Bouché Jakob war Dr. Georg Bouché in Spanien für ein Private-Equity-Unternehmen als Business Development Manager und Management Consultant tätig. Als Honorarkonsul der Republik The Gambia vertritt er das westafrikanische Land in Baden-Württemberg und Bayern. Seine Tätigkeitsschwerpunkte liegen in den Bereichen Business Development, Field Sales, Marketing, Project Management sowie im strategischen Vertrieb.

Prof. Dr. Dirk Braun (Jahrgang 1977) ist seit 2015 Professor an der FOM Hochschule für Oekonomie Management, Aachen. Nach einer Ausbildung zum Bankkaufmann studierte er Betriebswirtschaftslehre und sammelte diverse Praxiserfahrungen in der Finanzbranche, die er auch später als wissenschaftlicher Mitarbeiter der RWTH Aachen fortführte. Hier beendete er 2010 seine Promotion. Im Anschluss war er als Teilprojektleiter für ein Beratungsunternehmen und später als Akademischer Rat tätig. 2012 wechselte er zur Trianel GmbH und verantwortete dort – zuletzt als Leiter Finanzen – die Unternehmens- und ausgewählte Projektfinanzierungen sowie die Banken- und Kapitalmarktkommunikation inkl. des Ratingprozesses. Er ist weiterhin als Berater und Trainer in der Bank- und Energiewirtschaft tätig.

Hendrik Budliger ist Gründer und Managing Partner der azimuth.one. Zuvor war er Senior Manager bei PwC und Director bei der Bank J. Safra Sarasin. Im Rahmen dieser Tätigkeiten hat er internationale Projekte u. a. in den Bereichen Strategie, Corporate Finance und Produktentwicklung geleitet. Hendrik Budliger studierte Betriebswirtschaft an der Universität St. Gallen (HSG), sowie Innovationsmanagement an der FH Kaleidos Zürich und ist zudem Dipl. Finanzberater IAF. E-Mail: hendrik.budliger@azimuth.one

Prof. Dr. habil. Dr. Eric Frère studierte nach seiner Ausbildung zum Bankkaufmann VWL und BWL in Würzburg und Köln, promovierte dann am Lehrstuhl für Wirtschaftspolitik der Ruhr-Universität Bochum und habilitierte an der Westungarischen Universität Sopron. Nach Tätigkeiten beim Credit Commercial de France, bei Bayer UK und beim Bankhaus Lampe ist er seit mehr als 20 Jahren selbstständiger Unternehmensberater für Corporate Finance und Asset Management. Darüber hinaus ist er Mitglied einiger Aufsichtsräte und Beiräte. An der FOM Hochschule wurde er 2001 zum Professor berufen und ist seitdem Dekan für BWL II sowie Direktor des isf Institute for Strategic Finance.

Janne Lena Gruber arbeitet derzeit im Digitalen Vertrieb bei einem öffentlich-rechtlichen Kreditinstitut. Sie absolvierte ihre kaufmännische Ausbildung in der Finanzbranche und erhielt hierfür den ersten Preis der Hermann-Hofmeister-Stiftung. Im Anschluss daran studierte sie an der Sparkassenakademie Baden-Württemberg und begann nach dem Abschluss zur Fachwirtin (SBW) die Weiterbildung zur Betriebswirtin bei der IHK Heilbronn. Berufsbegleitend zu ihrer Tätigkeit als Individualkundenbetreuerin im Privatkundengeschäft war sie Stipendiatin der Stiftung Begabtenförderung und studierte im Bereich Wirtschaft und Management an der FOM Hochschule für Oekonomie Management, Stuttgart.

Stefan Gruber ist gelernter Bankkaufmann sowie geprüfter Bankfachwirt und studierte Wirtschaftswissenschaften mit Schwerpunkt Banking Finance an der FOM Hochschule für Oekonomie Management. Zu seinen beruflichen Stationen zählen Tätigkeiten in den Bereichen der Kundenbetreuung und des Risikocontrollings in der Finanzwirtschaft.

Simone Hager ist seit 2012 im Bereich der Informationstechnologie/Projektmanagement tätig. Sie schloss ein duales Studium Business Administration (B.A.) an der FHDW Biele-feld und ein berufsbegleitendes Studium Sales Management (M.Sc.) an der FOM Stuttgart ab.

Jürg Hatz ist Gründer und Managing Partner der azimuth.one sowie Verwaltungsrat verschiedener in- und ausländischer Gesellschaften. Zuvor hat er Führungspositionen in der Finanz- und der verarbeitenden Industrie bekleidet. Er war sowohl CFO der HSBC Schweiz als auch der CIC Schweiz. Dabei war er als Executive verantwortlich für verschiedene große Transaktionen und hat einen der größten Reverse Takeovers Deutschlands vollzogen. Jürg Hatz studierte an der Universität Basel Betriebs- und Volkswirtschaftslehre. Er bildete sich zum Dipl.-Wirtschaftsprüfer weiter und hält das CFA Diplom. E-Mail: juerg.hatz@azimuth.one

Jan Kaufmann (M.Sc.) ist Vertriebsleiter bei der Trendsport Rummenigge GmbH, die sich unter anderem auf den Bau von Fußball-Kleinspielfeldern spezialisiert hat. Nach einem Studium der Sportwissenschaften mit dem Schwerpunkt Management (B.Sc.) an der Ruhr-Universität Bochum hat er das Masterstudium in Sales Management (M.Sc.) an der FOM Hochschule für Oekonomie und Management erfolgreich absolviert. Thematischer Schwerpunkt der Masterthesis ist eine Zufriedenheitsanalyse zu aktuellen Trends und Dienstleistungskonzepten im Bereich der Share Economy.

Sarah Kern (Dipl.-Psych.) ist Beraterin für Personalentwicklung in der Finanzbranche und in der Führungsforschung aktiv. Als Dozentin und Trainerin begeistert sie sich für Potenzialanalysen, Eignungsdiagnostik und nachhaltige Personalentwicklung. Sie studierte Arbeits- Organisationspsychologie mit den Schwerpunkten Kognition und Kommunikation in München, Heidelberg und St. Gallen und war als wissenschaftliche Mitarbeiterin an der Universität Mannheim tätig. Sie ist immer auf der Suche nach motivierten Führungskräften, die interessiert sind, an Studien teilzunehmen.

Maike Kugler (M.Sc.) ist seit 2011 als Personalreferentin bei einem Kreditinstitut tätig. Ihr Tätigkeitsschwerpunkt liegt auf der Personalbetreuung und -entwicklung, der Konzipierung und Umsetzung von Projektarbeiten sowie der Auswahl und Ausbildung von Nachwuchskräften. Sie studierte während ihrer Ausbildung zur Bankkauffrau Finanzwirtschaft in Bonn. Ihren Master, der ein Auslandssemester in Brisbane, Australien umfasste, absolvierte sie berufsbegleitend an der FOM Hochschule in Stuttgart. Seit 2017 ist sie als Dozentin an der FOM Hochschule tätig.

Dr. phil. Harald Mertz (M.A.) ist Seniorberater beim Baden-Württembergischen Genossenschaftsverband (BWGV) mit Sitz in Karlsruhe und Stuttgart. Er ist dort zuständig für die Organisation, Moderation und Dokumentation der Erfahrungsaustauschgruppen (Vertrieb) der Volksbanken und Raiffeisenbanken in Baden-Württemberg. Er lehrt an der FOM Hochschule für Oekonomie und Management in Mannheim und Stuttgart unter anderem Unternehmenskommunikation in den Bachelor- und Masterstudiengängen.

Jim Ruble berät Ärzte und Apotheker unter anderem in Finanz- und Planungsfragen zur Existenzgründung und beschäftigt sich intensiv mit Fragen zur Konkurrenzfähigkeit des Geschäftsmodells deutscher Retailbanken. Er studierte Banking Finance an der FOM Hochschule für Oekonomie und Management in Essen und Düsseldorf. Neben seinem Studium war Jim Ruble für verschiedene Banken als freiberuflicher Mitarbeiter tätig, darunter die Postbank AG und Deutsche Bank PGK.

Univ.-Prof. Dr. Rüdiger von Nitzsch (Jahrgang 1960) ist Gründer und Vorsitzender des Aufsichtsrats der aixigo AG, die Banken bei der Entwicklung von Beratungs- und Betreuungskonzepten im Privatkundengeschäft inhaltlich begleitet und Lösungen technologisch implementiert. Nach seinem Informatik- und Wirtschaftsstudium war er zunächst bei der Deutschen Bank tätig, promovierte dann anschließend als wissenschaftlicher Assistent an der RWTH. Nach seiner Habilitation in Betriebswirtschaftslehre 1996 an der Universität zu Köln übernahm er als Professor das Lehr- und Forschungsgebiet Entscheidungsforschung und Finanzdienstleistungen an der RWTH Aachen. Von 2008 bis 2016 war er Aufsichtsratsmitglied in der Generali Investments Kapitalanlagegesellschaft und seit 2015 sitzt er im Verwaltungsrat der investify S.A., Luxemburg.

Prof. Dr. Svend Reuse, MBA ist Bereichsleiter Gesamtbanksteuerung bei der Stadtsparkasse Remscheid. Er verantwortet dort die Bereiche Aufsichtsrecht, Gesamtbanksteuerung, Meldewesen und Jahresabschluss. Zudem fungiert er als Geschäftsführer der S-International Rhein-Ruhr Beteiligungsgesellschaft mbH. Nach diversen Studiengängen an der FOM schloss er 2010 seine berufsbegleitende Promotion an der Masaryk Universität in Brünn mit Auszeichnung ab. Darüber hinaus hat er bereits zahlreiche Fachbücher und -publikationen veröffentlicht und ist Mitglied in diversen Editorial Boards sowie Mitherausgeber von Schriftenreihen. Zudem doziert er seit Jahren in Finance Fächern an der FOM und hat dort im November 2016 den Titel „Honorarprofessor" verliehen bekommen.

Britta Schott ist als Einkäuferin bei einem internationalen Automobilhersteller tätig. 2012 bis 2015 war sie neben ihrem Beruf Studentin an der FOM Hochschule für Oekonomie Management am Studienzentrum Stuttgart. Ihren Vertiefungsschwerpunkt setzte sie auf „Marketing und Vertrieb".

Prof. Dr. Mir Farid Vatanparast ist Wissenschaftlicher Leiter des KCE Kompetenz-Centrum für Entrepreneurship Mittelstand und Dozent für Allgemeine Betriebswirtschaftslehre, insbesondere Human Resources und Social Entrepreneurship, an der FOM Hochschule für Oekonomie Management, Dortmund.

Prof. Dr. Leif Erik Wollenweber ist Partner einer Unternehmensberatung und Hochschullehrer für Allgemeine BWL, insbesondere Organisation und Führung, an der FOM Hochschule für Oekonomie Management in Essen. Außerdem ist er Mitglied verschiedener Aufsichtsräte und Beiräte. Als Unternehmensberater, Trainer und Forscher ist er spezialisiert auf die Bereiche Strategie, Organisation und Leadership.

Hier studiere ich.

Das Bachelor- oder Master-Hochschulstudium neben dem Beruf.

Alle Studiengänge, alle Infos unter: **fom.de**

The manufacturer's authorised representative in the EU is Springer
Nature Customer Service Centre GmbH, Europaplatz 3, 69115 Heidelberg,
Germany. If you have any concerns regarding our products, please
contact ProductSafety@springernature.com

Printed and bound by CPI Group (UK) Ltd, Croydon, CR0 4YY
23/04/2026
02095641-0007